Der

Kontokorrentverkehr.

Von

Dr. jur. et rer. pol. Josef Mohr.

Berlin 1902.
J. J. Heines Verlag.

Inhalts-Uebersicht.

Seite
Verzeichnis der hauptsächlich in Bezug genommenen Werke V
Einleitung 1

Erster Abschnitt.

Entwicklung des Kontokorrentvertrages aus den Merkmalen des Kontokorrentverkehrs.

§ 1. Vorbemerkung 4
§ 2. Umfang des Ausdruckes Kontokorrentverkehr 4
§ 3. Die Verkehrsförmlichkeiten und die Buchführung im Kontokorrent 8
§ 4. Die Zinsenberechnung im Kontokorrent 8
§ 5. Die Staffelrechnung 11
§ 6. Die progressive Kolonnenrechnung 13
§ 7. Die retrograde Kolonnenrechnung 16
§ 8. Vergleichung der Resultate der drei Rechnungsmethoden 16
§ 9. Diskussion der drei Rechnungsmethoden 17
§ 10. Ergebnis der Untersuchung 21
§ 11. Rechtliche Analyse der Staffelrechnung 22
§ 12. Inhalt und Wesen des Kontokorrentvertrages 25

Zweiter Abschnitt.

Das Kontokorrentverhältnis unter der Herrschaft des alten Handelsgesetzbuches.

Erster Teil.

Die rechnerische Grundlage der Vertragskonstruktion.

§ 13. Vorbemerkung 27
§ 14. Die progressive Kolonnenrechnung Grundlage der Vertragskonstruktion 27
§ 15. Widerspruch zwischen der herrschenden Meinung über den Inhalt des Kontokorrentvertrages und der über die Bedeutung der Staffelrechnung 36
§ 16. Stellung der herrschenden Meinung zu diesem Widerspruch 37
§ 17. Versuche zur Lösung des Widerspruches 38

Zweiter Teil.

Die wichtigsten bisherigen Theorieen im Einzelnen.

§ 18. Einleitung 43

A. Der Kontokorrentvertrag ein Kreditversprechen.

§ 19. 1. Vorbemerkung 44
§ 20. 2. Der Kontokorrentvertrag ein gegenseitiger Darlehensvertrag 46
3. Der Kontokorrentvertrag ein Krediteröffnungsvertrag 49
§ 21. a) Wesen des Krediteröffnungsvertrages 49
§ 22. b) Der Kontokorrentvertrag ein einseitiger Krediteröffnungsvertrag 50
§ 23. c) Der Kontokorrentvertrag ein gegenseitiger Krediteröffnungsvertrag 61
§ 24. 4. Der Kontokorrentvertrag ein bedingtes gegenseitiges Kreditversprechen 62

B. Der Kontokorrentvertrag ein Vertrag über die Art und Weise der Tilgung von Forderungen.

§ 25. Vorbemerkung 65
§ 26. Der Kontokorrentvertrag ein pactum de compensando 65
§ 27. Der Kontokorrentvertrag ein pactum de novando 68

Dritter Abschnitt.

Das Kontokorrentverhältnis des neuen Handelsgesetzbuches.

§ 28. Vorbemerkung 70

Erster Teil.

§ 29. Die Begriffsbestimmung 70

Zweiter Teil.

Das Kontokorrentverhältnis des neuen Handelsgesetzbuches in seinen einzelnen Stadien.

I.

§ 30. Vorbemerkung 74

II.

Eingehung des Kontokorrentvertrages.

		Seite
§ 31.	1. Die Subjekte des Kontokorrentvertrages	75
§ 32.	2. Gegenstand des Kontokorrentvertrages	77
§ 33.	3. Umfang des Kontokorrentvertrages	80

III.

§ 34. Wirkungen des Kontokorrentvertrages während des Laufes der Rechnungsperiode . . 81

IV.

Die Feststellung des Saldos.

§ 35.	1. Der Ablauf der Rechnungsperiode	84
	2. Die Ausgleichung der Ansprüche und Leistungen:	
§ 36.	a) Die Verrechnung	85
§ 37.	b) Die Feststellung des Ueberschusses	92
§ 38.	3. Die Wirkungen der Saldofeststellung	93

V.

§ 39. Die Sicherheiten und Mithaftungen für Kontokorrentforderungen 93

VI.

§ 40. Pfändung des Ueberschusses aus der laufenden Rechnung 101

VII.

§ 41. Kündigung des Kontokorrentverkehrs 102

VIII.

§ 42. Die Frage der praktischen Anwendbarkeit der §§ 355—357 H.G.B. 103

Vierter Abschnitt.

Das Kontokorrentverhältnis, wie es in Wirklichkeit ist, in seinen einzelnen Stadien.

§ 43. Vorbemerkung 105

I.

§ 44. Eingehendere Erläuterung der im § 12 aufgestellten Sätze über Inhalt und Wesen des Kontokorrentvertrages 105

II.

§ 45. Die Eingehung des Kontokorrentvertrages 107

III.

Das Kontokorrentverhältnis während des Laufes der Rechnungsperiode.

§ 46.	1. Die fortlaufende Tilgung der gegenseitigen Ansprüche	108
§ 47.	2. Einwirkung des Kontokorrentvertrages auf die einzelnen Kontokorrentforderungen	109
§ 48.	3. Welche Forderungen sind in den Kontokorrent einzustellen?	110
§ 49.	4. Behandlung der Wechsel und kaufmännischen Verpflichtungsscheine im Kontokorrentverkehr	111

IV.

Ablauf der Rechnungsperiode.

§ 50.	1. Dauer der Rechnungsperiode	112
§ 51.	2. Die Saldofeststellung	114

V.

Eintritt bestimmter Ereignisse und deren Einwirkung auf den Kontokorrentverkehr.

§ 52.	1. Pfändung eines Zwischensaldos	116
§ 53.	2. Tod, Verlust der Geschäftsfähigkeit und Konkurs des Kontokorrentisten	117

VI.

§ 54. Abbruch des Kontokorrentverkehrs 120

VII.

§ 55. Die offene Rechnung 121

VIII.

Anhang.

§ 56. Die wirtschaftliche Bedeutung des Kontokorrentverkehrs 122

Einleitung.

Das Wort Kontokorrent (auch Kontokurrent) stammt aus dem Italienischen (il conto corrente) und ist mit „Laufende Rechnung“ zu übersetzen.

Eine solche liegt im Allgemeinen dann vor, wenn zwei mit einander in Geschäftsverbindung stehende Personen ihre gegenseitigen Ansprüche und Leistungen fortlaufend d. h. in der Reihenfolge, in welcher sie sich ergeben, verrechnen (an- bezw. aufrechnen) und je nach Umfluß regelmäßiger Zeitabschnitte den jeweiligen Stand ihrer Beziehungen, d. h. was der eine dem andern noch schuldig ist, vertragsmäßig feststellen.

Eine Geschäftsverbindung, bei welcher ein derartiges Verfahren geübt wird, erfordert eine der Eigenart des Verfahrens angepaßte Buchführung. Da nicht jedes Geschäft gesondert für sich als Einzelgeschäft behandelt wird, sondern als Glied einer Reihe von Geschäften, muß die Buchführung so eingerichtet sein, daß sie einen Ueberblick gewährt über die sämtlichen während eines bestimmten Zeitraums zur Entstehung gelangten beiderseitigen Ansprüche und Leistungen, sodaß man jederzeit den momentanen Stand der Geschäftsbeziehungen aus derselben ersehen kann. Um diesen Zweck zu erreichen, trägt der Kaufmann gewöhnlich die im Tagebuch notierten Geschäftsvorfälle, soweit sich aus ihnen eine Forderung für oder gegen einen Geschäftsfreund ergiebt, mit dem er in Kontokorrentverkehr steht, und ebenso seine oder des Geschäftsfreunds Zahlungen entweder periodisch in größeren Partieen oder einzeln nach Maßgabe des Anfalls in das sogenannte Kontokorrentbuch auf ein besonderes Folium über, welches mit dem Namen und dem Wohnorte dieses Geschäftsfreundes überschrieben und in 2 Seiten geteilt ist. Auf die linke, mit Debet oder Soll bezeichnete Seite werden in chronologischer Reihenfolge die Schuldposten des Kontoinhabers und die an ihn geleisteten Zahlungen, auf die rechte mit Credit oder Haben bezeichnete Seite die Forderungsposten desselben und die von ihm gemachten Zahlungen gesetzt. Je nach Ablauf regelmäßiger Zeitabschnitte wird das Konto abgeschlossen und der „Saldo“ gezogen, welcher den Ueberschuß an Forderungen des einen Teils über die Zahlungen und die zur Aufrechnung gebrachten Forderungen des andern Teiles darstellt.

Unter Kontokorrent versteht man also zunächst das Kontokorrentverhältnis oder den Kontokorrentverkehr, d. i. eine Geschäftsverbindung, bei welcher die in Vorstehendem in großen Zügen dargestellten äußerlichen Merkmale vorhanden sind. Man versteht aber darunter auch den Rechnungs- oder Buchauszug aus dem vorerwähnten Kontokorrentbuche, d. h. also die durch Saldoziehung abgeschlossene Uebersicht über die Geschäftsvorfälle eines bestimmten Zeitraums. Wieder in einem anderen Sinne bedeutet Kontokorrent soviel wie Kontokorrentvertrag, d. h. einen Vertrag, durch welchen eine Geschäftsverbindung in der Weise beeinflußt wird, daß man sie als Kontokorrentverhältnis bezeichnet.

Die ersten gesetzlichen Bestimmungen, welche den Kontokorrentverkehr für ganz Deutschland wenigstens in einzelnen Beziehungen einheitlich regelten, finden sich in § 291 des alten Handelsgesetzbuches. Dieser Paragraph lautet:

„Wenn ein Kaufmann mit einem anderen Kaufmann in laufender Rechnung (Kontokurrent) steht, so ist derjenige, welchem beim Rechnungsabschlusse ein Ueberschuß gebührt, von dem ganzen Betrage desselben, wenngleich darunter Zinsen begriffen sind, seit dem Tage des Abschlusses Zinsen zu fordern berechtigt.

Der Rechnungsabschluß geschieht jährlich einmal, sofern nicht von den Parteien ein Anderes bestimmt ist."

Diese Bestimmungen waren, zumal sie nur nebensächliche Fragen regelten, nicht geeignet, den Widerstreit der Meinungen, welcher von jeher über Wesen und Inhalt des Kontokorrentvertrages bestanden hat, zu beseitigen.

Die Bestimmungen des neuen Handelsgesetzbuches vom 10. Mai 1897 sind gegenüber den alten Bestimmungen wesentlich erweitert. Es sind dem Kontokorrentverhältnis die §§ 355, 356 und 357 gewidmet. Dieselben lauten und zwar

§ 355:

„Steht jemand mit einem Kaufmanne derart in Geschäftsverbindung, daß die aus der Verbindung entspringenden beiderseitigen Ansprüche und Leistungen nebst Zinsen in Rechnung gestellt und in regelmäßigen Zeitabschnitten durch Verrechnung und Feststellung des für den einen oder anderen Teil sich ergebenden Ueberschusses ausgeglichen werden (laufende Rechnung, Kontokurrent), so kann derjenige, welchem bei dem Rechnungsabschluß ein Ueberschuß gebührt, von dem Tage des Abschlusses an Zinsen von dem Ueberschusse verlangen, auch soweit in der Rechnung Zinsen enthalten sind.

Der Rechnungsabschluß geschieht jährlich einmal, sofern nicht ein Anderes bestimmt ist

Die laufende Rechnung kann im Zweifel auch während der Dauer einer Rechnungsperiode jederzeit mit der Wirkung gekündigt werden, daß derjenige, welchem nach der Rechnung ein Ueberschuß gebührt, dessen Zahlung beanspruchen kann",

§ 356:

„Wird eine Forderung, die durch Pfand, Bürgschaft oder in anderer Weise gesichert ist, in die laufende Rechnung aufgenommen, so wird der Gläubiger durch die Anerkennung des Rechnungsabschlusses nicht gehindert, aus der Sicherheit insoweit Befriedigung zu suchen, als sein Guthaben aus der laufenden Rechnung und die Forderung sich decken.

Haftet ein Dritter für eine in die laufende Rechnung aufgenommene Forderung als Gesamtschuldner, so findet auf die Geltendmachung der Forderung gegen ihn die Vorschrift des Abs. 1 entsprechende Anwendung",

§ 357:

„Hat der Gläubiger eines Beteiligten die Pfändung und Ueberweisung des Anspruches auf dasjenige erwirkt, was seinem Schuldner als Ueberschuß aus der laufenden Rechnung zukommt, so können dem Gläubiger gegenüber Schuldposten, die nach der Pfändung durch neue Geschäfte entstehen, nicht in Rechnung gestellt werden. Geschäfte, die auf Grund eines schon vor der Pfändung bestehenden Rechtes oder einer schon vor diesem Zeitpunkte bestehenden Verpflichtung des Drittschuldners vorgenommen werden, gelten nicht als neue Geschäfte im Sinne dieser Vorschrift."

Die Versuche, die rechtlichen Grundlagen des Kontokorrentverhältnisses klar zu legen, sind bisher immer auf die größten Schwierigkeiten gestoßen. Es giebt wohl kein Rechtsinstitut mehr, welches so viele von einander abweichende Meinungen hervorgerufen und zu so vielen und sonderbaren Mißverständnissen Anlaß gegeben hat, wie das unsere und Einigkeit ist trotz der überreichen Literatur auch heute noch nicht erzielt. Levy, einer der hervorragendsten Autoren auf unserem Gebiet, sagt einmal (vergl. Levy-Rießer S. 210):

„Es ist wahrlich, als ob in diesem Institut eine gewisse mystische Ingredienz verborgen sei, welche allerlei Beschwerden ins Leben ruft.“ Levys Ahnung hat ihn nicht betrogen. Diese „mystische Ingredienz“ ist allerdings vorhanden, nur liegt sie nicht in dem Institut selbst, sondern in den Schlußfolgerungen, welche die juristische Doktrin bei ihren Versuchen, die rechtlichen Grundlagen des Instituts aufzudecken, von Anfang an gemacht hat. Die juristische Deduktion enthält einen Fehler und dieser Fehler ist die „mystische Ingredienz“ in der Materie des Kontokorrentverhältnisses, welche die „Beschwerden“ macht. Wenn in einer Rechnung ein Fehler ist, so ist das genau so, wie wenn in einer Schlußfolgerung ein falscher Satz ist: man bekommt nicht das richtige Resultat. Und wie man oft dem Resultat einer Rechnung ansehen kann, daß in derselben ein Fehler gemacht worden ist, so kann man oft auch dem Resultat einer Schlußfolgerung ansehen, daß in derselben ein falscher Satz enthalten ist. Bei dem Resultat, welches die rechtliche Behandlung des Kontokorrentverhältnisses bisher zu Tage gefördert hat, ist das so. Will man auf grund der bisherigen Konstruktion Einzelfragen lösen, so stößt man immer wieder auf Schwierigkeiten. Der Gedanke, daß irgendwo in der Reihe der Schlußfolgerungen, welche zu diesem Resultat geführt haben, ein Fehler gemacht worden sein müsse, wird dadurch sehr nahe gelegt. Wir glauben annehmen zu dürfen, daß wir diesen Fehler in der rechtlichen Deduktion, die mystische Ingredienz Levys in der Materie des Kontokorrentverhältnisses gefunden haben. Es ist eine die ganze Literatur beherrschende falsche Auffassung über das Wesen und die Bedeutung der rechnerischen Grundlage des Kontokorrentverkehrs. Dieser Irrtum hat oft die scharfsinnigsten Juristen zu den bedenklichsten Konstruktionen verleitet und ist unseres Erachtens schuld daran, daß eine befriedigende Lösung des Problems nicht erzielt worden ist. Auf dieser unsoliden Basis ist aber das ganze Gebäude der dermaligen rechtlichen Konstruktion des Kontokorrentverkehrs aufgebaut. Es muß in sich zusammenstürzen, wenn ihm dieses Fundament entzogen wird.

Wir sind davon überzeugt, daß die herrschende Auffassung über das Wesen des Kontokorrentverhältnisses nicht haltbar ist und haben deswegen versucht, eine neue Konstruktion auf neuer Grundlage aufzustellen. Sollte es uns nicht gelungen sein, dem aufgefundenen Prinzip in der Darstellung immer vollständig gerecht zu werden, so möge dies damit entschuldigt werden, daß es äußerst schwer ist, sich von Vorstellungen, in welche man sich eingelebt hat und welche uns auf Schritt und Tritt in der Literatur begegnen, mit einem Male wieder los zu machen. Wir wären übrigens schon befriedigt, wenn es uns auch nur gelungen sein sollte, wenigstens die Wege zu bahnen, in welchen sich zukünftig die Forschung zu bewegen haben wird.

Erster Abschnitt.

Entwicklung des Kontokorrentvertrages aus den Merkmalen des Kontokorrentverkehrs.

§ 1.
Vorbemerkung.

Wir stellen uns zunächst die Aufgabe, den rechtlichen Charakter des Kontokorrentverhältnisses zu entwickeln aus den äußerlichen Merkmalen des Kontokorrentverkehrs. Wir wollen unserer Betrachtung nur feststehende Thatsachen zu grunde legen; jede Bezugnahme auf irgend welche, vielleicht voreingenommene Theorie oder irgend welche eigens für den Kontokorrentverkehr aufgestellten Gesetzesbestimmungen soll ausgeschlossen sein. Um Mißverständnisse zu verhüten, sei bemerkt, daß auch die Bestimmungen des neuen Handelsgesetzbuches für diesen ersten Abschnitt unserer Abhandlung als nicht vorhanden betrachtet werden.

Es handelt sich also vor allem darum, die Thatsachen festzustellen, welche wir unserer Beurteilung des Kontokorrentverkehrs zu grunde zu legen haben.

Der Kontokorrentvertrag wird zumeist stillschweigend geschlossen, und wenn er ausdrücklich geschlossen wird, so besteht die Abmachung auch nur darin, daß die Parteien vereinbaren, „in Kontokorrentverkehr treten zu wollen". Eine ausdrückliche Bezeichnung der auf beiden Seiten übernommenen Verpflichtungen findet wohl niemals statt. Was also die Parteien, die in Kontokorrentverkehr getreten sind, eigentlich vereinbart haben, kann nur aus Indizien geschlossen werden und diese kann uns nur eine eingehende Untersuchung der kaufmännisch-technischen Behandlung des Kontokorrentverkehrs liefern, welche wir nunmehr vornehmen wollen.

§ 2.
Umfang des Ausdruckes Kontokorrentverkehr.

Vor Allem ist erforderlich, festzustellen, in welchem Umfange der Kaufmann den Ausdruck Kontokorrent gebraucht. Wir würden große Gefahr laufen, zu falschen Schlußfolgerungen zu gelangen, wenn wir, wie es schon manche Autoren gethan haben, nur eine einzige Art oder Form des Kontokorrentverkehrs[1]) unserer Untersuchung zu grunde legen würden. Die unausbleibliche Folge eines solchen Verfahrens würde sein, daß wir

[1]) Damit nicht Mißverständnisse entstehen, wenn wir hier von Kontokorrentarten sprechen, wollen wir im Voraus bemerken, daß es verschiedene Arten des Kontokorrentverkehrs nicht giebt. Es giebt nur verschiedene Arten des Geschäftsverkehrs. Was die letzteren zum Kontokorrentverkehr macht, ist immer das Gleiche. Bevor wir aber das festgestellt haben, bleibt uns vorderhand nichts anderes übrig, als von Arten des Kontokorrentverkehrs zu sprechen.

den Begriff Kontokorrent zu eng, nur für eine, für die der Untersuchung gerade zu grunde gelegte Art des Kontokorrentverkehrs passend aufstellen würden und die Folge hievon wäre wieder, daß wir in allen anderen Fällen, wo der Kaufmann auch von Kontokorrentverkehr spricht, zu der Aufstellung gelangen müßten, daß die kaufmännische Ausdrucksweise hier unrichtig sei, daß ein echter Kontokorrentverkehr hier nicht vorliege. Vor diesem unrichtigen Vorgehen wollen wir uns also hüten. Wir wollen zunächst die sämtlichen Formen des Kontokorrentverkehrs, wenn auch auf den ersten Blick die eine oder die andere gar nichts mit den übrigen gemein zu haben scheint, vorurteilslos als ganz gleichberechtigt in den Kreis unserer Betrachtung ziehen und zusehen, zu welchem Resultat wir kommen, wenn wir nur aus denjenigen Thatsachen unsere rechtliche Konstruktion des Kontokorrentverkehrs zu entwickeln suchen, welche bei allen Spielarten des kaufmännischen Kontokorrentverkehrs gleichmäßig gegeben sind. Zeigt es sich, daß wir auf diese Weise zu einer befriedigenden Erklärung, was der Kontokorrentverkehr sei, nicht kommen können, dann werden wir wohl berechtigt sein, eine Unterscheidung zwischen den einzelnen Kontokorrentbeziehungen zu machen und zu sagen, daß die kaufmännische Ausdrucksweise nicht konsequent sei; vorher aber nicht.

Bevor wir noch die verschiedenen Formen des Kontokorrentverkehrs näher ins Auge gefaßt haben, können wir schon vorweg eine Eigenschaft des Kontokorrentverkehrs, bezüglich der alle Arten einander gleich sind, feststellen. In allen Fällen, in welchen der Kaufmann von dem Bestehen eines Kontokorrentverkehrs spricht, liegt eine Geschäftsverbindung zwischen zwei Personen vor. Von einer solchen spricht man dann, wenn zwei Personen häufig Geschäfte mit einander abschließen, aus welchen sie Gläubiger und Schuldner werden. Nur beim Bestehen einer solchen Geschäftsverbindung ergiebt sich das Bedürfnis, die abgeschlossenen Geschäfte, statt, wie dies bei vereinzelten Geschäften das nächstliegende ist, jedes für sich abzuwickeln, als eine fortlaufende Reihe zu behandeln, bei welcher jedes Geschäft hinsichtlich der daraus entstandenen Forderung an ein früheres anschließt.

Nach der Geschäftsverbindung, welche dem Kontokorrentverkehr zu grunde liegt, unterscheidet der Kaufmann nun hauptsächlich zwischen Kontokorrent im Warengeschäft und Kontokorrent im Bankgeschäft.[2]) Der Unterschied ist in den Worten selbst klar ausgedrückt. Beim Warenverkehr werden zwischen den beiden Geschäftsfreunden hauptsächlich Waren umgesetzt, beim Bankverkehr Geld. Im Kontokorrent interessieren die einzelnen Geschäfte nicht nach jeder Seite, sondern nur, soweit sich aus ihnen eine Veränderung des Bestandes an Forderungen zwischen den beiden Geschäftsfreunden ergeben kann. Der Kontokorrent befaßt sich also nicht mit den Geschäften an sich, sondern nur mit den aus ihnen entstandenen Forderungen und mit deren Tilgung. In dieser Beziehung sind nun bei einem Geschäftsverkehr verschiedene Fälle denkbar.

Beim Warenverkehr zunächst ist möglich, daß durch die abgeschlossenen Geschäfte immer der nämliche Gläubiger wird, sodaß seinem Geschäftsfreund immer nur Tilgung der Forderungen obliegt. Es ist aber auch möglich, daß abwechselnd beide Geschäftsfreunde Forderungen aus den abgeschlossenen Geschäften gegeneinander erwerben, sodaß beide aneinander zu zahlen haben. Der Kürze wegen wollen wir eine Geschäftsverbindung ersterer Art eine einseitige, eine solche der zweiten Art eine zweiseitige nennen. Zur Vermeidung von Unklarheiten ist es vielleicht angezeigt, besonders zu betonen, daß bei dieser Unterscheidung nur die aus der Geschäftsverbindung entstandenen Forderungen, also die direkt zwischen den Vertragsteilen entstandenen

---

[2]) Weitere Unterscheidungen wären Kontokorrent im Speditions- und Kontokorrent im Kommissionsgeschäft. Wir brauchen aber diese Unterscheidungen vorläufig nicht zu berücksichtigen.

Forderungen entscheidend sind. Für den Begriff der einseitigen oder zweiseitigen Geschäftsverbindung soll es also ohne Belang sein, wenn etwa die beiden Geschäftsfreunde Forderungen, die Dritten gegen den einen oder den anderen von ihnen zustehen, erwerben und sich gegenseitig aufrechnen auf die aus ihrer Geschäftsverbindung entstandenen Forderungen.

Nehmen wir an, daß im Kontokorrentverkehr durch die Zahlungen des einen Teils sofort Forderungen des anderen Teils in entsprechender Höhe getilgt werden,[3]) so wird bei der einseitigen Geschäftsbeziehung, falls nicht etwa einmal versehentlich zu viel gezahlt wird, der eine Geschäftsfreund während eines bestimmten Zeitraums, z. B. während eines Kalendervierteljahres immer Gläubiger, der andere immer Schuldner sein.[4]) Nehmen wir an, daß bei der zweiseitigen Geschäftsverbindung die entstehenden Forderungen[5]) immer sofort aufgerechnet werden,[6]) wenn Gegenforderungen vorhanden sind, so kann es sich ergeben, — es kommt dabei nur auf die Höhe der einzelnen Forderungen und die Reihenfolge an, in welcher sie zur Entstehung gelangen —, daß während eines bestimmten Zeitraums bald der eine, bald der andere der Geschäftsfreunde Gläubiger ist. Wir wollen die Fälle, wo ein solches Umspringen der Gläubigereigenschaft von dem einen Geschäftsfreund auf den anderen, angenommen, daß Zahlung mit sofortiger Tilgung und sofortige Aufrechnung von Gegenforderungen wirklich stattfinde, vorkommt, der Kürze wegen als hinsichtlich der Gläubigereigenschaft wechselnden Geschäftsverkehr, die anderen Fälle als hinsichtlich der Gläubigereigenschaft gleichbleibenden Geschäftsverkehr bezeichnen.

Wir haben diese Unterscheidungen zunächst unter Zugrundelegung des Warenverkehrs aufgestellt. Wir wollen nun sehen, welche Erfahrungen wir machen bei Anwendung derselben auf den Bankverkehr. Der Geschäftsfreund des Bankiers heißt Korrespondent. Beim Bankverkehr handelt es sich entweder um Kreditverkehr oder um Depositenverkehr. Im ersteren Falle hat der Bankier dem Korrespondenten einen Kredit auf eine bestimmte Summe eröffnet: der Korrespondent hat vertragsmäßig das Recht, vom Bankier zu beliebigen Zeiten Auszahlungen bis zur vereinbarten Gesamthöhe zu verlangen und nach Belieben wieder Rückzahlungen zu machen. Beim Depositenverkehr hinterlegt der Kunde beim Bankier ein Depot, über welches er nach Belieben in einzelnen kleineren Beträgen verfügt, wobei er aber nach Gelegenheit immer wieder auch neue Beträge hinterlegt. Es liegt im Begriffe des Kreditverkehrs, wie im Begriffe des Depositenverkehrs, daß in beiden Fällen der Verkehr nach unserer obigen Unterscheidung immer ein einseitiger ist. Beim Kreditverkehr werden keine Geschäfte abgeschlossen, durch welche der Korrespondent Gläubiger wird, beim Depositenverkehr werden keine Geschäfte abgeschlossen, durch welche der Bankier Gläubiger wird.[7]) Liegt also entweder nur Kreditverkehr oder nur Depositenverkehr vor, so kann während eines bestimmten Zeitraums auch ein Wechsel der Gläubigereigenschaft nicht eintreten. Ein solcher Wechsel wird beim Bankverkehr überhaupt nur dadurch möglich, daß die beiden einseitigen Geschäftsverkehrsarten Kreditverkehr und Depositenverkehr einander folgen, in der Art, daß der Bankier eine Zeit lang Kreditgeber, dann aber wieder eine Zeit lang Depositar ist

[3]) Wir wollen hier weder behaupten, daß das im Kontokorrent der Fall sei, noch daß es nicht der Fall sei.

[4]) Von der „toten Bilanz" (es ist zufällig keiner dem anderen etwas schuldig) können wir absehen.

[5]) Für die hier natürlich auch möglichen Zahlungen gilt wieder das, was für den Fall der einseitigen Geschäftsbeziehungen über dieselben gesagt wurde.

[6]) Wir wollen auch hier wieder vorderhand weder behaupten, daß dies der Fall sei, noch daß es nicht der Fall sei.

[7]) Die verhältnismäßig geringfügigen Provisionsforderungen berücksichtigen wir dabei nicht.

u. s. w. Diese zeitliche Aufeinanderfolge von Kreditverkehr und Depositenverkehr innerhalb kürzerer Zeit ist sehr wohl denkbar. Nehmen wir an, es habe der Geschäftsverkehr mit einer Krediteröffnung begonnen, der Korrespondent habe eine Zeit lang kleinere Beträge entnommen, dieselben nach und nach wieder zurückgezahlt und sei nun plötzlich z. B. infolge unerwarteten Eingangs von Zahlungen in der Lage, daß er nicht nur keinen Kredit mehr vom Bankier braucht, sondern bei ihm sogar noch überflüssiges Geld deponieren kann, so wird aus dem Kreditverkehr ein Depositenverkehr. Mehrt sich aber danach, wie leicht möglich, wieder das Geldbedürfnis des Korrespondenten, so kann sich ergeben, daß er nicht nur die deponierten Beträge wieder erheben, sondern auch den eröffneten Kredit wieder in Anspruch nehmen muß und aus dem Depositenverkehr wird wieder der Kreditverkehr. Dieser Umschlag kann sich in kurzen Zwischenräumen während einer bestimmten Zeit öfter wiederholen.

Unser Resultat ist also: Im Gegensatz zum Warenverkehr kann der Bankverkehr immer nur einseitig sein (Kreditverkehr oder Depositenverkehr), nicht zweiseitig. Solange immer nur eine Art dieses Bankverkehrs vorliegt, kann also auch zwischen den Geschäftsfreunden die Gläubiger- und Schuldnereigenschaft nicht wechseln. Ein solcher Wechsel ergiebt sich jedoch bei zeitlicher Aufeinanderfolge von Kreditverkehr und Depositenverkehr.

Dieser Unterschied zwischen Waren- und Bankverkehr liegt in der Natur der Sache. Zweiseitiger Bankverkehr ist deswegen praktisch nicht denkbar, weil Geld auch in dem Falle, wo es wie beim Bankverkehr zur Ware wird, ein Vermögensobjekt ist, welches sich von der Ware im gewöhnlichen Sinne dadurch unterscheidet, daß es bei ihm eine Differenzierung nicht giebt. Die beiden Geschäftsfreunde werden vernünftiger Weise nicht gleichzeitig bei einander Geld deponieren und nicht gleichzeitig einander kreditieren; denn das wäre ja nur Austausch eines und desselben Vermögensobjektes, welcher sinnlos wäre. Anders ist es beim Warenverkehr. Es kann hier leicht vorkommen, daß der eine Geschäftsfreund eine bestimmte Klasse von Waren abzugeben hat, die der andere braucht, während dieser eine bestimmte Klasse von Waren abzugeben hat, welcher wieder der erstere braucht. Ein *zweiseitiger* Geschäftsverkehr ist also hier ganz gut *möglich, wenn auch die Fälle des einseitigen Warenverkehrs in der Praxis bedeutend überwiegen dürften.*

Der Kaufmann kennt also zunächst einen Kontokorrentverkehr im Warengeschäft und einen Kontokorrentverkehr im Bankgeschäft. Was wir hier nun weiter festzustellen haben, ist, daß der Kaufmann den Ausdruck Kontokorrentverkehr in all den aufgeführten Fällen ohne Unterscheidung gebraucht. Er spricht von Kontokorrentverkehr, wo einseitiger Geschäftsverkehr vorliegt, eben so gut wie in solchen Fällen, wo zweiseitiger Geschäftsverkehr vorliegt; er spricht von Kontokorrentverkehr in Fällen, wo die Gläubiger- und Schuldnereigenschaft während einer bestimmten Zeitperiode gleichbleibt, gerade so gut wie in Fällen, wo dieselbe während einer bestimmten Zeitperiode wechselt. Daß in dieser Beziehung eine Unterscheidung nicht gemacht wird, ergiebt die Praxis. Man braucht, um sich davon zu überzeugen, nur die Musterbeispiele in irgend einem der gebräuchlichen kaufmännischen Lehrbücher über den Kontokorrentverkehr zu vergleichen.

Wir haben also auf diese sämtlichen Verkehrsarten bei unserer Untersuchung gleichmäßig Rücksicht zu nehmen; wir dürfen vorderhand nur das als zum Kontokorrentverkehr gehörig betrachten, was bei diesen verschiedenen Arten des Geschäftsverkehrs gleichmäßig vorhanden ist, wenn sie als Kontokorrentverkehr bezeichnet werden.

Alle diese Arten des Verkehrs weisen nun, wenn sie als Kontokorrentverkehr bezeichnet werden, in der Praxis eine gewisse Übereinstimmung auf bezüglich der Verkehrsförmlichkeiten, der Buchführung und der Rechnungsführung.

§ 3.
Die Verkehrsförmlichkeiten und die Buchführung im Kontokorrent.

Im Kontokorrentverkehr schicken die Geschäftsfreunde gerade so gut, wie dies bei Einzelgeschäften der Fall ist, bei oder nach Abschluß eines jeden Geschäftes der eine dem andern eine Rechnung. Diese Rechnung unterscheidet sich aber von einer gewöhnlichen Rechnung durch einen charakteristischen Zusatz. Während nämlich die gewöhnliche Rechnung nichts weiter ersehen läßt, als wer der Gläubiger ist, wer der Schuldner ist, auf welches Geschäft sich die Rechnung bezieht und welche Forderung geltend gemacht wird, — die Aufforderung zur Zahlung wird in der Regel als selbstverständlich weggelassen —, enthält die Rechnung im Kontokorrentverkehr gewöhnlich den Zusatz: „Ich habe mit diesem Betrage Ihr Konto belastet“ oder: „Ich bitte, mir diesen Betrag gut zu schreiben“. Ähnlich wird auch bei Überweisung von Bargeld zum Zwecke der Zahlung nicht eine bestimmte Forderung des Geschäftsfreundes bezeichnet, welche getilgt werden soll; es wird dem Empfänger nur mitgeteilt, daß mit diesem Betrage sein Konto belastet worden sei oder er wird gebeten, diesen Betrag dem Zahlenden gutzuschreiben. Welche Bedeutung diesen Erklärungen bezw. Aufforderungen zukommt, werden wir weiter unten sehen.

Außer diesen Rechnungen für jedes einzelne Geschäft senden die Geschäftsfreunde viertel- oder halbjährig einander auch noch Kontokorrente (Rechnungsauszüge); diese beziehen sich auf die sämtlichen Geschäfte der bezüglichen Periode. Wir werden dieselben weiter unten näher kennen lernen.

Was die Buchführung anlangt, so haben wir schon in der Einleitung das Wichtigste gesagt. Dem Kontokorrent liegt das Prinzip zu grunde, daß eine bestimmte Anzahl von Geschäften, um eine gleichmäßige Art der Tilgung zu ermöglichen, in eine fortlaufende Reihe zusammengefaßt wird. Dieses Prinzip erfordert auch eine eigenartige Buchführung. Damit Irrungen, welche naturgemäß hier leichter vorkommen können, als wie wenn unter Einzelbehandlung der Geschäfte für jede Schuldtilgung eine besondere Quittung ausgestellt wird, nach Möglichkeit vermieden werden, ist es nötig, periodisch festzustellen, was der eine Teil dem anderen noch schuldig ist. Dazu ist eine Berechnung erforderlich. Es ist deswegen üblich, die Buchungen derartig vorzunehmen, daß sie zugleich das Schema für die Rechnung bilden. Man unterscheidet danach hauptsächlich drei Buchungs- und Rechnungsmethoden:

1. die Staffelmethode,
2. die progressive Kolonnenmethode,
3. die retrograde Kolonnenmethode.

Bevor wir jedoch diese Buchungs- und Rechnungsmethoden einzeln kennen lernen, ist es erforderlich, einige allgemeine Worte über die Zinsenberechnung im Kontokorrente vorauszuschicken.

§ 4.
Die Zinsenberechnung im Kontokorrent.

Der bequemeren Rechnung halber werden im Kontokorrent die Zinsen mit Hilfe der sogenannten Zinszahlen berechnet. Der Vorteil, welchen dieser Berechnungsmodus gewährt, besteht darin, daß eine Multiplikation mit einer bestimmten Zahl, welche sonst bei jedem Kontokorrentposten ausgeführt werden müßte, für die ganze Rechnung nur einmal ausgeführt zu werden braucht.

Was man unter Zinszahl versteht, ergiebt sich aus folgendem. Wir pflegen bekanntlich die Zinsen nach Procenten, d. h. für je 100 Einheiten des Kapitals zu berechnen. Wenn wir sagen, ein Kapital ist zu 4% verzinslich, so bedeutet das: „Von je 100 M. des Kapitals sind 4 M. für das Jahr als Zins zu zahlen." Da das Kapital nicht immer ein Vielfaches von 100 ist und die Zinsen auch nicht immer genau ein Jahr laufen und am wenigsten im Kontokorrentverkehr, so müssen wir eine Formel zu gewinnen suchen, welche den Zins allgemein für einen Tag[1]) von einem beliebigen Kapital ausdrückt.

Im Nachfolgenden wollen wir mit K das Kapital, von welchem, mit t die Anzahl der Tage, für welche der Zins berechnet werden soll und mit p den Zinsfuß d. h. die Anzahl der Rechnungseinheiten, welche pro 100 Einheiten des Kapitals als Zins zu zahlen sind, bezeichnen. Wir können dann folgende Schlüsse ziehen.

Wenn je 100 M. in einem Jahre p M. Zinsen tragen, so trägt ein Kapital von K M. in der gleichen Zeit sovielmal p M. Zins als je 100 M. in dem Kapitale K enthalten sind. Der Zins Z aus K M. in einem Jahre kann demnach ausgedrückt werden durch die Formel:

$$Z = \frac{K \cdot p}{100} \text{ M.}$$

Stellt dies den Zins für ein Jahr dar, so beträgt der Zins für einen Tag offenbar den 365sten Teil hievon oder $\frac{K \cdot p}{100 \cdot 365}$ und für t Tage t mal soviel, sodaß wir also für den Zins aus K M. für t Tage zu p% die Formel erhalten:

$$Z = \frac{K \cdot t \cdot p}{100 \cdot 365} \text{ M.}$$

Von einem weiteren Kapital K_1 erhalten wir für t_1 Tage zum gleichen Zinsfuß analog den Zins

$$Z_1 = \frac{K_1 \cdot t_1 \cdot p}{100 \cdot 365}$$

Sollen die Zinsen aus K und K_1 addiert werden, so erhalten wir:

$$Z + Z_1 = \frac{K \cdot t \cdot p}{100 \cdot 365} + \frac{K_1 \cdot t_1 \cdot p}{100 \cdot 365}$$

Die beiden Summanden haben den gleichen Faktor $\frac{p}{365}$. Mit diesem brauchen wir nicht einzeln zu multiplizieren; das Resultat ist dasselbe, wenn wir erst die anderen Faktoren addieren und dann die Summe mit dem gleichen Faktor multiplizieren. Es ergiebt sich dann:

$$Z + Z_1 = \frac{p}{365} \left(\frac{K \cdot t}{100} + \frac{K_1 \cdot t_1}{100} \right)^{2)}$$

Wenn wir also Zinsen zu gleichem Zinsfuß aus verschiedenen Kapitalien für je eine bestimmte Anzahl Tage zu summieren oder von einander abzuziehen haben, können wir einfach so verfahren, daß wir jedes Kapital mit der Anzahl Tage, während welcher es Zins trägt, multiplizieren und durch 100 dividieren, die so erhaltenen Beträge unter einander verrechnen (je nachdem addieren oder subtrahieren) und das Resultat mit dem durch 365 geteilten Zinsfuß multiplizieren.

---

[1]) Für weniger als einen Tag werden Zinsen nicht berechnet.

[2]) Den weiteren gleichen Faktor $\frac{1}{100}$ herauszusetzen, wäre möglich, ist aber für die Praxis nicht angezeigt, weil mit 100 leicht zu dividieren ist und die Dezimalstellen ohne erhebliche Beeinträchtigung der Genauigkeit des Resultates, je nachdem sie mehr oder weniger als $^1/_2$ ausmachen, als 1 oder als 0 in Rechnung gestellt werden können, wodurch die Zahlen kleiner werden.

Man bezeichnet nun den Faktor $\frac{p}{365}$[3]) in obiger Formel als Zinszahl oder Zinsnummer. Die Summanden $\frac{K \cdot t}{100}$ und $\frac{K_1 \cdot t_1}{100}$[4]) stellen dann die Anzahl der Zinszahlen dar, welche die Kapitalien K und K_1 in t bzw. t_1 Tagen ergeben.[5]) Wie man leicht einsieht, ist die Zinszahl $\frac{p}{365}$ der Zins, welchen 100 M. zu p% in 1 Tage tragen.

Ist der Zinsfuß für verschiedene Kapitalien nicht gleich, also das eine Mal z. B. p%, daß andere Mal π%, so ist eine so weit gehende Vereinfachung nicht möglich. Wir haben in diesem Falle nur den gemeinschaftlichen Faktor $\frac{1}{365}$[6]); jedes Kapital muß mit seinem zugehörigen Zinsfuß einzeln vermehrt werden.

Im Kontokorrentverkehr ergiebt sich oft die Notwendigkeit der Berechnung von Zwischenzinsen. Sehr häufig wird dabei der gegenwärtige Wert K_x des in t Tagen fälligen Kapitals K in der Weise ermittelt, daß einfach der Zins, welchen das Kapital K in t Tagen trägt, von demselben abgezogen wird, also nach der Formel

$K_x = K - \frac{K \cdot p \cdot t}{100 \cdot 365}$ (Berechnung des Diskonts vom Hundert).

Dieses Verfahren ist jedoch falsch. Die richtige Formel ist die folgende:

$K_x = K - \frac{K \cdot p \cdot t}{100 \cdot 365 + p \cdot t}$ (Berechnung des Diskonts auf das Hundert).

Hält man diese Formel gegen die andere, so findet man, daß der Unterschied zwischen beiden nur darin besteht, daß das 2. Glied als Divisor im ersten Falle 100 . 365 und im 2. Falle 100 . 365 + p . t hat. Daraus ergiebt sich, daß die Differenz in den Ergebnissen der beiden Berechnungen um so größer ist, je später das Kapital fällig wird und je höher der Zinsfuß ist, daß aber auf alle Fälle der mit Hilfe der ersten Formel berechnete gegenwärtige Wert zu niedrig ist. Wenn auch unter Umständen bei den einzelnen Posten der Fehler nicht beträchtlich ist, so ergiebt sich doch, falls für eine größere Anzahl nachfälliger Posten der Diskont „vom Hundert" berechnet wird, auch für den einzelnen Kontokorrent eine erhebliche Differenz gegenüber dem Resultat einer richtigen Berechnung. Die unrichtige Berechnungsweise findet man wahrscheinlich deswegen so häufig, weil die Anlage der Kolonnenrechnungen, die dieser Berechnungsweise sehr günstig ist, dazu verleitet. Wenn also beim Kontokorrentverkehr eine Diskontierung erforderlich wird, muß, wie es sonst auch üblich ist, der Diskont „auf das Hundert" berechnet werden. Nachfällige Posten, welche nicht diskontiert werden, sind als „Vortragsposten" zu behandeln.[7])

Es ist hier noch darauf aufmerksam zu machen, daß bei Berechnung der Kontokorrentzinsen in Deutschland in der Regel daß Jahr zu 360 Tagen und jeder Monat zu 30 Tagen, in Frankreich das Jahr auch zu 360 Tagen, jeder Monat aber zu den Kalendertagen, in Amerika, England und Holland dagegen wieder anders das Jahr zu 365 Tagen und jeder Monat zu den Kalendertagen gerechnet wird. Offenbar ist die

---

[3]) D. i. Zinsfuß geteilt durch 365.

[4]) D. s. die Produkte aus Kapital und Anzahl der Tage geteilt durch 100.

[5]) Kemmer (S. 125) verfährt sehr eigentümlich, indem er die Zinszahl als gegeben hinstellt und daraus die Formel für die Zinsen ableitet.

[6]) Von $\frac{1}{100}$ wieder abgesehen.

[7]) Es ist natürlich auch in rechtlicher Beziehung ein erheblicher Unterschied, ob ein Rechnungsposten diskontiert oder als Vortragsposten behandelt wird. In einem anerkannten Kontokorrent verrechnete Posten können nicht mehr storniert werden (vgl. R.O.H. V 41). Im Uebrigen verweisen wir auf Wiedemann, Bankkontokorrent S. 4, 5, 42, 88.

letztere Berechnung die genaueste. Wir werden deswegen in unseren nachfolgenden Beispielen diese Art der Berechnung zur Anwendung bringen.

Nach dieser Vorbemerkung können wir die einzelnen Kontokorrentrechnungsmethoden nunmehr näher ins Auge fassen.

§ 5.
Die Staffelrechnung.[1])

Das Princip der Staffelrechnung ist folgendes.

Die einzelnen Debet- und Kreditposten werden nach der Reihenfolge, in welcher sie fällig werden bezw. anfallen, unter einander in die Rechnung eingesetzt. Bei Eintritt eines jeden neuen Postens wird der Saldo gezogen. Aus dem an erster Stelle eingesetzten Posten und aus den später sich ergebenden jedesmaligen Saldi werden unter Zuhilfenahme der Zinszahlen bis zum Eintritt eines neuen Postens bezw. bis zum Rechnungsabschluß für den jeweiligen Gläubiger die Zinsen berechnet. Zur näheren Erläuterung möge folgendes Beispiel dienen.

Herr Theobald Klemmert in Würzburg.

Datum		Gegenstand	Soll oder Haben	Betrag M	Betrag ₰	Verfalltag		Tage	Zinszahlen Soll	Zinszahlen Haben
1901						1901				
Jan.	3.	An meine Rechnung	S	3406	55	Jan.	3.	6	20 439,30	
„	9.	Per Ihre Anweisung	H	3000	00	„	9.			
			S	406	55			6	2 439,30	
„	15.	Per Ihre Rechnung	H	760	00	„	15.			
			H	353	45			10		3534,50
„	20.	An meine Rechnung	S	7450	50	„	25			
			S	7097	05			5	35 485,25	
„	30	Per Kasse	H	5000	00	„	30.			
			S	2097	05			16	33 552,80	
Febr.	10	Per Ihre Rechnung	H	6580	55	Febr.	15.			
			H	4483	50			5		22 417,50
„	15.	An Rimesse	S	1000	00	„	20.			
			H	3483	50			6		20 901,00
„	24	An meine Rechnung	S	363	50	„	26.			
			H	3120	00			3		9 360,00
„	27.	An Rimesse	S	1000	00	März	1.			
			H	2120	00			9		19 080,00
März	8.	Per Ihre Rechnung	H	3880	00	„	10.			
			H	6000	00			5		30 000,00
„	12.	An Rimesse	S	4560	80	„	15			
			H	1439	20			5		7 196,00
„	15	An meine Rechnung	S	8650	20	„	20.			
			S	7211	00	„	31.	11	79 321,00	
„	31.	Saldo der Zinszahlen								58 748,65
„	31.	5% Zins daraus	S	8	05					
			S	7219	05				171 237,65	171 237,65
April	1.	An Saldo	S	7219	05					

Nürnberg, 31. März 1901.

Arthur Moritz.

[1]) Auch englische oder hamburger Methode genannt.

Der erste Posten ist eine Rechnung über 3406,55 M., welche Arthur Moritz seinem Geschäftsfreund Theobald Klemmert am 3. Januar 1901 übersandt hat und welche am gleichen Tage zu berichtigen war. Der 2. Posten ist eine Anweisung auf 3000 M., welche dem Rechnungssteller von seinem Geschäftsfreund am 9. Januar 1901 übersandt wurde und an diesem Tage auch zu honorieren war. Vom Eintritt des 1. Postens bis zum Eintritt des 2. Postens in die Rechnung, also für 6 Tage, waren die Zinszahlen zu berechnen; es ergaben sich 20439,30; dieselben waren in das Soll einzustellen, weil sie aus einem Posten, der dem Rechnungssteller zustand, berechnet wurden. Nunmehr wurde der Saldo gezogen; derselbe ergab (durch Subtraktion des 2. Postens vom 1.) 406,55 M., Rest des 1. Postens. Daraus waren nun wieder zu Gunsten des Rechnungsstellers Zinszahlen zu berechnen bis zum 15. Januar, dem Verfalltag des nächsten Postens. Am 15. Januar übersandte Klemmert dem Rechnungssteller eine Rechnung über 760 M. Gegen diesen Posten wurde der Passivsaldo des Klemmert verrechnet und es blieb für ihn ein Aktivsaldo von 353,45 M. übrig. Daraus waren nun wieder Zinszahlen zu berechnen, diesmal natürlich zu gunsten des Rechnungsempfängers. Genau in derselben Weise sind auch die sämtlichen übrigen Posten behandelt. Die Saldierung der Zinszahlen ergab 58748,65 Sollzinszahlenüberschuß. Hieraus berechnete sich bei Zugrundelegung eines Zinsfußes von 5% der Zins zu 8,05 M.

In der Praxis wird gewöhnlich für die Hauptbeträge die Kolonnenmethode (vgl. die beiden folgenden §§) angewendet und die Staffelmethode nur zur Berechnung der Zinsen benutzt. Die Rechnung sieht danach folgendermaßen aus.[2])

Herr Theobald Klemmert in Würzburg.

Soll | Haben

Datum		Gegenstand	Betrag		Vortragsposten		Datum		Gegenstand	Betrag		Vortragsposten	
1901			M	₰	M	₰	1901			M	₰	M	₰
Jan.	3	An meine Rechnung	3406	55			Jan.	9	Per Ihre Anweisg.	3000	00		
"	20	An meine Rechnung	7450	50			"	15	Per Ihre Rechnung	760	00		
Febr.	15	An Rimesse	1000	00			"	30	Per Kasse	5000	00		
"	24	An meine Rechnung	363	50			Febr.	10	Per Ihre Rechnung	6580	55		
"	27	An Rimesse	1000	00			März	8	Per Ihre Rechnung	3880	00		
März	12	An Rimesse	4560	80			"	20	Per Wechsel auf Müller, Hamburg			5000	00
"	12	An Anweisung auf Arndt & Co. per 15. IV. 01			1000	00	"	31	Per Saldo	7219	05		
"	15	An meine Rechnung	8650	20									
"	31	An Zinsen lt Staffel	8	05									
			26439	60	1000	00				26439	60	5000	00
April	1	An Saldo	7219	05			März	20	Per Wechsel auf Müller, Hamburg per 1. V. 01			5000	00
März	12	An Anweisung auf Arndt & Co. per 15. IV. 01			1000	00							

Nürnberg, 31. März 1901.

Arthur Moritz.

2) Die Vortragsposten sind im ersten Schema weggelassen.

Zinsstaffel.

Soll oder Haben	Betrag M	Pf	Verfalltag 1901		Tage	Zinszahlen Soll	Zinszahlen Haben
S	3406	55	Jan.	3	6	20 439,30	
H	3000	00	„	9			
S	406	55			6	2 439,30	
H	760	00	„	15			
H	353	45			10		3 534,50
S	7450	50	„	25			
S	7097	05			5	35 485,25	
H	5000	00	„	30			
S	2097	05			16	33 552,80	
H	6580	55	Febr.	15			
H	4483	50			5		22 417,50
S	1000	00	„	20			
H	3483	50			6		20 901,00
S	363	50	„	26			
H	3120	00			3		9 360,00
S	1000	00	März	1			
H	2120	00			9		19 080,00
H	3880	00	„	10			
H	6000	00			5		30 000,00
S	4560	80	„	15			
H	1439	20			5		7 196,00
S	8650	20	„	20			
S	7211	00	„	31	11	79 321,00	
S	8	05					
S	7219	05				171 237,65	112 489,00
						112 489,00	
						58 748,65	
						= M 8,05	

§ 6.

Die progressive Kolonnenrechnung.

Bei der progressiven Kolonnenmethode werden je im Debet und im Kredit die Posten in der Reihenfolge, in welcher sie sich ergeben, unter einander gesetzt und aus jedem vom Verfalltage bis zum Abschlußtage Zinszahlen berechnet. Diese werden unter sich saldiert und der sich aus dem Saldo berechnende Zins wird auf der Seite eingesetzt, wo mehr Zinszahlen vorhanden sind. Darauf werden sämtliche Posten auf der Debet- und auf der Kreditseite addiert. Sodann wird die kleinere Summe von der größeren subtrahiert, wodurch sich der Saldo ergiebt.

Unser Beispiel sieht bei Anwendung der progressiven Kolonnenrechnung folgendermaßen aus.

[1]) Auch deutsche oder direkte Methode genannt.

Herr Theobald Klemmert in Würzburg.

Soll

Datum		Gegenstand	Betrag M	Betrag ₰	Vortragsposten M	Vortragsposten ₰	Verfalltag		Tage	Zinszahlen
1901							1901			
Jan.	8	An meine Rechnung	3406	55			Jan.	3	87	296369,85
„	20	An meine Rechnung	7450	50			„	25	65	484282,50
Febr.	15	An Rimesse	1000	00			Febr.	20	39	39000,00
„	24	An meine Rechnung	363	50			„	26	33	11995,50
„	27	An Rimesse	1000	00			März	1	30	30000,00
März	12	An Rimesse	4560	80			„	15	16	72972,80
„	12	An Anweisung auf Arndt & Co.			1000	00	April	15	—	—
„	15	An meine Rechnung	8650	20			März	20	11	95152,20
„	31	5% Zins aus Saldo der Zinszahlen	8	05						
			26439	60	1000	00				1029772,85
April	1	An Saldo	7219	05						
März	12	An Anweisung auf Arndt & Co. per 15. IV. 01.			1000	00				

Haben

Datum		Gegenstand	Betrag M	Betrag ₰	Vortragsposten M	Vortragsposten ₰	Verfalltag		Tage	Zinszahlen
1901							1901			
Jan.	9	Per Ihre Anweisg.	3000	00			Jan.	9	81	243000,00
„	15	Per Ihre Rechnung	760	00			„	15	75	57000,00
„	30	Per Kasse	5000	00			„	30	60	300000,00
Febr.	10	Per Ihre Rechnung	6580	55			Febr.	15	44	289544,20
März	8	Per Ihre Rechnnng	3880	00			März	10	21	81480,00
„	20	Per Wechsel auf Müller, Hamburg			5000	00	Mai	1	—	—
„	31	Saldo der Zinszahlen								58748,65
„	31	Saldo	7219	05						
			26439	60	5000	00				1029772,85
März	20	Per Wechsel auf Müller, Hamburg per 1. V. 01.			5000	00				

Nürnberg, 31. März 1901.

Arthur Moritz.

Herr Theobald Klemmert in Würzburg.

Soll.

Datum		Gegenstand	Betrag		Vortragsposten		Verfalltag		Tage	Diskontozahlen
1901			ℳ	₰	ℳ	₰	1901			
Jan	3	An meine Rechnung	3406	55			Jan.	3.	3	10 219,65
„	20	An meine Rechnung	7450	50			„	25.	25	186 262,50
Febr.	15	An Rimesse	1000	00			Febr.	20	51	51 000,00
„	24	An meine Rechnung	363	50			„	26.	57	20 719,50
„	27	An Rimesse	1000	00			März	1.	60	60 000,00
März	12	An Rimesse	4560	80			„	15.	74	337 499,20
„	12	An Anweisung auf Arndt & Co.			1000	00	April	15.		
„	15	An meine Rechnung	8650	20			März	20.	79	683 365,80
„	31	Saldo der Diskontozahlen								58 748,65
„	31	5 % Zins daraus	8	05						
			26439	60	1000	00				1 407 815,30
April	1	An Saldo	7219	05						
März	12	An Anweisung auf Arndt & Co. per 15. IV. 01.			1000					

Haben.

Datum		Gegenstand	Betrag		Vortragsposten		Verfalltag		Tage	Diskontozahlen
1901			ℳ	₰	ℳ	₰	1901			
Jan.	9	Per Ihre Anweisung	3000	00			Jan.	9.	9	27 000,00
„	15.	Per Ihre Rechnung	760	00			„	15.	15	11 400,00
„	30.	Per Kasse	5000	00			„	30.	30	150 000,00
Febr	10.	Per Ihre Rechnung	6580	55			Febr.	15.	46	302 705,30
März	8	Per Ihre Rechnung	3880	00			März	10.	69	267 720,00
„	20	Per Wechsel auf Müller, Hamburg			5000	00	Mai	1.		
„	31.	Diskontozahlen aus Kapitalsaldo zu ℳ 7211,00					März	31.	90	648 990,00
„	31.	Saldo	7219	05						
			26439	60	5000	00				1 407 815,30
März	20.	Per Wechsel auf Müller, Hamburg per 1. V. 01			5000	00				

Nürnberg, 31. März 1901.

Arthur Moritz.

§ 7.
Die retrograde Kolonnenrechnung.[1])

Bei dieser Methode werden im Soll und im Haben die einzelnen Beträge so wie bei der progressiven Kolonnenrechnung unter einander gesetzt und aus jedem Posten vom Verfalltage, sowie aus dem sich auf den Abschlußtag ergebenden Kapitalsaldo von diesem Tage an bis zum ersten Tage der Kontokorrentperiode zurück Diskontozahlen[2]) berechnet. Die Diskontozahlen aus dem Kapitalsaldo werden auf derjenigen Seite eingesetzt, wo sich weniger Kapital befindet. Auf der Seite, wo sich weniger Diskontozahlen befinden, werden die sich aus dem Saldo derselben berechnenden Zinsen eingesetzt. Danach wird weiter verfahren, wie bei der progressiven Kolonnenmethode.

Unser Beispiel sieht nach der retrograden Kolonnenmethode wie folgt aus (s. S. 15).

§ 8.
Vergleichung der Resultate der drei Rechnungsmethoden.

Wenn für beide Teile der Zinsfuß gleich ist, so geben, wie wir gesehen haben, die drei Rechnungsmethoden genau dasselbe Resultat. In der Praxis kommt es aber beim Bankkontokorrent häufig vor, daß für beide Teile ein verschiedener Zinsfuß vereinbart ist. Wir wollen deswegen auch untersuchen, welches das Resultat der drei Rechnungsmethoden wäre, wenn Klemmert 6% und Moritz 3% Zinsen zu zahlen hätte.

Nach der Staffelrechnung hätte Klemmert $\frac{171237{,}65 \;.\; 6}{100 \;.\; 365} = 28{,}15$, Moritz $\frac{112489{,}00 \;.\; 3}{100 \;.\; 365} = 9{,}25$ M. Zinsen zu zahlen und es würde sich demnach für Klemmert ein Passivüberschuß an Zinsen von 28,15 — 9,25 = 18,90 M. ergeben.

Nach der progressiven Kolonnenrechnung hätte Klemmert 6% aus 1029772,85 d. i. 169,28 M., Moritz dagegen 3% aus 971024,20 Zinszahlen d. i. 79,81 M. Zinsen zu zahlen. Es würde sich demnach zu Lasten des Klemmert ein Zinsensaldo von 169,28 — 79,81 = 89,47 M. ergeben.

Bei der retrograden Methode wären auf der Debetseite 6% Zinsen aus 1349066,65 Zahlen d. i. 221,76 M. und auf der Kreditseite 3% aus 1407815,30 d. i. 115,71 M. Zins zu zahlen. Die Differenz von 106,05 wäre nach dem Prinzip der retrograden Methode, daß die sich aus dem Saldo der Diskontozahlen berechnenden Zinsen auf der Seite einzusetzen sind, wo sich weniger Diskontozahlen befinden, wieder auf der Debetseite zu verrechnen.

Bei ungleichem Zinsfuß ergeben die drei Rechnungsmethoden also verschiedene Resultate; denn Klemmert hätte

nach der Staffelrechnung	18,90 M.,
nach der progressiven Kolonnenrechnung . . .	89,47 M.
und nach der retrograden Kolonnenrechnung	106,05 M.

Zinsen zu zahlen.

Die Unterschiede in den Rechnungsresultaten sind so groß, daß die Vermutung, dieselben könnten vielleicht durch ungenaue Berechnung der Pfennigbeträge entstanden sein, von vornherein als ausgeschlossen erscheint. Uebrigens haben wir (im Gegensatz

---

[1]) Auch französische oder indirekte Methode genannt.

[2]) Die Diskontozahlen entsprechen so wenig einem wirklichen Diskont, wie die Zinszahlen bei der progressiven Kolonnenrechnung einem wirklich geschuldeten Zins entsprechen. In beiden Fällen haben wir es mit bloßen Zahlen zu thun, mit Rechnungsfaktoren, denen jeglicher rechtliche Beigeschmack fehlt. Wir werden das unten genauer sehen. Wir gebrauchen die Ausdrücke Zinszahlen und Diskontozahlen bei den Kolonnenrechnungen nur der Kürze wegen.

zur Praxis, welche dadurch, daß sie jede einzelne Zinszahl sofort durch 100 dividiert und die entstehenden Bruchteile, soweit sie weniger als $^1/_2$ betragen, einfach wegläßt, soweit sie mehr betragen, als 1 in Rechnung zieht, die Rechnung bedeutend kürzt) die Zinszahlen vollständig berechnet, sodaß also unter allen Umständen die Annahme, wir hätten es mit Rechnungsarten zu thun, welche, mit größtmöglicher Genauigkeit durchgeführt, alle das gleiche Resultat geben müßten, ausgeschlossen ist.

Nun ist es aber doch auffallend, daß die 3 Rechnungsarten bei gleichem Zinsfuß auf beiden Seiten genau das gleiche Resultat und nur bei ungleichem Zinsfuß 3 verschiedene Resultate ergeben. Diese eigentümliche Erscheinung legt uns sofort die Vermutung nahe, daß wir es in Wirklichkeit gar nicht mit 3 verschiedenen Rechnungen, sondern nur mit einer einzigen zu thun haben und daß wir bei ungleichem Zinsfuß nur deswegen 3 verschiedene Resultate erhalten, weil 2 von den Rechnungen aus irgend welchem Grunde bei ungleichem Zinsfuß nicht anwendbar sind. Diese Vermutung wird durch eine Diskussion der 3 Rechnungsmethoden bestätigt.

§ 9.
Diskussion der 3 Rechnungsmethoden.

Wir werden im Nachfolgenden, da unsere Abhandlung nicht für Rechnungsverständige geschrieben ist, die Darstellung etwas ausführlicher halten, als es im anderen Falle erforderlich wäre, um die für unsere Deduktion unumgänglich notwendige Beweisführung leichter verständlich zu machen.

Da wir Resultate von allgemeiner Geltung gewinnen wollen, ist es erforderlich, mit unbestimmten Zahlen zu rechnen. Wir nehmen an, die Debetposten seien die Beträge K_1, K_2, K_3, die Kreditposten die Beträge K_4, K_5, K_6; von dem Momente, wo die Posten in die Rechnung eintreten, seien bis zum Schlusse des Kontokorrents beziehentlich t_1, t_2, t u. s. w. Tage; die Posten gelangten in der Reihenfolge K_1, K_4, K_2, K_5, K_3, K_6, zur Verrechnung; p sei der Zinsfuß auf beiden Seiten. Die Debetposten werden als positiv, die Kreditposten als negativ angenommen.

Nach der Staffelmethode erhalten wir dann den Saldo durch folgende Rechnung.

$$\begin{aligned}\text{Saldo} = & \left[\left(\left\{[(K_1 - K_4) + K_2] - K_5\right\} + K_3\right) - K_6\right] \\ & + K_1 (t_1 - t_4) \frac{p}{100 \,.\, 365} \\ & + (K_1 - K_4)(t_4 - t_2) \frac{p}{100 \,.\, 365} \\ & + [(K_1 - K_4) + K_2](t_2 - t_5) \frac{p}{100 \,.\, 365} \\ & + \left\{[(K_1 - K_4) + K_2] - K_5\right\}(t_5 - t_3) \frac{p}{100 \,.\, 365} \\ & + \left(\left\{[(K_1 - K_4) + K_2] - K_5\right\} + K_3\right)(t_3 - t_6) \frac{p}{100 \,.\, 365} \\ & + \left[\left(\left\{[(K_1 - K_4) + K_2] - K_5\right\} + K_3\right) - K_6\right] . t_6 . \frac{p}{100 \,.\, 365}\end{aligned}$$

Die innere runde Klammer $(K_1 - K_4)$ des ersten Gliedes stellt den Zwischensaldo

[1]) Ob die Posten Zahlungen oder Forderungen sind im einzelnen Falle, ist für die Rechnung natürlich gleichgiltig.

nach Eintritt des 2. Postens (K_4), die eckige Klammer $[(K_1 - K_4) + K_2]$ den Zwischensaldo nach Eintritt des 3. Postens (K_2), die geschweifte Klammer $\{[(K_1 - K_4) + K_2] - K_5\}$ den Zwischensaldo nach Eintritt des 4. Postens (K_5), die äußere runde Klammer $\left(\left\{[(K_1 - K_4) + K_2] - K_5\right\} + K_3\right)$ den Zwischensaldo nach Eintritt des 5. Postens (K_3) und das ganze erste Rechnungsglied in der äußeren eckigen Klammer $\left[\left(\left\{[(K_1 - K_4) + K_2] - K_5\right\} + K_3\right) - K_6\right]$ den Hauptkapitalsaldo dar.

Die folgenden Glieder der Rechnung geben die Zinsen des Kontokorrents. Der 1. Posten K_1 ist zu verzinsen von seinem Eintritt bis zum Eintritt des Postens K_4 in die Rechnung. Vom Eintritt des 1. Postens bis zum Schlusse der Rechnungsperiode sind t_1 Tage, vom Eintritt des 2. Postens bis ebendahin t_4 Tage. Demnach sind vom Eintritt des 1. Postens bis zum Eintritt des 2. Postens $(t_1 - t_4)$ Tage. Die Zinsen aus dem ersten Posten ergeben also[2]) $K_1 (t_1 - t_4) \frac{p}{100 . 365}$ M.. Der 1. Saldo $(K_1 - K_4)$ ist vom Eintritt des 2. Postens (K_4) bis zum Eintritt des 3. Postens (K_2) zu verzinsen. Vom Eintritt des 2. Rechnungspostens bis zum Schlusse der Rechnungsperiode sind t_4 Tage, vom Eintritt des 3. Postens bis ebendahin t_2 Tage, vom Eintritt des 2. bis zum Eintritt des 3. Rechnungspostens demnach $(t_4 - t_2)$ Tage. Die Zinsen aus dem ersten Zwischensaldo ergeben somit $(K_1 - K_4)(t_4 - t_2) \frac{p}{100 . 365}$ M.. Genau so ist es bei den folgenden Gliedern der Rechnung. Das letzte Glied stellt die Zinsen aus dem Hauptkapitalsaldo dar, welcher vom Eintritt des letzten Rechnungspostens (K_6) bis zum Schlusse der Rechnungsperiode, also für t_6 Tage, zu verzinsen ist.

Wären die Zinsen für beide Seiten verschieden, z. B. für die Debetseite p%, für die Kreditseite aber $\varkappa$%, so wären die zur Zinsenberechnung dienenden Glieder unserer Rechnung, je nachdem der betreffende Rechnungsposten bezw. der betreffende Saldo positiv oder negativ (also ein Debet- oder Kreditposten) wäre, mit $\frac{p}{100 . 365}$ oder mit $\frac{\varkappa}{100 . 365}$ zu vermehren.

Man sieht nun sofort ein, daß bei unserer Rechnung bedeutende Vereinfachungen möglich sind. Für die Berechnung des Hauptkapitalsaldos ist es nicht erforderlich, die einzelnen Zwischensaldi zu berechnen, denn die sämtlichen inneren Klammern des 1. Gliedes unserer Rechnung sind unnötig. Wir können das 1. Glied auch so schreiben:

$$[K_1 - K_4 + K_2 - K_5 + K_3 - K_6]$$

Hier können wir wieder die sämtlichen positiven Glieder und die sämtlichen negativen je für sich addieren und die erhaltenen Summen voneinander subtrahieren, also nach dem Schema:

$$[(K_1 + K_2 + K_3) - (K_4 + K_5 + K_6)]$$

Man erhält also den Kapitalsaldo auch dadurch, daß man alle Glieder der Debetseite und alle Glieder der Kreditseite für sich addiert und die erhaltenen Beträge voneinander subtrahiert.

[2]) Nach unserer obigen allgemeinen Formel $\frac{k . t . p}{100 . 365}$

Damit rechtfertigt sich das Verfahren, den Kapitalsaldo nach der Kolonnenmethode, die Zinsen dagegen für sich nach der Staffelmethode zu berechnen und das Ergebnis der letzteren Rechnung je nachdem als Debet- oder Kreditposten mit der Bezeichnung: „Zinsen laut Staffel" in die erstere Rechnung am Schlusse einzusetzen.[3])

Diese Abkürzung der Rechnung ist in jedem Falle möglich. Eine weitere Vereinfachung ist möglich für den Fall, daß auf beiden Seiten die Zinsen nach dem gleichen Fuße berechnet werden. Alle zur Zinsenberechnung dienenden Glieder, gleichviel ob sie positiv oder negativ werden, haben nämlich dann den gleichen Faktor $\frac{p}{100\,.\,365}$. Mit diesem brauchen wir bloß einmal zu multiplizieren. Die Staffelrechnung läßt sich also unter gleichzeitiger Weglassung der unnötigen Klammern folgendermaßen vereinfachen.

$$\begin{aligned}\text{Saldo} = {} & [(K_1 + K_2 + K_3) - (K_4 + K_5 + K_6)] \\ & + \frac{p}{100\,.\,365}\Big\{K_1\,(t_1 - t_4) + (K_1 - K_4)\,(t_4 - t_2) + [K_1 - K_4 + K_2]\,(t_2 - t_5) \\ & \quad + \big\{K_1 - K_4 + K_2 - K_5\big\}\,(t_5 - t_3) + (K_1 - K_4 + K_2 - K_5 \\ & \quad + K_3)\,(t_3 - t_6) + [K_1 - K_4 + K_2 - K_5 + K_3 - K_6]\,.\,t_6\Big\}\end{aligned}$$

Durch Ausführung der Multiplikationen erhalten wir dann:

$$\begin{aligned}\text{Saldo} = {} & [(K_1 + K_2 + K_3) - (K_4 + K_5 + K_6)] \\ & + \frac{p}{100\,.\,365}\Big\{K_1\,.\,t_1 - K_1\,.\,t_4 + K_1\,.\,t_4 - K_4\,.\,t_4 - K_1\,.\,t_2 + K_4\,.\,t_2 + K_1\,.\,t_2 \\ & \quad - K_4\,.\,t_2 + K_2\,.\,t_2 - K_1\,.\,t_5 + K_4\,.\,t_5 - K_2\,.\,t_5 + K_1\,.\,t_5 \\ & \quad - K_4\,.\,t_5 + K_2\,.\,t_5 - K_5\,.\,t_5 - K_1\,.\,t_3 + K_4\,.\,t_3 - K_2\,.\,t_3 \\ & \quad + K_5\,.\,t_3 + K_1\,.\,t_3 - K_4\,.\,t_3 + K_2\,.\,t_3 - K_5\,.\,t_3 + K_3\,.\,t_3 \\ & \quad - K_1\,.\,t_6 + K_4\,.\,t_6 - K_2\,.\,t_6 + K_5\,.\,t_6 - K_3\,.\,t_6 + K_1\,.\,t_6 \\ & \quad - K_4\,.\,t_6 + K_2\,.\,t_6 - K_5\,.\,t_6 + K_3\,.\,t_6 - K_6\,.\,t_6\Big\}\end{aligned}$$

In der letzten Klammer kommen nunmehr eine Anzahl gleicher positiver und negativer Glieder vor, welche sich gegeneinander streichen lassen, weil sie zusammen Null geben. Als einfachste Formel bleibt dann übrig:

$$\begin{aligned}\text{Saldo} = {} & [(K_1 + K_2 + K_3) - (K_4 + K_5 + K_6)] \\ & + \frac{p}{100\,.\,365}\Big\{(K_1\,.\,t_1 + K_2\,.\,t_2 + K_3\,.\,t_3) - (K_4\,.\,t_4 + K_5\,.\,t_5 + K_6\,.\,t_6)\Big\}\end{aligned}$$

Eine weitere allgemeine Vereinfachung ist nicht möglich. Rechnet man jedoch mit bestimmten Zahlen, so wird durch Ausführung der Rechnung das 2. Glied entweder positiv oder negativ, je nachdem $(K_1\,.\,t_1 + K_2\,.\,t_2 + K_3\,.\,t_3)$ oder $(K_4\,.\,t_4 + K_5\,.\,t_5 + K_6\,.\,t_6)$ größer ist und kann demnach, bevor die Subtraktion im ersten Gliede ausgeführt wird, entweder zum Minuenden oder zum Subtrahenden addiert werden.

Was für den Fall gleichen Zinsfußes auf beiden Seiten gilt, gilt natürlich auch für den Fall, wo zwar für beide Seiten verschiedener Zinsfuß vereinbart ist, faktisch aber, weil während der ganzen Rechnungsperiode die Gläubigereigenschaft nicht wechselt, nur ein Zinsfuß in der Rechnung zur Anwendung kommt.

Es ergiebt sich demnach: Man erhält, vorausgesetzt, daß gleicher Zinsfuß für beide Seiten vereinbart war oder daß die Gläubigereigenschaft nicht gewechselt hat während der Rechnungsperiode, denselben Saldo, den man durch die Staffelrechnung auf etwas umständliche Weise gewinnt, auch dadurch, daß man aus sämtlichen Posten der

---

[3]) Vgl. unser Beispiel oben.

Kredit- und der Debetseite Zinszahlen je bis zum Schlusse des Kontokorrents berechnet,[4]) den aus dem Saldo der Zinszahlen sich berechnenden Zins je nachdem als Debet- oder Kreditposten einsetzt, danach sämtliche Debet- und Kreditposten addiert und darauf saldiert.

Das ist aber ganz genau das Verfahren, welches bei der Kolonnenrechnung eingehalten wird.[5])

Bei ungleichem Zinsfuß wäre eine so weitgehende Vereinfachung natürlich nicht möglich. Denn welche Glieder positiv und welche negativ werden und demnach mit $\frac{p}{100 \,.\, 365}$ oder mit $\frac{\pi}{100 \,.\, 365}$ zu multiplizieren sind, kann man nicht allgemein bestimmen. Hiezu ist die Durchführung der Rechnung mit bestimmten Zahlen erforderlich.

Für gleichen Zinsfuß auf beiden Seiten oder für hinsichtlich der Gläubigereigenschaft gleichbleibenden Geschäftsverkehr läßt sich unsere allgemeine Formel für die Staffelrechnung noch auf eine andere Weise vereinfachen.

Anstatt der Faktoren $(t_1 - t_4)$, $(t_4 - t_2)$, $(t_2 - t_5)$, $(t_5 - t_3)$, $(t_3 - t_6)$ und t_6 in den zur Zinsenberechnung dienenden Gliedern lassen sich nämlich anders zusammengesetzte, aber gleichwertige setzen. Verstehen wir unter τ_1, τ_2, τ_3, τ_4, τ_5 und τ_6 die Zeiten, welche vom Beginn des Kontokorrents bis zum Eintritt der Posten K_1, K_2, K_3, K_4, K_5 und K_6 in den Kontokorrent beziehentlich verflossen sind, und unter t die ganze Zeit der Rechnungsperiode, so können wir anstatt t_1 offenbar setzen $(t - \tau_1)$, anstatt τ_2 in gleicher Weise $(t - \tau_2)$, anstatt t_3 ebenso $(t - \tau_3)$ u. s. w. Anstatt des Faktors $(t_1 - t_4)$ können wir demnach setzen $((t - \tau_1) - (t - \tau_4))$ oder $(t - \tau_1 - t + \tau_4)$ oder $(\tau_4 - \tau_1)$; anstatt des Faktors $(t_4 - t_2)$ können wir setzen $((t - \tau_4) - (t - \tau_2))$ oder $(t - \tau_4 - t + \tau_2)$ oder $(\tau_2 - \tau_4)$. Ebenso ist es bei den übrigen Faktoren. Wir erhalten demnach folgende Rechnung.

$$
\begin{aligned}
\text{Saldo} = {} & [(K_1 + K_2 + K_3) - (K_4 + K_5 + K_6)] \\
& + \frac{p}{100 .\ 365} \Big\{ K_1 (\tau_4 - \tau_1) \\
& \quad + (K_1 - K_4)(\tau_2 - \tau_4) \\
& \quad + (K_1 - K_4 + K_2)(\tau_5 - \tau_2) \\
& \quad + (K_1 - K_4 + K_2 - K_5)(\tau_3 - \tau_5) \\
& \quad + (K_1 - K_4 + K_2 - K_5 + K_3)(\tau_6 - \tau_3) \\
& \quad + (K_1 - K_4 + K_2 - K_5 + K_3 - K_6)(t - \tau_6) \Big\}.
\end{aligned}
$$

Durch Ausführung der Multiplikationen erhalten wir dann:

$$
\begin{aligned}
\text{Saldo} = {} & [(K_1 + K_2 + K_3) - (K_4 + K_5 + K_6)] \\
& + \frac{p}{100 .\ 365} \Big\{ K_1\tau_4 - K_1\tau_1 + K_1 . \tau_2 - K_4 . \tau_2 - K_1 . \tau_4 + K_4 . \tau_4 + K_1 . \tau_5 \\
& \quad - K_4 . \tau_5 + K_2 . \tau_5 - K_1 . \tau_2 + K_4 . \tau_2 - K_2 . \tau_2 + K_1 . \tau_3 - K_4 . \tau_3 \\
& \quad + K_2 . \tau_3 - K_5 . \tau_3 - K_1 . \tau_5 + K_4 . \tau_5 - K_2 . \tau_5 + K_5 . \tau_5 + K_1 . \tau_6 \\
& \quad - K_4 . \tau_6 + K_2 . \tau_6 - K_5 . \tau_6 + K_3 . \tau_6 - K_1 . \tau_3 + K_4 . \tau_3 - K_2 . \tau_3 \\
& \quad + K_5 . \tau_3 - K_3 . \tau_3 + (K_1 - K_4 + K_2 - K_5 + K_3 - K_6)\, t - K_1 . \tau_6 \\
& \quad + K_4 . \tau_6 - K_2 . \tau_6 + K_5 . \tau_6 - K_3 . \tau_6 + K_6 . \tau_6 \Big\}.
\end{aligned}
$$

Im letzten Klammerausdruck kommen wieder eine Anzahl gleicher positiver und

---

[4]) Daß diese Zinszahlen keinen wirklich geschuldeten Zinsen entsprechen, bedarf wohl keiner weiteren Erläuterung. Nur die Rechnung ist dieselbe wie bei der Zinsenberechnung.

[5]) Würden wir aus unserem obigen Beispiele über die progressive Kolonnenrechnung direkt eine allgemeine Formel ableiten, so würden wir ohne Weiteres zu unserer abgekürzten Formel kommen.

negativer Glieder vor, welche sich streichen lassen. Anstatt $(K_1 - K_4 + K_2 - K_5 + K_3 - K_6)$, was den Kapitalsaldo vorstellt, wollen wir s setzen. Wir erhalten dann:

$$\text{Saldo} = [(K_1 + K_2 + K_3) - (K_4 + K_5 + K_6)] + \frac{p}{100 \cdot 365} \Big\{ (K_4 \cdot \tau_4 + K_5 \tau_5 + K_6 \cdot \tau_6) - (K_1 \tau_1 + K_2 \cdot \tau_2 + K_3 \cdot \tau_3) + st \Big\}.$$

Das ist aber genau die Formel, nach welcher die Berechnung bei der retrograden Kolonnenmethode erfolgt, wie wir uns leicht überzeugen können. Die Formel ergiebt zunächst, daß aus jedem Posten vom Verfalltage sowie aus dem sich auf den Abschlußtag ergebenden Kapitalsaldo von diesem Tage an bis zum ersten Tage der Kontokorrentperiode zurück „Diskontozahlen"[6]) zu berechnen sind. Der Summand st im 2. Glied der Formel, welcher die Diskontozahlen aus dem Kapitalsaldo darstellt, wird, wenn die Rechnung mit bestimmten Zahlen ausgeführt wird, entweder positiv oder negativ. Ist $(K_4 + K_5 + K_6)$ kleiner als $(K_1 + K_2 + K_3)$, so wird st positiv und ist demnach zu $(K_4 \cdot \tau_4 + K_5 \tau_5 + K_6 \cdot \tau_6)$ zu addieren, also zu den Diskontozahlen auf derjenigen Seite, welche weniger Kapital aufweist. Ist $(K_1 + K_2 + K_3)$ kleiner als $(K_4 + K_5 + K_6)$, so wird st negativ und ist demnach zu $(K_1 \cdot \tau_1 + K_2 \cdot \tau_2 + K_3 \cdot \tau_3)$ zu addieren, also wieder zu den Diskontozahlen auf derjenigen Seite, welche weniger Kapital aufweist. Daraus ergiebt sich auf jeden Fall die Merkregel, daß die Diskontozahlen aus dem Kapitalsaldo auf diejenige Seite zu setzen sind, wo sich weniger Kapital befindet. Das ganze 2. Glied der Formel, welches die Zinsen darstellt, wird nun wieder entweder positiv oder negativ, je nachdem der in der geschweiften Klammer enthaltene Faktor (der Saldo der Diskontozahlen) positiv oder negativ wird. Ist die Summe der Diskontozahlen auf der Debetseite $[K_1 \cdot \tau_1 + K_2 \cdot \tau_2 + K_3 \cdot \tau_3$ ev. $+ st]$ kleiner als die Summe der Diskontozahlen auf der Kreditseite $[K_4 \cdot \tau_4 + K_5 \cdot \tau_5 + K_6 \cdot \tau_6$ ev. $+ st]$, so wird das ganze 2. Glied positiv und ist demnach zu $(K_1 + K_2 + K_3)$ zu addieren, also zu den Posten auf derjenigen Seite, auf welcher sich weniger Diskontozahlen befinden. Ist die Summe der Diskontozahlen auf der Kreditseite $[K_4 \cdot \tau_4 + K_5 \cdot \tau_5 + K_6 \cdot \tau_6$ ev. $+ st]$ kleiner als die Summe der Diskontozahlen auf der Debetseite $[K_1 \cdot \tau_1 + K_2 \cdot \tau_2 + K_3 \cdot \tau_3$ ev. $+ st]$, so wird das ganze 2. Glied negativ und ist demnach zu $[K_4 + K_5 + K_6]$ zu addieren, also wieder zu den Posten auf derjenigen Seite, auf welcher sich weniger Diskontozahlen befinden. Daraus ergiebt sich die 2. Merkregel, daß die Zinsen in jedem Falle zu den Posten auf derjenigen Seite zu addieren sind, auf welcher sich die kleinere Summe der Diskontozahlen oder, anders ausgedrückt, der Saldo der Diskontozahlen befindet.

§ 10.
Ergebnis der Untersuchung.

Das Ergebnis unserer Untersuchung ist nun folgendes.

Die progressive und die retrograde Kolonnenrechnung haben keine selbstständige Bedeutung. Sie sind nur aus der Staffelrechnung für einen Spezialfall abgeleitete Formeln. Eine andere Rechnung als die Staffelrechnung giebt es überhaupt nicht im Kontokorrentverkehr; wo die Kolonnenrechnungen angewandt werden, wird im Prinzip immer nur die Staffel-

[6]) Daß diese keinem wirklichen Diskont entsprechen, darüber brauchen wir wohl kein Wort zu verlieren. Nur die Berechnung ist dieselbe, wie wenn die einzelnen Posten nach der in § 4 gerügten Diskontberechnungsweise diskontiert werden würden.

rechnung angewendet. Aus den abgekürzten Formeln einen Schluß auf die juristische Natur des Kontokorrents zu ziehen, wäre unzulässig, weil dieselben nicht mehr die Elemente des Vertrages erkennen lassen. Man muß also von der Grundrechnung ausgehen. Grundrechnung ist aber die Staffelrechnung; denn aus dieser lassen sich die anderen Rechnungsmethoden ableiten, nicht umgekehrt.[1]) Konstruiert man den Kontokorrent nach den der Staffelrechnung innewohnenden Prinzipien, so kann sich ein Widerspruch zwischen der Vertragskonstruktion und den einzelnen Rechnungsmethoden niemals ergeben. Denn dann muß in jedem Falle die Staffelrechnung angewendet werden, die allerdings unter der Voraussetzung gleichen Zinsfußes auf beiden Seiten oder wenn die Gläubigereigenschaft während der Rechnungsperiode nicht gewechselt hat, in den abgekürzten Formeln der Kolonnenrechnungen ausgeführt werden kann. Auf den Gedanken, die Kolonnenrechnungen, wie wir es oben gethan haben und wie es auch in der Praxis manchmal geschehen ist, bei ungleichem Zinsfuß anwenden zu wollen,[2]) kann man dann überhaupt nicht kommen; denn man weiß, daß die Staffelrechnung überall anzuwenden ist und daß die abgekürzten Formeln derselben eben nur für die Fälle gelten, wo nur ein Zinsfuß in Frage kommt.

§ 11.
Rechtliche Analyse der Staffelrechnung.

Nachdem wir festgestellt haben, daß die Staffelrechnung das Bild dessen ist, was beim Kontokorrentverkehr geschieht, wollen wir eine rechtliche Analyse derselben versuchen. Wir gewinnen folgende Sätze.

1. Beim Kontokorrentverkehr werden die aus der Geschäftsverbindung entspringenden Forderungen nicht einzeln, nicht jede für sich getilgt, dieselben werden vielmehr in der

---

[1]) Leitet man die retrograde Kolonnenrechnung aus der progressiven ab, was auch möglich ist, so ist sie indirekt doch wieder von der Staffelrechnung abgeleitet. Man erhält die Formel für die retrograde Kolonnenrechnung aus der Formel für die progressive Kolonnenrechnung, wenn man die Faktoren t_1, t_2, t_3 u. s. w. wie bei der Entwicklung derselben aus der Formel für die Staffelberechnung ersetzt durch $(t - \tau_1)$, $(t - \tau_2)$, $(t - \tau_3)$ u. s. w. Man erhält auf diese Weise:

$$\text{Saldo} = [(k_1 + k_2 + k_3) - (k_4 + k_5 + k_6)] + \frac{p}{100 \, . \, 365} \Big\{ \big(k_1 (t - \tau_1) + k_2 (t - \tau_2) + k_3 (t - \tau_3)\big) - \big(k_4 (t - \tau_4) + k_5 (t - \tau_5) + k_6 (t - \tau_6)\big) \Big\}.$$

Durch Auflösung der Klammern im letzten Gliede ergiebt sich:

$$\text{Saldo} = [(k_1 + k_2 + k_3) - (k_4 + k_5 + k_6)] + \frac{p}{100 \, . \, 365} \left\{ \begin{matrix} k_1 t - k_1 \tau_1 + k_2 t - k_2 \tau_2 + k_3 t - k_3 \tau_3 \\ - k_4 t + k_4 \tau_4 - k_5 t + k_5 \tau_5 - k_6 t + k_6 \tau_6 \end{matrix} \right\}$$

oder:

$$\text{Saldo} = [(k_1 + k_2 + k_3) - (k_4 + k_5 + k_6)] + \frac{p}{100 \, . \, 365} \Big\{ (k_4 \tau_4 + k_5 \tau_5 + k_6 \tau_6) - (k_1 \tau_1 + k_2 \tau_2 + k_3 \tau_3) + [(k_1 + k_2 + k_3) - (k_4 + k_5 + k_6)] \, t \Big\}.$$

[2]) Wenn wir im Nachfolgenden von der Anwendung der progressiven Kolonnenrechnung bei ungleichem Zinsfuß sprechen, dann denken wir immer an die Anwendung dieser Rechnung in der Weise, daß für sämtliche Posten der einen Seite Zins zu dem höheren und für sämtliche Posten der anderen Seite solcher zu dem niedrigeren Fuße berechnet wird. Nur diese Anwendung der progressiven Kolonnenrechnung bei ungleichem Zinsfuß ist unstatthaft. Die progressive Kolonnenrechnung kann natürlich, auch wenn ungleicher Zinsfuß vereinbart ist, angewendet werden, insolange sie dasselbe Resultat giebt wie die Staffelrechnung. Das ist dann der Fall, wenn während der Rechnungsperiode die Gläubigereigenschaft nicht wechselt, sodaß thatsächlich nur der eine Zinsfuß in Frage kommt. Diese Feststellung ist allerdings wieder nur unter Zuhilfenahme der Staffelrechnung möglich.

Reihenfolge, in welcher sie fällig werden, aneinander gereiht und die Anrechnung einer Zahlung oder Aufrechnung mit einer Gegenforderung erfolgt immer auf den jeweils ältesten Teil der Reihe, wobei es gleichgiltig ist, ob so eine oder mehrere Forderungen auf einmal, ob die jüngste Forderung ganz oder nur zum Teil getilgt wird.

2. Ist die Zahlung von Zinsen vereinbart, so ändert sich an dem zu Ziff. 1 Gesagten nichts; es werden nicht etwa die Kapitalbeträge zunächst auf die erlaufenen Zinsen verrechnet. Die Zinsen der beiden Seiten werden vielmehr während der Rechnungsperiode unter sich aufgerechnet und zwar auch wieder nach dem Alter der Forderungen, zu welchen sie gehören. Erst am Schlusse der Rechnungsperiode findet eine Verrechnung zwischen Kapital und Zinsen statt, wenn solche noch vorhanden sind.

3. Nach Umfluß der Rechnungsperiode erfolgt eine vertragsmäßige Feststellung, wieviel der eine Teil dem anderen noch schuldig ist. Der festgestellte Betrag wird als erster Posten auf neue Rechnung übergetragen.

Diese Sätze bedürfen noch einiger Erläuterung.

Zu 1. Daß es Prinzip des Kontokorrentverkehrs ist, daß die Forderungen in der Reihenfolge getilgt werden, in welcher sie fällig werden,[1]) kommt in der Staffelrechnung klar zum Ausdruck; die Forderungen werden genau in der Reihenfolge des „Verfalls" geordnet in die Rechnung eingestellt bzw. verrechnet. Insoweit ein Zwischensaldo nur aus einer einzigen Forderung besteht, ist angesichts der Rechnung überhaupt gar nicht denkbar, daß eine andere Tilgung stattfinde. Daß auch dann immer die älteste Forderung zuerst getilgt wird, wenn ein Zwischensaldo aus mehreren Forderungen besteht, wie z. B. der Zwischensaldo vom 10. März in unserem Beispiel, läßt sich zwar nicht aus der Rechnung direkt nachweisen, kann aber mit gutem Grunde doch angenommen werden. Denn von dem dem Kontokorrentverkehr offenbar zu grunde liegenden Prinzip der Tilgung der Forderungen nach der Reihenfolge, in welcher sie fällig werden, in dem in Rede stehenden Falle abzuweichen, liegt kein Anlaß vor. Wenn ein Zwischensaldo einmal aus mehreren Forderungen besteht, so ist das ein rein zufälliges Ergebnis, welches ein Abweichen von der Regel nicht notwendig macht. Die Praxis ergiebt auch keine Anhaltspunkte, daß die Parteien von diesem Vorkommnis besondere Notiz nähmen; der Kontokorrentverkehr geht weiter wie bisher. Daß der Schuldner jeweils die älteste Schuld zuerst deckt, ist das naturgemäßeste und muß deshalb auch in unserem Falle angenommen werden.

Wir haben zunächst festgestellt, in welcher Reihenfolge die einzelnen Posten der beiden Seiten zur gegenseitigen Tilgung benutzt werden. Wir müssen nun auch noch untersuchen, in welchem Zeitpunkte die Tilgung in jedem einzelnen Falle erfolgt. Dieselbe wird bewirkt entweder durch Zahlung oder durch Aufrechnung mit einer Gegenforderung. Was die Tilgung durch Zahlung anlangt, so ist selbstverständlich, daß sie in dem Moment geschieht, in welchem die Zahlung erfolgt. Diese Konstatierung erscheint vielleicht sehr überflüssig, ist es aber nicht, wie wir später noch sehen werden. Bewirken die Zahlungen sofort Tilgung, so muß auch angenommen werden, daß die Tilgung bei Aufrechnung mit einer Gegenforderung sofort in dem Moment geschieht, in welchem die Aufrechnung möglich ist. Würden die Forderungen längere Zeit ungetilgt einander gegenüberstehen, so wäre der gleichmäßige Lauf der Rechnung gestört. Teilweise würden die Forderungen getilgt sein, teilweise nicht. Bei dieser Annahme würde kein System in dem Verfahren des Kontokorrentverkehrs liegen. Dazu kommt noch, daß die Kontokorrentisten, soweit die beiden Seiten der Rechnung sich decken, auch schon während

[1]) Eventuell, in welcher dieselben zur Entstehung gelangt sind.

des Laufes der Rechnungsperiode sich für befriedigt halten, ganz gleichgiltig, ob die einzelnen Posten Zahlungen sind oder Forderungen.

Zu 2. Charakteristisch für den Kontokorrentverkehr ist, daß während des Laufes der Rechnungsperiode nur Kapitalforderungen gegen Kapitalforderungen und Zinsenforderungen gegen Zinsenforderungen und erst bei Schluß der Rechnungsperiode Kapital- und Zinsenforderungen, wenn sich solche in diesem Momente einander gegenüberstehen, unter sich aufgerechnet werden. In unserem Beispiel wird die Anweisung des Klemmert zu 3000 M. vom 9. Januar nicht auf die aus der Forderung zu 3406,55 M. vom 3. bis 9. Januar erwachsenen Zinsen zum Teil aufgerechnet, sondern nur auf den Kapitalbetrag. Die 20439,30 Zinszahlen entsprechen einem Zins von 2,80 M. Wäre dieser Betrag am 9. Januar aufgerechnet worden, so hätten auf das Kapital selbst (3406,55 M.) natürlich nur noch 3000 — 2,80 = 2997,20 M. aufgerechnet werden können und es wären anstatt 406,55 M. 406,55 + 2,80 = 409,35 M. von dem Kapital zu 3406,55 M. ungetilgt geblieben und auf die Zeit vom 9. bis 15. Januar zu verzinsen gewesen. Genau so ist es bei allen Posten durch die ganze Rechnung hindurch. Wie während des Laufes der Rechnungsperiode nur die Kapitalforderungen unter einander aufgerechnet werden, so werden auch nur die Zinsenforderungen gegeneinander aufgerechnet. Diese Aufrechnung geht fortwährend vor sich. Vom 3. bis 9. Januar erlaufen Zinsen aus dem Kapitalbetrage zu 3406,55 M. und vom 9. bis 15. Januar aus dem Kapitalbetrage zu 406,55 M. zu gunsten des Rechnungsstellers. Mit dem 15. Januar wird dagegen der Rechnungsempfänger infolge seiner Forderung zu 760,00 M., welche bei der Aufrechnung mit einem Betrage von 353,45 M. ungedeckt bleibt, Gläubiger auf diesen Betrag. Es erlaufen deswegen aus diesem Betrage zu seinen gunsten vom 15. bis 25. Januar fortwährend Zinsen. Diese Zinsen werden fortlaufend[2]) aufgerechnet gegen die schon im Debet erwachsenen Zinsen. Am 25. Januar sind die 3534,50 Zinszahlen bzw. die entsprechenden Zinsen gegen einen gleichen Betrag an Zinszahlen bzw. Zinsen auf der Debetseite zur Aufrechnung gelangt.

Nach diesem Verfahren ergiebt sich, wird die Rechnung in irgend einem Zeitpunkte abgeschlossen, regelmäßig ein nicht gedeckter Kapitalbetrag und ein nicht gedeckter Zinsenbetrag. Möglich wäre natürlich, daß sich zufällig auch einmal keine ungedeckte Kapitalforderung oder keine ungedeckte Zinsenforderung oder überhaupt keine ungedeckte Forderung ergiebt. In der Regel sind aber sowohl ungedeckte Kapitalforderungen als auch ungedeckte Zinsenforderungen vorhanden. Während nun bisher nur Kapitalforderungen gegen Kapitalforderungen und Zinsenforderungen gegen Zinsenforderungen aufgerechnet wurden, werden jetzt Kapital- und Zinsenforderungen unter sich verrechnet, d. h. sie werden, wenn sie demselben Gläubiger zustehen, zusammengezählt oder, wenn sie nicht demselben Gläubiger zustehen, von einander abgezogen, also aufgerechnet. In unserem Beispiel ergiebt sich bei Schluß der Rechnung am 31. März sowohl an Kapital als auch an Zinsen ein Saldo zu gunsten des Rechnungsstellers; die durch Aufrechnung nicht gedeckten Zinsen zu 8,05 M. werden, wie die Rechnung zeigt, zum Kapital geschlagen. Hätte der Kapitalsaldo dem einen, der Zinsensaldo dem anderen der Vertragsteile zugestanden, so würden die Zinsen gegen das Kapital aufgerechnet worden sein.

---

[2]) Wir entnehmen das daraus, daß die Kontokorrentisten, soweit die beiden Seiten der Rechnung sich decken, sich jederzeit für befriedigt halten. Das gilt zweifellos für die Kapitalbeträge und wird deswegen wohl auch anzunehmen sein, soweit sich beiderseits Zinsenforderungen ergeben. Es ist aber zu beachten, daß diese Aufrechnung von Zinsen gegen Zinsen nicht häufig vorkommt, weil bei den meisten Kontokorrenten während der Rechnungsperiode die Gläubigereigenschaft nicht wechselt, sodaß nur für den einen Teil Zinsen erwachsen.

Daß nicht wie sonst (vgl. §§ 367, 396 B.G.B.) zuerst die Zinsen getilgt werden, ist ein Charakteristikum des Kontokorrentverkehrs. Man verfährt so jedenfalls nur der einfacheren Rechnung zu liebe. Im anderen Falle müßten nämlich, so oft eine An- oder Aufrechnung erfolgt, immer die bis zu dem betreffenden Zeitpunkt erlaufenen Zinsen vollständig ausgerechnet werden; bei dem geschilderten Verfahren braucht man nur die Zinszahlen zu berechnen, worin ja die Haupterleichterung der Rechnung besteht.

Zu 3. Die periodische ziffermäßige Berechnung des Saldos erfolgt zweifellos nur deswegen, weil derselbe vertragsmäßig festgestellt werden soll. Diese Frage wird später eingehender behandelt werden. Die Praxis zeigt, daß der festgestellte Saldo regelmäßig als erster Posten wieder auf neue Rechnung vorgetragen wird. Die Feststellung ist auch an und für sich kein Grund, den Saldo anders zu behandeln, als wie während der Rechnungsperiode.

§ 12.
Inhalt und Wesen des Kontokorrentvertrages.

Nachdem wir nunmehr das Material für die Konstruktion des Kontokorrentvertrages, welches uns die kaufmännisch-technische Behandlung des Kontokorrentverkehrs an die Hand giebt, gesichtet haben, wollen wir versuchen, den Kontokorrentvertrag daraus zu entwickeln. Wir gewinnen folgende Sätze. Die Vertragsteile vereinbaren:

1. Die gesetzlichen Imputationsregeln (§§ 366 Abs. II, 367, 396 B. G. B.) sollen aufgehoben sein,
2. an deren Stelle sollen die Imputationsregeln des Kontokorrentverkehrs treten. Diese lauten:
   a, Macht ein Teil eine Zahlung an den anderen Teil oder rechnet er mit einer Forderung auf, ohne zu bestimmen, welche Forderung des anderen Teiles getilgt werden soll,[1]) so wird jeweils die älteste Forderung getilgt.
   b, Während des Laufes der Rechnungsperiode werden Zahlungen und aufgerechnete Kapitalforderungen nur auf die Kapitalforderungen des anderen Teiles verrechnet, ebenso aufgerechnete Zinsenforderungen nur auf die Zinsenforderungen des anderen Teiles; bei Schluß der Rechnungsperiode dagegen werden Zinsenforderungen und Kapitalforderungen untereinander verrechnet.
3. Die unbestimmte Anrechnungs- bezw. Aufrechnungserklärung gilt, wenn sie nicht ausdrücklich erfolgt, als abgegeben, so oft eine Tilgung von Forderungen der Gegenseite in der Weise, wie sie im vorigen Paragraphen als beim Kontokorrentverkehr erfolgend geschildert wurde, möglich ist, vorausgesetzt, daß der Wille der Parteien, in Kontokorrentverkehr zu stehen, noch fortbesteht.

Das Wesen des Kontokorrentvertrages charakterisiert sich hauptsächlich dadurch, daß er nicht zu irgend welchen positiven Leistungen verpflichtet. Die Parteien verpflichten sich insbesondere nicht, einander Kredit zu geben, sie verpflichten sich auch nicht, ihre gegenseitigen Forderungen in bestimmter Weise zu verrechnen. Der Kontokorrentvertrag hat nur die Folge, daß, wenn die Parteien in bestimmter Weise handeln, diesen Handlungen eine bestimmte Rechtswirkung beikommt. Man kann ihn kurz bezeichnen als einen Vertrag, *welcher einer bestimmten Art und Weise der Tilgung von Forderungen dient.*

---

[1]) Eine solche unbestimmte Verrechnungserklärung liegt regelmäßig in dem Ersuchen um Gutschrift.

Die hier aufgestellten Sätze über Inhalt und Wesen des Kontokorrentvertrages werden im Laufe der Darstellung noch eingehendere Begründung erfahren. Wir wollen es zunächst unterlassen, aus denselben weitere Schlußfolgerungen zu ziehen und vorerst untersuchen, ob die bisherige Anschauung über die rechtliche Natur des Kontokorrentverkehrs mit der unserigen übereinstimmt urd wenn nicht, ob die Erfahrungen, welche wir bei dieser Untersuchung machen, geeignet sind, Zweifel an der Richtigkeit unseres bisherigen Resultates entstehen zu lassen.

Zweiter Abschnitt.

Das Kontokorrentverhältnis unter der Herrschaft des alten Handelsgesetzbuches.

Erster Teil.

Die rechnerische Grundlage der Vertragskonstruktion.

§ 13.

Vorbemerkung.

Unsere im ersten Abschnitte gewonnenen Resultate stimmen nicht überein mit der bisherigen Auffassung der herrschenden Meinung über das Kontokorrentverhältnis. Vor Allem treten wir mit dieser in Widerspruch, was die rechnerische Grundlage des Kontokorrentvertrages anlangt. Während wir nämlich auf Grund eingehender Untersuchung der im Kontokorrentverkehr üblichen Rechnungsmethoden zu der Ueberzeugung gelangt sind, daß es nur eine einzige selbstständige Rechnung im Kontokorrent giebt, nämlich die Staffelrechnung, und deswegen auch diese allein zum Ausgangspunkt unserer Feststellung des Kontokorrentvertrages gemacht haben, hat die herrschende Meinung, welche offensichtlich den Zusammenhang der verschiedenen Rechnungsarten nicht erkannt hat, ihrer Konstruktion des Kontokorrentvertrages die progressive Kolonnenrechnung zu Grunde gelegt. Die herrschende Meinung hat sich offenbar durch die äußere Form dieser Rechnung täuschen lassen. Dieselbe macht nämlich auf den ersten Blick unglücklicher Weise den Eindruck, als repräsentiere sie das Bild eines Vertrages. Diese Täuschung ist für die ganze Lehre vom Kontokorrentverkehr verhängnisvoll geworden; nur auf diesen Irrtum ist der Wirrwarr von Konstruktionen und Meinungen in der Lehre vom Kontokorrentverkehr, sowohl was grundlegende Fragen, als auch was unbedeutende Einzelheiten anlangt, zurückzuführen, wovon wir uns im Laufe der Darstellung im Einzelnen überzeugen werden.

§ 14.

Die progressive Kolonnenrechnung Grundlage der Vertragskonstruktion.

Die bisherige herrschende Meinung verteidigt die nachfolgenden Sätze.

1. Beim Kontokorrentverkehr sind die aus der Geschäftsverbindung entspringenden beiderseitigen Forderungen gestundet bis zum Ablauf der Rechnungsperiode. Zahlungen bewirken während der Rechnungsperiode keine Tilgung; die Tilgungskraft derselben tritt vielmehr erst mit Ablauf der Rechnungsperiode ein.
2. Nach Ablauf der Kontokorrentperiode findet eine Gesamtverrechnung der beiderseitigen Forderungen und Zahlungen statt.

Diese Sätze sind offenbar aus der progressiven Kolonnenrechnung abgeleitet. Ihre Aufstellung gründete die herrschende Meinung auf folgende Erwägungen.

Zu 1. Daß die Forderungen bis zum Schlusse der Rechnungsperiode gestundet sind, ergiebt sich daraus, daß während der Rechnungsperiode niemals eine Tilgung derselben stattfindet. Das letztere geht nämlich daraus hervor, daß immer der volle Betrag einer jeden Forderung während der ganzen Dauer der Rechnungsperiode verzinst wird. Eine nicht mehr vorhandene Forderung könnte keine Zinsen tragen. Aus dem Fortbestehen der Forderungen folgt mit Notwendigkeit, daß die Tilgungsfunktion der Zahlungen während des Laufes der Rechnungsperiode aufgehoben ist. Hiefür ist übrigens auch noch Beweis, daß aus denselben Zinsen berechnet werden.

Zu 2. Daß nach Ablauf der Rechnungsperiode eine Gesamtverrechnung der beiderseitigen Foderungen und Zahlungen stattfindet, ergiebt sich daraus, daß die beiden Seiten der Rechnung addiert und die so erhaltenen Summen voneinander subtrahiert werden. Das Ergebnis der Verrechnung ist der Saldo.

Daß die herrschende Meinung thatsächlich diese Sätze verteidigt, wollen wir durch einige Citate nachweisen, welche wir jedoch, um gelegentlich in anderen Fragen wieder auf dieselben verweisen zu können und um zugleich ein Gesamtbild der herrschenden Theorie zu erhalten, etwas ausführlicher halten wollen, als es für gegenwärtigen Zweck an sich erforderlich wäre.

Aus Kreizenach, Der kaufmännische Kontokorrent, der Kreditvertrag und das kaufmännische Depositum irregulare, Archiv für praktische Rechtswissenschaft, Bd. IV (1857) S. 63.

„Diese Wirkungen nun kann man in den Satz zusammenfassen: daß keine einzelne Entlastung eines Kontrahenten als Bezahlung einer einzelnen von ihm eingegangenen im Kontokorrentnexus stehenden Verbindlichkeit betrachtet werden kann, sondern bloß als eine Bezahlung auf die Gesamtheit aller in Gemäßheit des Kontokorrentvertrags abgeschlossenen Verbindlichkeiten, m. a. W., das ganze Haben gilt als Zahlung für das ganze Soll."

Aus Delamarre et Lepoitvin, Traité théorique et pratique du droit commercial, Paris 1861, Bd. III S. 446.

„Dans le compte-courant, ce que veulent les parties, ce dont elles conviennent, c'est un crédit réciproque des remises faites réciproquement. Tant que le compte est courant, stricto jure, il n'y a, comme nous l'avons dit, ni créance, ni dette, ni debiteur, ni créancier, il n'y a même pas de comptable, et aucun des correspondants n'est intéressé à ce qu'une remise soit plutôt compensée qu'une autre remise. Elles ont toutes été faites sur un même pied d'égalité et dans un même but, par conséquent, toutes ont un droit égal à la compensation. Il ne se peut donc pas que tel article de crédit soit éffacé par tel article de débit, et, si le compte est convenu avec intérêts il est tout aussi impossible d'éteindre d'abord les intérêts, pour amortir ensuite le capital."

Aus Voigtel, Unter welchen Umständen ist die Existenz eines Kontokurrentverhältnisses anzunehmen?, Archiv für Handelsrecht von Busch, Bd. III (1864) S. 204.

Die einzelnen Posten (Vorschüsse und deposita) kommen bloß als Faktoren des Gesamtergebnisses, nicht in Beziehung auf einander zur Sprache, sodaß also keiner der ausgeworfenen Geldbeträge als Vorschuß oder Zahlung für einen gegenüberstehenden einzelnen Posten erscheint. Nur das Gesamtergebnis dieses beiderseitigen Geschäftsverkehrs, wie es sich in den periodischen Rechnungsabschlüssen herausstellt, bildet eine selbständige Forderung desjenigen, dem danach der Ueberschuß (Aktiv-Saldo) gebührt."

Aus Wolff, Die Bürgschaft für eine Kontokurrentforderung, Archiv für Handelsrecht von Busch, Bd. XII (1868) S. 83 ff.

„Nun zeigt aber gerade die für den Kontokurrent allgemein eingeführte Verrechnungsweise, daß die Habenposten nicht als Zahlungen, sondern lediglich als Gegenforderungen sich darstellen. Denn faßt man diese Verrechnungsweise, sei es nun die Staffel- oder Kolonnenrechnung,[1]) näher ins Auge, so wird man finden, daß es nicht nur ziemlich allgemein üblich ist, daß auch die Habenposten verzinst werden, sondern daß auch, wo dies nicht geschieht, jeder einzelne Sollposten bis zum Tage des Rechnungsabschlusses für sich Zinsen trägt (wenn er überhaupt Zinsen trägt) und zwar von seinem ganzen Quantum, ohne Rücksicht darauf, ob er ganz oder teilweise durch die aufgeführten Habenposten kompensiert erscheint oder nicht. Nun kann aber doch eine Forderung, die getilgt ist, keine Zinsen mehr tragen, am allerwenigsten aber erscheint es zulässig und mit dem Begriffe von solutio vereinbar, daß von geleisteten Zahlungen Zinsen berechnet werden.[2]) Ja es kommt wohl vor, daß die Beträge der Habenposten die der Sollposten übersteigen, ohne daß darum beide Kategorien von Rechnungsposten in der Verrechnungsweise auch nur im mindesten eine andere Behandlungsweise erlitten. Nun kann man aber doch nicht von einer Zahlung dann sprechen, wenn eine Forderung gar nicht mehr vorhanden ist.[3])

Wir glauben kaum, daß es konkludentere Beweise als die vorstehenden dafür geben kann, daß im Kontokurrentverhältnis die Habenposten nicht als Zahlungen betrachtet werden dürfen, sondern daß Soll- wie Habenposten lediglich als Forderungen und Gegenforderungen behandelt werden können.[4])

Es kann demnach auch keine einzelne Entlastung eines Kontrahenten als Bezahlung einer einzelnen von ihm eingegangenen im Kontokurrentnexus stehenden Verbindlichkeit betrachtet werden, sondern bloß als eine Bezahlung auf die Gesamtheit aller in Gemäßheit des Kontokurrentvertrags abgeschlossenen Verbindlichkeiten, mit anderen Worten, das ganze Haben gilt als Zahlung für das ganze Soll.

Aus Levy, Der Kontokorrentvertrag, autorisierte deutsche Ausgabe von Rießer, Freiburg i. B. und Tübingen, 1884.

S. 79 Anm. a (von Rießer): „Kontokorrent ist ein Vertrag, welcher auf gegenseitige Kreditgewährung mit der Maßgabe gerichtet ist, daß erst die durch (periodischen) Rechnungsabschluß zu ermittelnde Differenz zwischen der ganzen Debet- und Kreditmasse feststellen soll, wer Gläubiger und wer Schuldner ist."

S. 104: „Jede Einnahme und jede Ausgabe nimmt ihren Platz in der Rechnung ein. Die erstere tilgt zunächst so wenig eine Schuld, als die letztere eine Forderung schafft. Gerade diese natürliche Eigenschaft der gegenseitigen Posten in debet und credit, welche sich geltend machen würde, wenn diese Posten sich selbst überlassen wären, wollten ja die Parteien ausschließen. Sie geben einander für einen bestimmten Zeitabschnitt Kredit, um dann auf einmal das gegenseitige Verhältnis übersehen zu können. Sie wollten nicht, daß jede Einnahme als Minderung

---

[1]) Daß auch bei der Staffelrechnung die Zahlungen sich als Gegenforderungen „darstellen", ist nicht richtig; sie werden nicht „verzinst" wie bei der Kolonnenrechnung.

[2]) Da hat Wolff allerdings recht. Aber die Zinszahlen bei der Kolonnenrechnung entsprechen eben keinen wirklich geschuldeten Zinsen, sondern sind bloß Zahlen, Rechnungsfaktoren.

[3]) Das stimmt allerdings. Nur hat Wolff übersehen, daß eine Barüberweisung in einem solchen Falle ein Depot sein kann (oder auch eine irrthümliche Zahlung, welche sich sofort in eine Forderung umwandelt).

[4]) Nachdem wir den Zusammenhang der Rechnungen kennen, sind wir von den konkludenten Beweisen sehr wenig überzeugt.

oder Zahlung einer jeden Ausgabe gelten solle. Sie wünschten gerade im Gegenteil, daß erst die ganze Reihe von Einnahmen zur Zahlung oder Minderung der ganzen Reihe von Ausgaben dienen solle.

Keine Kompensation also und keine Imputation, solange die Rechnung läuft — das ist eine eiserne Regel auf dem Gebiete des Kontokorrents."

S. 165: „Diese Schuldvergleichung durch Vertrag tritt bei der Abrechnung auf Grund Kontokorrents ein, insoweit die Forderungen sich decken. Ihr Zweck ist, daß die Summe des credit auf der einen Seite die gleichstehende Summe des debet auf der anderen Seite aufhebe. Der Rest bildet einen zu zahlenden oder zu empfangenden Saldo."

Aus Grünhut, Der Kontokorrentvertrag, Endemanns Handbuch des deutschen Handels- See- und Wechselrechts, Bd. III (1885).

S. 936: „Der Kontokorrentvertrag besteht in der Uebereinkunft zweier Personen, insbesondere zweier Kaufleute, sich gegenseitig für einen bestimmten Zeitraum rücksichtlich der während desselben abgeschlossenen Rechtsgeschäfte bis zu einem bestimmten oder zu bestimmenden Betrage Kredit zu gewähren. Die Folge dieser das Kontokorrentverhältnis begründenden Uebereinkunft ist, daß die nach Ablauf der für die Abrechnung bestimmten Zeitperiode durch Kompensation der ganzen zu einer unteilbaren Einheit verschmolzenen Debetmasse[5]) gefundene Differenz zwischen beiden eine einheitliche Forderung (einen Saldo) zu gunsten des einen Teiles ausmacht."

S. 944: „Mit der Absicht der gegenseitigen Kreditgewährung ist es unvereinbar, daß diese oder jene durch einen Vorschuß von der einen Seite erzeugte Kreditpost zur Tilgung dieser oder jener bestimmten Debetpost verwendet werde und daß die Kompensation etwa so oft und so weit eintrete, als eine Debet- und eine Kreditpost einander gegenüberstehen, denn die Kompensation wirkt, wenn sie auch von der Zahlung juristisch verschieden ist, ökonomisch doch als Befriedigungsmittel gleich der Zahlung; durch die Zahlung würde aber dem Laufe der Rechnung ein Ende gemacht, der Kontokorrent also begrifflich beseitigt. Die Parteien wollten aber gerade, daß ihre Rechnung eine gewisse Zeit hindurch laufe, daß sie nur nach Ablauf dieser Zeit in ihrem Laufe aufgehalten (saldiert) werde und daß sie in der Zwischenzeit einander keine Zahlungen leisten, ihre gegenseitigen Ansprüche nicht befriedigen sollten. . . . . . Keine einzige Post soll früher kompensiert werden als die andere, sie stehen in diesem Punkte alle auf gleichem Fuße, für alle besteht ein gleiches Recht auf Kompensation, wie sie ja alle in derselben Absicht der gegenseitigen Kreditgewährung gemacht sind;[6]) das Resultat dieser Kreditgewährung kann aber erst am Rechnungsabschlusse beurteilt werden; dieser ist es, welcher den Lauf der Kreditgewährung abschließt, die Stellung beider Teile klarstellt, die gegenseitige Debet- und Kreditmasse kompensabel macht, und aus welchem sich daher allein bestimmen läßt, wer infolge der vereinbarten allgemeinen Kompensation zu fordern oder zu zahlen hat."

S. 946: „Keine einzige Kreditpost kann . . . mit einer bestimmten Debetpost kompensiert werden, obwohl alle Debet- und Kreditposten dazu bestimmt sind, sich bei dem Rechnungsabschluß in ihrer Gesamtheit zu kompensieren; infolgedessen läuft der Kreditpreis für jede Post — vielleicht in verschiedenem Maße[7]) — von dem Tage der Entstehung der Verbindlichkeit bis zum Rechnungsabschlusse, ganz ohne Rücksicht darauf, ob eine entgegen-

---

[5]) Hier dürfte ausgeblieben sein: „gegen die ganze zu einer unteilbaren Einheit verschmolzene Kreditmasse." Vgl. a. a. O. S. 940.

[6]) Fast wörtlich nach Delamarre und Lepoitvin. Vgl. das oben S 28 abgedruckte Citat.

[7]) Das paßt aber gar nicht dazu, daß nach Grünhuts Anm. 5 Ziff. 1 a. a. O. S. 938 bei ungleichem Zinsfuß nach der Staffel gerechnet werden soll.

stehende Post in den Kontokorrent eingetreten ist oder nicht; träte die Kompensation so oft und so weit ein, als Kredit- und Debetposten einander gegenüberstehen, so müßte der Lauf des Kreditpreises den Schwankungen des Kredit und Debet je nach der Kompensation der gegenseitigen Forderungen folgen.[8]) Wie keine einzelne Post Objekt der Kompensation, ebensowenig kann sie vereinzelt Objekt der Cession oder einer eigentlichen Zahlung sein. Die durch das Civilrecht für Anrechnung von Zahlungen aufgestellten gesetzlichen Regeln finden hier keine Anwendung."

Aus Greber, Das Kontokorrentverhältnis, Freiburg i. B. und Leipzig 1893.

S. 15: „Schulden und Forderungen existieren wohl; nur sind sie vor Abschluß der laufenden Rechnung noch nicht fällig."

S. 21: „In der That ist die Erreichung des ökonomischen Zweckes des Kontokorrents möglich unter Durchführung einer Reihe von Kompensationen. Die Parteien machen von vornherein aus, während bestimmter Zeit keine Barzahlungen von einander verlangen und einander geben zu wollen; einer Zahlung durch Kompensation solle aber nichts entgegenstehen. Dieser Vertrag hat die Wirkung, daß mit dem Momente, in welchem sich überhaupt zwei Kontokorrentforderungen gegenübertreten, das Kompensationsrecht besteht. Wird die Kompensation wirklich vorgenommen, so bleibt die daraus resultierende Differenz zur Kompensation mit der nächstdem eintretenden Forderung aufgespart, und so fort, bis schließlich die letzte Differenz außerhalb der Rechnungsperiode fällt und daher auf sie die Bestimmung über den Ausschluß der Barzahlung nicht mehr Anwendung findet.

Eine derartige Rechtsbeziehung löst die Aufgabe, welche sich der Kontokorrentvertrag gestellt hat. Sie ist nur zu umständlich und zu kompliziert. Der Handel arbeitet einfacher.[9]) Die Kontokorrentisten sagen sich: wir schließen die Zahlung überhaupt und damit jedes Zahlungssurrogat aus. Während unserer Rechnungsperiode wollen wir in keiner Weise befriedigt sein. Hat der Kontokorrent sein Ende erreicht, so schaffen wir nach Maßgabe einer Rechnungsoperation Bestimmtheit und Klarheit in unser Verhältnis.

Diese Erwägung ist von großer Wichtigkeit für das Verständnis der im Kontokorrent vielfach üblichen Staffelrechnung, welche zuweilen in einen juristischen Gegensatz zur Kolonnenrechnung gestellt wird. So will Pfizer in seinem Antiseuffert (S. 410) von einer laufenden Rechnung d. i. Kontokorrent nur dann sprechen, wenn die Kolonnenrechnung angewendet werde. Nur diese sei die Rechnung, die sich in gerader Richtung, in ungebrochener Linie fortbewege; die Staffelrechnung sei die Rechnung, welche auf- und absteige. Das Entscheidende bei der Kolonnenrechnung sieht er (S. 412) in dem Ausschluß der Kompensation und dem durch keine Aufrechnung gehemmten Zinsenlauf; die Staffelrechnung übergeht er mit Stillschweigen. Nichts ist unrichtiger als diese Gegenüberstellung; beide Rechnungen sind Anwendungen desselben Prinzips, und die Rechtssätze, die dort maßgebend sind, haben hier dieselbe Geltung. Dies erhellt schon daraus, daß es demjenigen, welcher die Kolonnenrechnung anwendet, unbenommen ist, die Staffelrechnung zu gebrauchen. Freilich nicht umgekehrt; denn die letztere ist die juristisch exaktere. Sie bringt die Berechnung des Kreditpreises in genauer Form zum

[8]) Anm. Grünhuts: „Ist der Kreditpreis für beide Teile gleich, so führt die Kontokorrentrechnung praktisch zu dem gleichen Resultate, wie wenn eine Aufrechnung der einzelnen Posten gegen einander stattgefunden hätte; denn einerseits bringt die früher bestehende Kontokorrentpost nach wie vor dieselben Zinsen hervor, andererseits trägt die neu eintretende Kontokorrentpost die gleichen Zinsen, sodaß sich die beiden Ergebnisse gegenseitig paralysiren." Warum hat nun Grünhut gerade angenommen, daß eine Aufrechnung der einzelnen Posten nicht stattfinde, wenn diese Konstruktion doch das gleiche Endresultat giebt, wie die von ihm verteidigte? Daß die Wahl zwischen den beiden Konstruktionen durchaus nicht freisteht, ergeben die verschiedenen Resultate beider Konstruktionen bei ungleichem Zinsfuß.

[9]) Die Vereinfachung liegt bei Anwendung der progressiven Kolonnenmethode nur in der Rechnung. Der Vertragsinhalt ist derselbe wie da, wo die Staffelrechnung angewendet wird.

Ausdruck.[10]) Es ist durchaus verfehlt, aus der äußerlichen Darstellung der Staffelrechnung ein Kompensationsrecht einzelner Forderungen abzuleiten und dadurch die Einheit des Kontokorrents zu zerreißen."

S. 76: „Gegen diese Rechtsregel (nämlich Ausschluß jedweder Tilgung von Kontokorrentforderungen während der Rechnungsperiode, sei es durch Zahlung oder Kompensation), welche mit Recht von Levy (Levy-Rießer S. 105) als eiserner Grundsatz in der Lehre vom Kontokorrent bezeichnet wird, ist in Doktrin und Praxis nicht gerade häufig gefehlt worden. Vertreter der Gegenansicht sind insbesondere Thöl[11]) und Pöhls (Handelsrecht I S. 294), welche im Saldo das Resultat einer Reihe von Kompensationen erblicken wollen, wahrscheinlich irregeleitet durch die äußere Form der Staffelrechnung.[12]) Daß auch Pfizer diesem Irrtum verfällt, haben wir bereits dargethan."

S. 102: „Der Kontokorrent stellt alle Forderungen hinsichtlich ihrer Fälligkeit gleich; das ist eine eiserne Regel des Rechnungsverhältnisses. Ihr Unterschied bezüglich des Alters wird dadurch, daß sie in den Kontokorrentnexus treten, ganz und gar ausgeglichen."

S. 149: Oberflächlich betrachtet, hat die Staffelrechnung nun den Anschein, als ob während der Kontokorrentperiode eine Reihe von Kompensationen vorgenommen werde, während bei der Kolonnenrechnung allein (wie Pfizer unterstellt) der Grundsatz des Ausschlusses der Kompensation maßgebend sein soll. Ein größerer und folgenschwererer Irrtum könnte wohl nicht begangen werden. Es würde daraus folgen, daß der Kontokorrent, je nachdem die Kolonnen- oder Staffelrechnungsmethode zur Anwendung käme, verschiedene Rechtswirkungen haben müßte. Ob aber die Kolonnen- oder Staffelmethode angewendet wird, ist in vielen Fällen ganz gleichgiltig."

Aus Cosack, Lehrbuch des Handelsrechts, 3. Aufl. 1895.

S. 352 unter 4b: „Die Stundung gilt nur auf die Dauer der Kontokorrentperiode. Ist diese abgelaufen, so findet nunmehr die Saldoziehung statt, d. h. es wird berechnet, wieviel insgesamt jede der beiden Parteien von der anderen zu fordern hat, die kleinere Forderungssumme wird von der größeren abgezogen; in der Differenz beider Summen wird der Saldo zu Gunsten derjenigen Partei festgestellt, deren Forderungssumme die größere ist."

S. 353 unter 5: „Der Kontokorrent bezweckt, daß die beiderseitigen Forderungen nach Ablauf der Periode gegeneinander aufgerechnet werden, dagegen findet während des Laufs der Periode keinerlei Aufrechnung statt. Auch die Zahlungen, die eine Partei der andern leistet, werden von ihren Schulden nicht abgerechnet, sondern ihr bloß „gutgeschrieben", d. h. als selbstständige Kreditposten zu ihren Gunsten gebucht, gleichsam als ein Vorschuß, den sie der Gegenpartei gewährt."

S. 356 unter 8a: „Ein Kontokorrentgläubiger, der Kaufmann ist, kann für jede einzelne zum Kontokorrent gehörige Forderung vom Zeitpunkt ihrer Entstehung 6 % Zinsen berechnen, obschon die Fälligkeit der Forderung bis zum Ablauf der Kontokorrentperiode verschoben ist. . . . . Jede Einzelforderung die Zinsen trägt, wird zu ihrem vollen Betrage bis zum Ablauf der Kontokorrentperiode verzinst, ohne Rücksicht auf die Abzahlungen, die der Schuldner in der Zwischenzeit leistet;

---

10) Greber konstruiert den Kontokorrentenvertrag auf Grundlage der progressiven Kolonnenrechnung und bringt die Übereinstimmung mit der Staffelrechnung mit Hilfe des Begriffes der „Kreditvergütung" zu stande. Daß diese Konstruktion falsch und demnach auch die auf grund derselben erlangte Vereinigung der Rechnungen nur eine scheinbare ist, werden wir weiter unten sehen.

11) „Handelsrecht I 442. In der 5. Auflage 1875 I 2 S. 429 hat Thöl seine Ansicht dahin berichtigt, daß er die Vornahme der Kompensation auf das sogenannte „uneigentliche Kontokorrentverhältnis" beschränkt wissen will."

12) Diesen Vorwurf müssen wir umgekehrt der herrschenden Meinung machen bezüglich der progressiven Kolonnenrechnung.

denn diese Abzahlungen werden ja zunächst von der Forderung nicht abgezogen."

Aus Kemmer, Der Kontokorrentverkehr, München 1897.

S. 34: „Gegen einen finanziellen Nachteil können sich die Parteien dadurch schützen, daß sie sich für die einzelnen Posten von ihrer Entstehung an bis zur endgiltigen Ausgleichung Zinsen berechnen."

S. 65: „Durch die Einstellung einer Post in das Kontokorrent giebt der Kontokorrentist zu erkennen, daß er diese Forderung bis zum Ablaufe der Rechnungsperiode kreditiert. Dieselbe ist für diese Zeit gestundet."

S. 66: „Die einzelnen Zahlungen gelten nicht als zur Tilgung bestimmter Forderungen geleistet, auch nicht auf den vorgetragenen Saldo. . . . . . Selbst dann, wenn nur auf der einen Seite Leistungen entstehen und der andere Teil gerade deswegen zahlt, um seine Schuld zu vermindern, ist, wenn die Parteien in einem eigentlichen Kontokorrentverhältnis stehen, die schuldentilgende Kraft dieser Zahlungen bis zum Schlusse der Kontokorrentperiode aufgehoben."

S. 67: „Wie die selbständige Geltendmachung einer einzelnen Kontokorrentpost ist auch die Aufrechnung oder Kompensation einzelner Debetposten gegen einzelne Kreditposten sowie die Kompensation von Posten gegen Posten durchweg ausgeschlossen."

Aus Staub, Kommentar zum Handelsgesetzbuch, 5. Aufl. (enthaltend das alte Handelsrecht) Art 291.

§ 2: „Von selbst gelten hiedurch (nämlich durch die Novationsabrede, welche im Kontokorrentvertrage enthalten sei) die beiderseitigen Leistungen als kreditiert bis zum Schlusse der Rechnungsperiode."

§ 9: „Die einzelnen Forderungen können nicht früher geltend gemacht werden als nach Schluß der Rechnungsperiode. Sie gelten daher sämtlich als bis dahin kreditiert."

§ 10: „Die einzelne Forderung kann nicht besonders geltend gemacht werden. Sie kann daher nicht zur Kompensation gegen eine einzelne Forderung des anderen Teiles gestellt werden."

§ 11: „Die einzelnen Zahlungen gelten nicht als auf bestimmte Forderungen gemacht."

Aus der Entscheidung des Reichs-Oberhandelsgerichts Bd. III S. 148 ff.

„Wesentlich ist dem Kontokorrentgeschäft, daß auf beiden Seiten Leistungen geschehen, welche — für sich selber genommen — zur Begründung von Gläubigeransprüchen geeignet sind; unvereinbar ist mit seiner Natur, daß nur auf der einen Seite sich an sich selbständige Forderungen summieren und die Leistungen der anderen Seite nur in deren successiven Tilgung bestehen. Denn im letzteren Falle bezwecken die Leistungen gegen die Regel des Kontokorrentverkehrs gerade die Solution einzelner, nicht als Leistungen aus einem Vertragsverhältnisse cohärierender, sondern nur durch fortgeführte Rechnung äußerlich verbundener Posten — sei es nach besonders vereinbarter, sei es nach gesetzlich vorgeschriebener Tilgungsordnung."

Aus der Entscheidung desselben Gerichts Bd. VI S. 256 ff.

„Als ein wesentliches Kriterium und Erfordernis dieser Vertragsart bezeichnet es der Appellationsrichter:

‚daß auf beiden Seiten Leistungen geschehen, welche, für sich genommen, zur Begründung von Gläubigeransprüchen geeignet sind.'

Hierin ist ihm beizutreten. In dem eigentlichen Kontokorrentverhältnisse muß sich der Kredit als ein gegenseitiger darstellen, sodaß jede Entlastung auf der einen Seite eine Belastung auf der anderen Seite mit sich führt, folglich auch der Korrespondent durch jede Leistung an den Bankier dessen Kreditor wird. Es bewirkt die einzelne Leistung keine eigentliche Entlastung des Leistenden, sondern eine Belastung des anderen Teiles und macht insofern den letzteren zum Schuldner.

Vergl. Creizenach, Der kaufmännische Kontokorrent ꝛc. im Archiv für praktische Rechtswissenschaft Bd. IV S. 31 ff.

Davon abgesehen, ist entscheidend, daß nach der thatsächlichen Feststellung des Appellationsrichters die Absicht der Parteien nicht darauf gerichtet war, daß die beiderseitigen Leistungen auf jeder Seite innerhalb von Rechnungsperioden ein Ganzes bilden, also die einzelnen Rechnungsposten in den Abschlußsummen des Kredit und Debet und zuletzt in dem durch deren Vergleichung zu ermittelnden Saldo aufgehen sollten."

Aus der Entscheidung des Reichsgerichts Bd. I S. 19 ff.

„Zur Herstellung eines Kontokorrentverhältnisses zwischen Kaufleuten genügt das Einverständnis, daß die gegenseitigen einzelnen Leistungen nicht zur Erfüllung korrespondierender Verpflichtungen bzw. zur Tilgung einer gewissen (einheitlichen oder zusammengesetzten) Schuld dienen, sondern als unter sich und einander gegenüber unabhängige Kreditgewährungen gelten sollen bis zu einer nach gewissen Zeitabschnitten, behufs Ermittelung:

auf welcher Seite sich ein Ueberschuß herausstelle und wie hoch sich dieser, als eine selbständige Forderung zu betrachtende Ueberschuß beziffere,

vorzunehmenden Aufrechnung der Beträge des von jedem der Kontrahenten Geleisteten und einer demnächstigen Vergleichung der beiden sich hieraus ergebenden Summen. . . . . Namentlich steht mit der obigen Darlegung des ausreichenden, aber unbedingt notwendigen Inhalts eines Kontokorrentvertrages und somit der wesentlichen Merkmale des Kontokorrentverhältnisses die Rechtsprechung des vormaligen Reichsoberhandelsgerichts im Einklang, indem sie bezüglich des Begriffes des fraglichen Rechtsverhältnisses für maßgebend erklärt, daß in dem bezüglichen Geschäftsverkehr die einzelnen Leistungen keine eigentliche Entlastung des Leistenden, sondern eine Belastung des anderen Teiles bewirken, insonderheit die Absicht beider Teile darauf gerichtet sei, daß die beiderseitigen Leistungen auf jeder Seite innerhalb von Rechnungsperioden ein Ganzes bilden, also die einzelnen Rechnungsposten in den Schlußsummen des Kredit und Debet und zuletzt in dem durch deren Vergleichung zu ermittelnden Saldo aufgehen sollen. Vgl. beispielsweise Bd. VI (2. Aufl.) Nr. 60 Seite 257 der Entscheidungen des Reichsoberhandelsgerichts."

Aus der Entscheidung desselben Gerichts Bd. X S. 53 ff.

„In der Wissenschaft und in der Rechtsprechung wird das Wesen des Kontokorrentvertrages dahin aufgefaßt, daß in dem bezüglichen Geschäftsverkehr die einzelnen Leistungen keine eigentliche Entlastung des Leistenden, sondern eine Belastung des anderen Teiles bewirken, insonderheit die Absicht beider Teile darauf gerichtet sei, daß die beiderseitigen Leistungen auf jeder Seite innerhalb von Rechnungsperioden ein Ganzes bilden, also die einzelnen Rechnungsposten in den Schlußsummen des Kredit und Debet und zuletzt in dem durch deren Vergleichung zu ermittelnden Saldo aufgehen sollen. Vgl. Levy, Die Lehre vom Kontokorrent, deutsche Ausgabe von Rießer § 26, Grünhut in seiner Zeitschrift Bd. III S. 409, Entscheidungen des Reichsoberhandelsgerichts III 148, V 43 Nr 11, VI 257 Nr. 60, IX 216 Nr. 66, XI 276 Nr. 92 und des Reichsgerichts Bd. I S. 19 Nr. 8."

Diese Sammlung von Citaten, in welchen immer der gleiche Standpunkt vertreten wird, ließe sich aus der sehr reichen Literatur beliebig erweitern. Nur ganz vereinzelt kommen auch gegenteilige Stimmen vor.

So sagt z. B. Thöl in seinem Handelsrecht, 4. Aufl. 1862, Bd. I S. 595: „Dieser Saldo, der das Resultat einer Reihe von Kompensationen oder teils Kompensationen teils Zahlungen ist, wird dann entweder bezahlt oder . . . . . vorgetragen". Thöl hat den „Fehler", den er mit dieser Bemerkung gemacht hat, eingesehen und ihn in der

5. Auflage seines Handelsrechts wieder gut gemacht, weswegen er auch von Rießer (Levy-Rießer S. 106 Anm. c) gebührend belobt wird. Rießer sagt a. a. O.: „In der 5. Auflage, Leipzig 1875 I, 2 p. 459 unterscheidet Thöl in gewohnter Schärfe den Fall des einfachen Kontokorrentverhältnisses von dem „eigentlichen Kontokorrentverhältnis“. Das im Text Gerügte wird hier nur für den ersteren Fall wiederholt; während hinsichtlich des eigentlichen Kontokorrentverhältnisses gesagt wird, daß hier „der Saldo nicht das Resultat einer Reihe von Kompensationen oder teils Kompensationen, teils Zahlungen ist, (wie dies der Fall ist bei dem einfachen Kontokorrentverhältnis) sondern eines einfachen Rechenexempels, nämlich der Addition der Kreditsummen (oder, was gleich ist, der Debetsummen) eines Jeden, welche zwei Gesamtsummen, die beiden Abschlußsummen ergiebt, und der Subtraktion der geringeren Abschlußsumme von der größeren.““ Nach diesem Rückzuge Thöls konnte die in der früheren Auflage aufgestellte Behauptung einen Zweifel an der Richtigkeit der Lehre der herrschenden Meinung nicht mehr begründen.

Die Bemerkung Regelsbergers in seiner Abhandlung über die rechtliche Natur des Abrechnungsgeschäftes im Archiv für civilistische Praxis Bd. 47 S. 166, als mutmaßliche Absicht sei anzunehmen, daß die der Fälligkeit nach ältere Forderung vor der jüngeren zur Aufrechnung verwendet werden solle, wird wohl nicht als Beleg dafür gelten können, daß dieser Schriftsteller die herrschende Konstruktion des Kontokorrentvertrages verworfen habe; denn er hat a. a. O. nicht gerade nur die Aufrechnung im Kontokorrente im Auge, sondern er bespricht das Abrechnungsgeschäft überhaupt. Wie er sich gegenüber dem Einwand, daß beim Kontokorrentverkehr (nach der irrigen Auffassung der herrschenden Lehre) alle Forderungen gleich alt seien, welcher Einwand ihm thatsächlich von Levy (Levy-Rießer S. 168) gemacht wird, verhält, läßt sich aus jener Bemerkung nicht entnehmen.

Eisele (Die Kompensation nach römischem und gemeinem Recht, Berlin 1876) sagt: „Die einzelnen Forderungen, wie sie successive auf der einen oder der anderen Seite entstehen, werden von dem in dem Kontokorrentvertrage ein für allemal erklärten Kompensationswillen sofort ergriffen, und rechtlich existiert unter den Kontrahenten jederzeit nur eine Saldoforderung des Einen an den Andern.“ Eisele hat hier zweifellos die Staffelrechnung im Auge; er hat aber wenig Anklang gefunden. Es fehlt eben die eingehende Begründung dieser Behauptung, insbesondere die Verteidigung derselben gegenüber der anscheinend direkt gegen dieselbe sprechenden Kolonnenrechnung. In der allgemeinen Fassung Eiseles ist übrigens der Satz auch gar nicht richtig.

Ein Gutachten der Handelskammer zu Frankfurt a. M. vom 6. April 1868 (abgedruckt in Goldschmidts Zeitschrift für Handelsrecht Bd. XV S. 542) sagt: „Das Wesen des Kontokorrentverhältnisses besteht ja eben darin, daß die Posten im Soll und Haben ..... beständig sich balancieren ..... eine Reihe von Kompensationen oder teils Zahlungen, teils Kompensationen bilden, deren Resultat der Saldo ist. ..... Jene Balancierung tritt aber nicht etwa erst mit solchem Abschlusse ein, sondern wirket als Kompensation und Ausgleichung auch während des Laufes der Rechnung .....“. Dieses Gutachten hat auch wenig Beachtung gefunden, wahrscheinlich deswegen, weil der Jurist gewohnt ist, Meinungsäußerungen von Nichtjuristen über juristische Fragen von vornherein mit großem Mißtrauen zu betrachten.

Einigen weiteren Versuchen, mit der rechtlichen Konstruktion des Kontokorrentvertrages an die Staffelrechnung anzuschließen, werden wir weiter unten noch begegnen. Diese wurden deswegen als verfehlt bezeichnet, weil die neue Konstruktion neben die alte, auf der Kolonnenrechnung beruhende treten sollte, sodaß man also, je nachdem die

Staffelrechnung oder die Kolonnenrechnung angewendet worden wäre, zwei verschiedene Kontokorrentverträge gehabt hätte.

Es dürfte nach alledem nicht zweifelhaft sein, daß die herrschende Meinung dahin geht, eine Befriedigung aus den einzelnen Kontokorrentposten könne während der Kontokorrentperiode nicht verlangt werden und finde auch nicht statt. Danach ist ausgeschlossen, daß der herrschenden Konstruktion des Kontokorrentvertrages die Staffelrechnung zu grunde liegt; sie paßt nur auf die progressive Kolonnenrechnung. Die Konstruktion des Kontokorrentvertrages auf Grundlage der progressiven Kolonnenrechnung muß aber schon von vornherein als verfehlt bezeichnet werden, weil diese Rechnung, wie wir oben schon nachgewiesen haben, nur eine abgekürzte Formel der Staffelrechnung ist, welche die Elemente des Vertrages nicht mehr erkennen läßt. Die herrschende Meinung hat sich denn auch infolge ihrer verfehlten Vertragskonstruktion in einen höchst auffälligen Widerspruch verwickelt, den wir gleich kennen lernen wollen.

§ 15.
Widerspruch zwischen der herrschenden Meinung über den Inhalt des Kontokorrentvertrages und der über die Bedeutung der Staffelrechnung.

Neben der Konstruktion des Kontokorrentvertrages auf Grundlage der progressiven Kolonnenrechnung ist, was die Bedeutung der Staffelrechnung anlangt, die Ansicht die herrschende geworden, daß die Staffelrechnung bei ungleichem Zinsfuß allein das richtige Resultat ergebe. Damit hat die herrschende Meinung sozusagen den Ast, auf dem sie sitzt, selbst abgesägt. Denn dieser Satz ist mit ihrer Vertragskonstruktion absolut unvereinbar. Wenn die herrschende Meinung den Kontokorrentvertrag auf Grundlage der progressiven Kolonnenrechnung konstruiert, dann muß sie die Staffelrechnung im Falle ungleichen Zinsfußes gerade für unanwendbar erklären; denn sie giebt in diesem Falle nicht dasselbe Resultat wie die Kolonnenrechnung.

Wir wollen durch einige Citate nachweisen, daß die herrschende Meinung thatsächlich auch den Satz verteidigt, daß die Staffelrechnung im Falle ungleichen Zinsfußes allein die richtige Rechnung sei.

Grünhut sagt in Endemanns Handbuch des Handelsrechts Bd. III S. 938 Anm. 5 Ziff. 1:

„Ist der Zinsfuß für beide Teile verschieden, so sollte stets nach der Staffel gerechnet werden."

Greber sagt in seiner Abhandlung S. 151:

„Die Staffelrechnung ... ist die immer richtige; sie ist auch dann brauchbar und sogar geboten, wenn der Zinsfuß ein ungleicher ist. Die Kolonnenrechnung darf nur dann angewendet werden, wenn ein gleicher Prozentsatz an Kreditvergütung auf beiden Seiten berechnet wird, oder wenn der Kredit überhaupt nicht bezahlt wird. Nur in diesen beiden Fällen bringt sie dasselbe Resultat wie die Staffelrechnung."

Hiezu bemerkt Greber in der Anmerkung 12 a. a. O.:

„In diesem Sinne führt ein Erkenntnis des Apellhofs Bordeaux vom 8. April 1880 (enthalten in Puchelts Zeitschrift (für französisches Civilrecht) XIV 89 und in Sirey récueil 1881 I 313) aus: „Es erscheint als erlaubtes und giltiges Geding, wenn der Bankier für seine Vorschüsse sich einen höheren Zinsfuß bedingt, als denjenigen, welchen er für die Einlagen seines Geschäftsfreundes bewilligt. — — Allein es geht in diesem Falle nicht an, wie bei gleichem Zinsfuße, die Zinsen periodisch nach Zinszahlen zu berechnen; vielmehr erfordert der redliche Verkehr die Beobachtung der sog. Hamburger Norm, nach welcher der Zinsfuß staffelweise (par echelette, c'est-à-dire au fur à mesure des versements) berechnet wird, weil die Berechnung nach Zinszahlen zu einer schweren Benachteiligung des Kunden führen würde."

Aus demselben Urteil ist bei Levy-Rießer S. 253 Anm. c folgende Stelle abgedruckt:

„attendu que la méthode suivie dans le commerce pour balancer les comptes courants par nombres quand les intérêts sont réciproques et au même taux, n'est pas exacte, quand les intérêts ont été stipulés à un taux différent; que dans ce cas la méthode hambourgoise ou par échelle est la seule que l'on puisse employer ..... Qu'il est certain en effet, que si le 1. janvier un négociant reçoit de son banquier 10000 francs, et que le lendemain ce négociant verse pareille somme dans les mains du banquier, que le surlendemain il soit procédé à un règlement, le négociant devra un jour d'intérêts soit 1 frcs. 67 cent. à raison de 6 pour 100, le banquier lui devra pour d'intérêts à 4 pour 100 1 frcs. 11 cent., différence du 6 pour 100 au 4 pour 100 56 centimes; que, si au contraire le règlement se fait à la fin du mois, le banquier aura droit à 1 frcs. 67 cent. multiplié par 30 soit 50 frcs. 10 cent. et le négociant aura droit à 1 frcs. 11 cent. multiplié par 30 soit 33 frcs. 30 cent., balance en faveur du banquier 16 frcs. 80 cent. au lieu de 56 cent."

Kemmer sagt in seiner Abhandlung S. 132:

„Die Staffelmethode liefert stets ein richtiges Resultat, auch dann, wenn der Zinsfuß für Soll und Haben verschieden ist. Im streitigen Falle sollte deshalb diese Methode der Zinsenberechnung zu grunde gelegt werden. Dieselbe ist dem Kontokorrent eigentümlich und angemessen, obwohl sie einigermaßen umständlicher ist, als die beiden folgenden Berechnungsarten (nämlich die progressive und die retrograde Kolonnenrechnung)."

Diese beiden Ansichten der herrschenden Meinung über den Inhalt des Kontokorrentvertrages und über die Anwendbarkeit der Staffelrechnung sind durchaus unvereinbar. Denn die Staffelrechnung ergiebt bei ungleichem Zinsfuß nicht das Resultat eines nach der Kolonnenrechnung konstruierten Vertrages, wie unser Beispiel oben beweist. Die Staffelrechnung hat zur Voraussetzung, daß bestimmte Posten der einen Seite durch bestimmte Posten der anderen Seite und zwar in ganz bestimmten Momenten während des Laufes der Rechnungsperiode getilgt werden; davon hängt die Höhe der Zinsforderungen ab. Eine Tilgung der Kontokorrentforderungen während der Rechnungsperiode durch Aufrechnung oder Zahlung soll aber nach Annahme der herrschenden Meinung nicht stattfinden. Also kann auch die Staffelrechnung nicht die dem Vertrage entsprechende Rechnung sein.

§ 16.
Stellung der herrschenden Meinung zu diesem Widerspruch.

Die herrschende Meinung hat sich mit der Thatsache, daß in gewissen Fällen die progressive Kolonnenrechnung unanwendbar ist, auf eine „sehr einfache" Weise abgefunden. Nachdem auf Grundlage der progressiven Kolonnenrechnung eine gewisse Einigkeit in der Beurteilung der rechtlichen Natur des Kontokorrentverhältnisses erzielt war und man danach annehmen konnte, den thatsächlichen Inhalt des Kontokorrentvertrages gefunden zu haben, glaubte man, den Rechnungsmechanismus, den man früher selbst zur Erklärung dieses Rechtsinstituts benutzt hatte, beiseite schieben und für das Rechtsverhältnis als ganz belanglos hinstellen zu können.

So sagt z. B. Greber S. 63:

„Wir verkennen den Einfluß nicht, den der übliche Rechnungsmechanismus auf unser Rechtsinstitut ausgeübt hat; so manche Rechtsregel findet in demselben ihre ursprüngliche Erklärung. Das Kontokorrentverhältnis aber, früher im engsten Zusammenhange mit einer besonderen Kalkulationsart und ohne dieselbe kaum denkbar, hat sich von derselben losgesagt. Es steht jetzt frei und unabhängig auf eigenen Füßen; einer besonderen Art der Buchführung, an der es, gleichsam an einem Gängelbande, zur Selbständigkeit heranwuchs, bedarf es nicht mehr."

Aehnlich sagt auch Grünhut in seiner Zeitschrift Bd. III S. 491 (und in Endemanns Handbuch Bd. III S. 938):

„Es wäre ganz verfehlt, wenn man in diesen Rechnungsmechanismus den juristischen Schwerpunkt des ganzen Rechtsinstituts verlegen wollte. Ein Kontokorrentverhältnis kann juristisch vorhanden sein, mag auch die übliche Rechnungsform nicht benutzt werden und das gewöhnliche Schema mit Debet und Kredit in dem beiderseitigen Verkehre ganz fehlen; es ist damit sogar ein vollständiger Mangel an Schriften vereinbar, wenn nur nach dem Willen der Parteien ein Kontokorrentverhältnis anerkannt und zur Ausführung gebracht werden soll."

Mit der Behauptung, der Kontokorrentvertrag sei unabhängig von der Berechnung, es sei dem Kaufmann ganz gleichgiltig, ob nach der Staffelrechnung oder nach der progressiven Kolonnenrechnung gerechnet werde, nur richtig müsse gerechnet werden, operierte man hauptsächlich gegen diejenigen, welche dem Kontokorrentvertrag einen verschiedenen Inhalt geben wollten, je nachdem die Kolonnenrechnung oder die Staffelrechnung angewendet werde. Diesen gegenüber sagte man: „Wenn nicht die progressive Kolonnenrechnung in gewissen Fällen das richtige Resultat giebt, sondern die Staffelrechnung, so ist das kein Beweis dafür, daß es noch einen zweiten Kontokorrentvertrag giebt, sondern nur dafür, daß in den fraglichen Fällen die Anwendung der Kolonnenmethode einen rechnerischen Fehlgriff bedeutet; man muß in diesen Fällen einfach nach der Staffelmethode rechnen, wenn man richtig rechnen will."

Die verschiedenen Resultate der Rechnungsmethoden bringt also die herrschende Meinung mit ihrer Theorie einfach dadurch in Einklang, daß sie sagt: „Die Konstruktion des Vertrages ist richtig; es braucht bloß noch richtig gerechnet zu werden." Diese Unterschätzung des Rechnungsmechanismus war die Ursache, daß die herrschende Meinung den Widerspruch zwischen ihrer Vertragskonstruktion und den Rechnungsmethoden nicht erkannt hat. Auf diesen Widerspruch kommt man nur dann, wenn man die herrschende Vertragskonstruktion nicht für unantastbar hält und anstatt zu fragen, ob die Resultate der Rechnungen dem Willen der Parteien entsprechen, untersucht, ob sie der von den Juristen angenommenen Konstruktion des Vertrages entsprechen. Man findet dann, daß die Kolonnenrechnung zwar dem angenommenen Vertragsinhalt entspricht, jedoch das dem Willen der Parteien entsprechende Resultat nicht giebt, und daraus kann man nur schließen, daß die Vertragskonstruktion falsch sei, nicht mehr, daß die Rechnung falsch sei.

Darin ist natürlich der herrschenden Meinung rechtzugeben, daß der Rechnungsmechanismus insofern ohne Einfluß auf den Kontokorrentvertrag ist, als es im einzelnen Falle gleichgiltig ist, welche Rechnungsmethode zur Anwendung kommt; der Vertrag ist immer der nämliche. In Wirklichkeit ist ja sogar auch die Rechnung immer die nämliche. Aber solange es sich noch darum handelt, den Inhalt des Kontokorrentvertrages im allgemeinen festzustellen, kann man sich nur auf die Rechnungen stützen.

§ 17.
Versuche zur Lösung des Widerspruches.

Nun hat es aber doch auch nicht an solchen gefehlt, welche fühlten, daß die Staffelrechnung nicht ganz mit der herrschenden Ansicht stimmen könne und welche bemüht waren, den bestehenden Widerspruch zu beseitigen.

Man suchte dies z. B. dadurch zu erreichen, daß man annahm der Kontokorrentertrag habe einen verschiedenen Inhalt, je nachdem die Staffelrechnung oder die

Kolonnenrechnung angewendet werde.[1]) Dieser Erklärungsversuch war irrig. Der Kontokorrent kann nur eine einheitliche Konstruktion und deswegen auch nur eine einheitliche Berechnungsart haben. Wir werden übrigens weiter unten auch noch nachweisen, daß sich aus der progressiven Kolonnenrechnung direkt, d. h. ohne daß man ihren Zusammenhang mit der Staffelrechnung zu kennen braucht, der Schluß ziehen läßt, daß dieselbe zur Grundlage eines Vertrages nicht gemacht werden kann.

Greber glaubt, den Einklang zwischen der Staffelrechnung und der Kolonnenrechnung bezw. der auf letzterer beruhenden Konstruktion des Kontokorrentvertrages dadurch hergestellt zu haben, daß er den Kontokorrentzinsen die juristische Qualität als Zinsen im gewöhnlichen Sinne abspricht. Er führt in dieser Hinsicht S. 149 ff. aus:

„Von einem rechtlichen Unterschiede kann bei diesen Rechnungsmethoden (nämlich bei der Staffelrechnung und der Kolonnenrechnung) unseres Erachtens nicht gesprochen werden. Beide sind die ziffermäßige Darstellung ein und desselben Rechtsverhältnisses. Nur spricht die Staffelrechnung mit der jedesmaligen Bilanzierung der einzelnen Posten einen Grundsatz aus, welcher für die Kenntnis der Lehre des Kontokorrents von nicht zu unterschätzender Bedeutung ist. Im Kontokorrente ist der Kredit zu vergüten, sagten wir; aber nur dann, fügen wir hinzu, wenn er eine wirkliche Leistung des einen an den andern darstellt. Es erscheint nämlich nach kaufmännischer Anschauung bei einem Vertrage, welcher so vollkommen reciprok aufgebaut ist, wie der Kontokorrent, als ungerechtfertigt, daß der eine Teil dem andern für die demselben kreditierten Summen einen Kreditpreis in voller Höhe während der ganzen Kontokorrentperiode in Ansatz bringt, während er doch selbst Summen seines Gegenteils in Händen hat und frei darüber verfügen kann. Man wird uns einwenden, daß auch der andere für die seinerseits zur Verfügung des ersteren gestellten Summen Zinsen in voller Höhe berechne und daß dadurch eine Ausgleichung bewerkstelligt werde. Solange der Zinsfuß auf beiden Seiten derselbe ist, ist dies richtig, sobald er aber ein verschiedener ist, ergiebt sich klar, welche Billigkeit und Gerechtigkeit in dieser Grundregel der kaufmännischen Anschauung enthalten ist. Wenn der A dem B am 1. Januar 1000 übersendet, welche mit 6 % zu verzinsen wären, und der B dem A am gleichen Tag eine Gegenrimesse von 1000 macht, für die ihm aber nur 3 % berechnet würden, so kann nicht A dem B das ganze Jahr hindurch für seine 1000 6 % in Ansatz bringen, während er doch von B thatsächlich 1000 in Händen hat. Wirtschaftlich ist A nicht anders gestellt, wie wenn er überhaupt keine Rimesse gemacht hätte; es ist oben gezeigt, daß er hinsichtlich derjenigen Summen, welche sich gleichkommen, ein Risiko nicht trägt. Und doch soll er einen Gewinn von 3 % dem andern gegenüber die ganze Periode hindurch haben? B hätte demnach einen Vertrag geschlossen mit dem Zwecke, die Barzahlung zur Erhöhung seiner Geldkraft auszuschließen, und müßte auf der andern Seite diesen Vertrag mit schwerem Gelde bezahlen. Diese Erwägung hat den Kaufmann auf den Gedanken hingeführt, daß nur von dem überschießenden Teile der beiderseitigen Forderungen eine Kreditvergütung in Ansatz zu bringen ist; denn nur diese repräsentiert eine wahre Kreditleistung, welche Zahlung verdient. Wie ein etwaiges Maximum nur auf den jedesmaligen Ueberschuß von Debet und Kredit zu beziehen ist, so ist auch für diesen einzig und allein der Kreditpreis zu zahlen. Daraus ergiebt sich mit logischer Notwendigkeit, daß die Vergütung im Kontokorrente kein Zins ist. „Zinsen", sagt Dernburg, „bilden eine nach Prozenten bemessene Vergütung in Geld oder anderen Fungibilien für die Benutzung eines fremden Kapitals." Die Kontokorrentzinsen müßten somit für die ganze Kontokorrentperiode in Ansatz kommen, auch wenn der Zinsfuß ein ungleicher ist; denn während des ganzen Zeitabschnittes wird das „fremde" Kapital benutzt. Dem widerspricht aber die allgemeine Anwendung der Staffelrechnung, die einen anderen Grundsatz ziffermäßig darstellt.

Die Kolonnenrechnung läßt den Kreditpreis während des ganzen Kontokorrentabschnitts

[1]) Vgl. Greber S. 145, 149.

laufen und scheint in der That einen Gegensatz zum Prinzip der Staffelrechnung zu bilden. Eine genaue Untersuchung dieser Frage läßt aber die Haltlosigkeit eines solchen Gegensatzes klar erkennen. Im Grunde kommt die Kolonnenrechnung auf denselben Grundsatz hinaus wie die Staffelrechnung. Man erwäge recht wohl, daß sowohl die Kreditseite als die Debetseite in gleicher Weise „Zins" trägt und daß es einer jedesmaligen Ermittelung des Ueberschusses nicht bedarf, weil Zinszahl gegen Zinszahl steht. Was auf beiden Seiten an Kreditvergütung der Bequemlichkeit und Uebersichtlichkeit halber zuviel berechnet ist, hebt sich nachher bei der Saldierung der Zinszahlen wieder auf. Damit aber eine Saldierung der Zinszahlen möglich ist, ist erfordert, daß dieselben auf beiden Seiten gleichwertig sind, d. h. daß der Zinsfuß für Debet und Kredit der gleiche ist. Wie die Stellung einer Wage sich nicht ändert, wenn auf beiden Seiten gleiche Gewichtsteine aufgelegt werden, so schadet es nichts, wenn in Debet und Kredit ein Plus berechnet wird, welches, da es gegenseitig ist, bei der Saldierung wieder verschwindet. Die Kolonnenrechnung ist lediglich Bequemlichkeitsrechnung; sie vermeidet die einzelnen Bilanzierungen zum Zwecke der Ermittelung des jedesmaligen Ueberschusses, für welchen allein der Kreditpreis bezahlt wird, und führt durch Saldierung der Zinszahlen das richtige Resultat herbei."

In demselben Zusammenhange sagt Greber weiter unten S. 153:

„Die Kolonnenrechnung veranschaulicht . . . besser die Art der Gesamtkompensation mit Abschluß des Kontokorrents. Die Zahlen werden auf beiden Seiten addiert und dann saldiert. Bei der Staffelrechnung sieht es äußerlich so aus, als repräsentiere der Saldo einen Restbetrag der letzten Forderung, bezw. einen Restbetrag der vorletzten und letzten u. s. w.. Dies hängt damit zusammen, daß es vollkommen gleichgiltig ist, in welcher Reihenfolge addiert und subtrahiert wird. Aus der äußeren Form der chronologischen Abgleichung darf ein Kompensationsrecht hinsichtlich der einzelnen Forderung nicht gefolgert werden. Diese Abgleichung dient bloß zur Ermittelung des Kreditpreises; und weil sie zugleich auch das Resultat der Gesamtkompensation zwischen Debet und Kredit der Hauptbeträge bringt, ist die Anlegung einer besonderen Kolonnenrechnung nicht mehr notwendig.

Will man ganz genau die Art und Weise der Kalkulation, wie sie immer richtig ist, auf dem Papiere darstellen, so muß man — wie es auch häufig geschieht — für die Hauptbeträge eine Kolonnen-, und für die Ermittelung des Kreditpreises eine Staffelrechnung anlegen, deren Resultate in die Kolonnenrechnung als letzte Posten eingesetzt werden."

Greber konstruiert also den Kontokorrentvertrag auf Grundlage der progressiven Kolonnenrechnung. Die Staffelrechnung, nach welcher nur von dem jeweils überschießenden Teile der beiderseitigen Forderungen Zinsen berechnet werden und nicht von jedem einzelnen Posten auf die ganze spätere Dauer der Kontokorrentperiode, bringt er dadurch in Einklang mit seiner Konstruktion, daß er sagt, die Kontokorrentzinsen seien überhaupt keine Zinsen im gewöhnlichen Sinne, sondern „Kreditvergütung". Eine „wahre" Kreditleistung sei aber immer nur der überschießende Teil der beiderseitigen Forderungen; nur dieser verdiene Vergütung und nur dieser werde in der That auch vergütet, wie die Anwendung der Staffelrechnung ausweise.

Dem gegenüber ist zu betonen, daß Kredit überhaupt kein juristischer sondern ein volkswirtschaftlicher Begriff ist. Wir werden das später an geeigneterer Stelle genauer nachweisen. Wenn der Kredit kein juristischer Begriff ist, dann ist auch der von Greber gemachte Unterschied zwischen Zins und Kreditvergütung juristisch unbrauchbar. Daraus, daß die Kontokorrentzinsen bei der Staffelrechnung nicht für die ganze Kontokorrentperiode in Ansatz kommen, kann nicht der Schluß gezogen werden, daß sie überhaupt keine Zinsen seien. Es muß vielmehr umgekehrt daraus geschlossen werden, daß eine Benutzung von fremdem Kapital während des ganzen Zeitabschnittes nicht stattfindet, daß die Forderungen kompensiert oder durch Zahlungen getilgt werden und demnach nur aus dem verbleibenden Reste als dem „fremden" Kapitale Zinsen zu zahlen sind.

Die citierten Sätze Grebers, daß von einem rechtlichen Unterschiede bei der Staffelrechnung und der Kolonnenrechnung nicht gesprochen werden könne und daß beide die ziffermäßige Darstellung ein und desselben Rechtsverhältnisses seien, sind ganz richtig, wenn man den Kontokorrentvertrag so konstruiert, daß die Staffelrechnung das Bild der Vorgänge beim Kontokorrentverkehr darstellt. Denn die Kolonnenrechnung läßt sich mit dieser Vertragskonstruktion ganz gut vereinbaren. Wenn man aber den Kontokorrentvertrag aus der progressiven Kolonnenrechnung entwickelt, dann steht die Anwendung der Staffelrechnung, nachdem der Begriff der Kreditvergütung unhaltbar ist, im Widerspruch mit der Vertragskonstruktion und dann sind auch die citierten Sätze unrichtig; denn dann haben wir im Kontokorrentverkehr zwei Rechnungsarten, welche bei ungleichem Zinsfuß verschiedene Resultate geben und demnach auch zwei rechtlich verschiedene Prinzipien darstellen.

Die allein richtige Konsequenz, welche die herrschende Theorie aus ihrer Vertragskonstruktion ziehen könnte, wäre die, daß sie die Staffelrechnung bei ungleichem Zinsfuß für nicht anwendbar erklärt, weil sie nicht das gleiche Resultat giebt wie die progressive Kolonnenrechnung. Diesen Standpunkt nimmt Cosack ein, denn er sagt[2]) ohne weitere Kommentierung, daß bei ungleichem Zinsfuß derjenige, der den höheren Zinsfuß zu beanspruchen habe, im Vorteil sei. Damit kann er offenbar nicht den in jedem Falle für den Gläubiger in einem höheren Zinsfuß liegenden Vorteil meinen; denn dann hätte er etwas Selbstverständliches gesagt. Er will damit sagen, daß der Vorteil beim Kontokorrent darin bestehe, daß gleichzeitig verschieden hoch verzinsliche Kapitalforderungen einander längere Zeit gegenüberstehen, ohne daß sie aufgerechnet werden. Damit billigt er aber die Anwendung der progressiven Kolonnenrechnung auch bei ungleichem Zinsfuß.

Dieser Standpunkt ist wohl vollständig konsequent, aber nicht haltbar. Würde man auch die auf Grundlage der Staffelrechnung zu erreichende Vereinigung der 3 Rechnungsmethoden nicht für das Entscheidende halten, die Staffelrechnung (im Widerspruch mit der herrschenden Meinung) verwerfen und nur die Kolonnenrechnung für in allen Fällen richtig halten, so wäre immer noch aus dem der progressiven Kolonnenrechnung zu grunde zu legenden Vertrage allein nachweisbar, daß die Annahme, die Geschäftswelt schließe bei Eingehung eines Kontokorrentverhältnisses einen solchen Vertrag, völlig unhaltbar ist.

Der Hauptunterschied zwischen dem Vertrage, der der Staffelrechnung zu grunde gelegt werden muß und dem, der der progressiven Kolonnenrechnung zu grunde gelegt werden müßte, bestünde darin, daß im ersteren Falle die Tilgung von Schulden durch Zahlung oder durch Kompensation mit Gegenforderungen während der Rechnungsperiode möglich ist und stattfindet, während dies im letzteren Falle ausgeschlossen wäre.

Was dies für einen praktischen Unterschied macht, wollen wir an einem Beispiel darlegen. Wir nehmen an, es sei eine mit dem 1. Januar beginnende Rechnungsperiode von 1 Jahr vereinbart; am ersten Tage hätten die Kontokorrentisten A und B sofort zwei Geschäfte abgeschlossen, aus denen jeder dem anderen 1000 M. schuldig geworden sei; A habe 3% und B 6% Zinsen zu zahlen; weitere Forderungen seien nicht entstanden. Nach der Staffelrechnung bzw. dem derselben zu grunde zu legenden Vertrage wird, sobald Gegenforderungen vorhanden sind, aufgerechnet; das hat zur Folge, daß

---

[2]) 3. Aufl. § 58 I Z. 8. In der 4. Auflage hat Cosack seinen Standpunkt geändert; darauf werden wir später zu sprechen kommen.

A und B das ganze Jahr einander nichts schulden und deswegen auch keiner von ihnen Zinsen zu zahlen hat. Nach der Kolonnenrechnung bzw. dem derselben zu grunde zu legenden Vertrage tritt der Anspruch auf Befriedigung erst mit Ablauf der Rechnungsperiode ein; es kann also auch nur auf diesen Moment kompensiert werden. Inzwischen sind die beiderseitigen Forderungen zu verzinsen. A hat also für das ganze Jahr 30 M. Zinsen zu zahlen, während B 60 M. zu zahlen hat. Wird auf den Schluß des Jahres kompensiert, so ergiebt sich ein Passivsaldo von 30 M. für B, obwohl er thatsächlich bei Beginn des Jahres in seinem Vermögen keineswegs bereichert worden ist. Einen Vertrag mit derartigen Konsequenzen schließt die Kaufmannswelt nicht.

Selbstverständlich ist ganz ausgeschlossen, daß die juristische Natur des Kontokorrentverhältnisses verschieden ist, je nachdem gleicher Zinsfuß auf beiden Seiten vereinbart ist, oder ungleicher. Der wesentliche Inhalt des Kontokorrentvertrages muß in beiden Fällen der nämliche sein. Es wäre deswegen auch vollständig verfehlt, wenn man annehmen wollte, bei gleichem Zinsfuß sei der Kontokorrentvertrag zu konstruieren auf Grundlage der progressiven Kolonnenrechnung, bei ungleichem dagegen auf Grundlage der Staffelrechnung. Wir brauchen nur einen Vertragsinhalt, den aus der Staffelrechnung entwickelten; dieser giebt auf jeden Fall das Resultat, das die Parteien wünschen.

Wir sehen also, daß die herrschende Konstruktion des Kontokorrentvertrages an und für sich für unhaltbar erklärt werden muß. Man braucht gar nicht einmal erst zu wissen, daß dieselbe nur einem Mißverständnis der rechnerischen Grundlage des Kontokorrentverkehrs ihre Entstehung verdankt. Die Unmöglichkeit, bei dieser Vertragskonstruktion zu den richtigen Zinsforderungen zu gelangen, ist es, woran diese Konstruktion scheitert.

Zu einem befriedigenden Resultat können wir nur dadurch gelangen, daß wir den „eisernen“ Grundsatz in der Lehre vom Kontokorrent, daß während des Laufes der Rechnungsperiode eine Befriedigung nicht verlangt werden könne und nicht stattfinde, aufgeben und den Kontokorrentvertrag aus der Staffelrechnung entwickeln, wie wir es oben gethan haben. Das ist die allein richtige Lösung des Widerspruchs zwischen der herrschenden Meinung über den Inhalt des Kontokorrentvertrages und der über die Bedeutung der Staffelrechnung.[3] [4])

---

[3]) Die retrograde Kolonnenrechnung steht der progressiven völlig gleich; genau mit demselben Rechte, mit dem man bisher sagt, alle Kontokorrentposten würden mit dem vollen Betrage verzinst je bis zum Schlusse der Rechnungsperiode, könnte man im Hinblick auf die retrograde Kolonnenrechnung behaupten, alle Posten würden diskontiert auf den Tag des Rechnungsbeginnes. Der Unterschied zwischen progressiver und retrograder Kolonnenrechnung ist nur der, daß man der letzteren auf den ersten Blick ansieht, daß sie nur Rechnung ist und deswegen nicht im Entferntesten in Versuchung kommt, aus derselben den Kontokorrentvertrag entwickeln zu wollen, während die äußere Form der ersteren gerade zu der Annahme verleitet, sie sei das Bild der rechtlichen Vorgänge beim Kontokorrentverkehr.

[4]) Über das Verhältnis zwischen Staffelrechnung und Kolonnenrechnung verbreitet sich eingehend auch Creizenach in seinen Schriften, insbesondere in dem Aufsatz „Die rechtliche Seite der üblichen Rechnungsmethoden im Kontokorrent“. Creizenach ist (für Deutschland) der eigentliche Begründe rder herrschenden, auf der Kolonnenrechnung aufbauenden Theorie; er hat zuerst den falschen Weg eingeschlagen und die anderen sind ihm arglos gefolgt. Seine Aufstellungen im Einzelnen zu widerlegen, würde zu weit führen. An der Hand unserer obigen Ausführungen läßt sich leicht entscheiden, was von denselben zu halten ist. Nur einen Punkt möchten wir erwähnen. Creizenach sagt in seiner Abhandlung „der kaufmännische Kontokorrent, der Kreditvertrag und das kaufmännische Depositum“ im Archiv für praktische Rechtswissenschaft Bd. IV (1857) S. 75, er vermöge nicht abzusehen, wie Schiebe (Kontorwissenschaft § 86 u. 87) die Kolonnenrechnung bei un-

Zweiter Teil.

Die wichtigsten bisherigen Theorieen im Einzelnen.

§ 18.

Einleitung.

Wie oben dargelegt, finden wir im Kontokorrentvertrage eine Abrede, **welche einer gewissen Art und Weise der Tilgung von Forderungen dient.** Mit dieser Auffassung treten wir ebenfalls in scharfen Widerspruch zur bisherigen herrschenden Meinung. Dieselbe findet nämlich im Kontokorrentvertrage ein Kreditversprechen verbunden mit einem pactum de compensando. Daß die herrschende Meinung zu dieser Auffassung kommen mußte, ist eigentlich ganz natürlich. Die progressive Kolonnenrechnung erweckt eben den Anschein, als würden durch den Kontokorrentvertrag die verschiedenen Fälligkeitstermine der sämtlichen einzelnen Forderungen aufgehoben und durch einen gemeinsamen Fälligkeitstermin (Schluß der Rechnungsperiode) ersetzt und finde ferner an diesem Termine eine Gesamtkompensation der beiderseitigen Forderungen statt. Das legt natürlich die Annahme nahe, zum Kontokorrentverkehr gehöre eine besondere charakteristische Stundung und der Kontokorrentvertrag sei vor allem ein Kreditgeschäft, zu welchem dann noch ein Kompensationsvertrag hinzukomme. Nachdem nun die ganze Kontokorrentliteratur auf dieser Annahme basiert, wäre sie eigentlich für uns schon abgethan. Denn wenn nachgewiesen ist, daß diese Annahme irrig ist, und daran kann kein Zweifel bestehen, so sind selbstverständlich auch alle darauf beruhenden Schlußfolgerungen falsch. Im Interesse der Klärung unseres Stoffes halten wir es aber für zweckmäßig, die wichtigeren in der Literatur vertretenen Theorien des Kontokorrentverkehrs einer kurzen Besprechung zu unterziehen. Wir verfolgen dabei hauptsächlich den Zweck, die von uns oben aufgestellten Sätze über Inhalt und Wesen des Kontokorrentvertrages eingehender zu begründen. Der Hinweis darauf, worin bei den einzelnen Theorieen der Fehler steckt, wird dazu beitragen, daß das Resultat, welches wir bisher gewonnen haben, uns plastischer vor die Augen tritt und daß unsere Ueberzeugung, daß dieses Resultat richtig ist, noch mehr gefestigt wird. Manche dieser Theorieen, welche wir besprechen werden, haben viel Verwirrung angestiftet. Für uns, die wir von vornherein darauf verzichtet haben, bei unserer Beweisführung auf die eine oder andere der bisher aufgestellten Theorieen zu rekurrieren, haben diese Theorieen nunmehr wenigstens das Gute, daß wir dieselben zu Demonstrationszwecken benutzen können. Wir können an ihnen zeigen, was der Kontokorrentvertrag nicht ist, und auf diese Weise wird es uns auch klarer, was er eigentlich ist. Da wir nach dem Gesagten nicht eine Darstellung der Geschichte und der Entwicklung des Kontokorrentverkehrs geben wollen, sondern nur eine kritische Uebersicht über einzelne wichtigere Theorieen, so brauchen wir nicht chronologisch zu Werke zu gehen. Wir fassen vielmehr die verwandten Theorieen ohne Rücksicht darauf, wann sie zum ersten Mal aufgetaucht

---

gleichem Zinsfuß verwerfen könne, da doch „durch umsichtige Reduktionen und Rückgutschriften" eine richtige Ausgleichung zu bewirken sei. Cretzenach merkt nicht, daß er sich hier selbst widerlegt. Wenn „umsichtige Reduktionen und Rückgutschriften" erforderlich sind, um im Falle ungleichen Zinsfußes mit der Kolonnenrechnung das richtige Resultat zu erhalten, so ist das ja gerade der Beweis, daß die Kolonnenrechnung **als selbständige Rechnung** keinesfalls dem Vertrage entspricht. Wenn man dann die „umsichtigen Reduktionen" noch etwas genauer ansieht, findet man, daß sie gerade mit Hilfe der Staffelrechnung ausgeführt werden, woraus kein anderer Schluß gezogen werden kann als der, daß die Kolonnenrechnung nichts weiter ist als eine Abkürzung der Staffelrechnung für bestimmte Fälle.

sind, soweit möglich, in Gruppen zusammen, um dieselben systematisch besprechen zu können.

Abgesehen von den in der Literatur längst genügend widerlegten und deswegen nur gelegentlich zu besprechenden Theorieen, welche im Kontokorrentvertrag einen Vertrag sui generis nicht erblicken,[1]) können drei große Hauptgruppen von Theorieen unterschieden werden. Nämlich

1. die Theorieen, welche im Kontokorrentvertrag einen Vertrag erblicken, durch welchen die Verpflichtung zu einer Kreditgewährung begründet wird. Diese Theorieen legen das Hauptgewicht auf den ersten von der herrschenden Meinung aus der Kolonnenrechnung entwickelten Satz (vgl. oben § 14);

2. die Theorieen, welche im Kontokorrentvertrag einen Vertrag über die Art und Weise der Tilgung von gegenseitigen Forderungen erblicken. Diese Theorieen legen das Hauptgewicht auf den zweiten aus der Kolonnenrechnung entwickelten Satz;

3. die Theorien, welche im Kontokorrentvertrag einen Vertrag erblicken, der gleichzeitig zu einer Kreditgewährung und zu einer bestimmten Art und Weise der Tilgung der gegenseitigen Forderungen verpflichtet. Diese Theorieen betonen also die beiden aus der Kolonnenrechnung entwickelten Sätze gleichmäßig.

A.

Der Kontokorrentvertrag ein Kreditversprechen.

§ 19.

1. Vorbemerkung.

Weitaus der größte Teil der Schriftsteller, welche sich mit unserem Thema befaßt haben, findet das Wesen des Kontokorrentvertrages in der aus der Kolonnenrechnung geschlossenen Stundung der Kontokorrentforderungen begründet. Der Kontokorrentvertrag wird unter die modernen Kreditgeschäfte gerechnet. Am deutlichsten und am kürzesten spricht dies Greber aus, wenn er S. 24 als Einleitung zu seiner Betrachtung der Kredittheorieen sagt:

> „Wenn man einmal den wahren ökonomischen Zweck des Kontokorrentverhältnisses gefunden hat, kann man nicht lange mehr im Zweifel darüber sein, welcher Art von Verträgen man dasselbe zuweisen soll. Der Kontokorrent soll das produktive Vermögen der Kontrahenten insofern erhöhen, als sie während bestimmter Zeit nicht gezwungen sein sollen, das ihnen zur Verfügung gestellte oder stehende Kapital herauszugeben. Beide Teile vereinbaren für den Fall einer Leistung vorläufig das Entgelt derselben, die in Geld bestehende Gegenleistung, die „Zahlung" oder „Rückzahlung" auszuschließen; an die Stelle der letzteren tritt das Versprechen, künftighin zu zahlen. Jede der beiden Parteien leistet und begnügt sich vor der Hand mit dem bloßen Versprechen auf Gegenleistung. Derartige Leistungen nennt man Kreditleistungen. Der Kontokorrent ist demnach ein Vertrag, gerichtet auf gegenseitige Kreditgewährung. Seinen Gegenstand bildet der Kredit und der Vertrag selbst ist eine Art der modernen Kreditgeschäfte."

Uns scheint die Schlußfolgerung: „Weil durch den Kontokorrentvertrag die gegenseitigen Forderungen gestundet werden, gehört der Kontokorrentvertrag zu den modernen

[1]) Alle in der Literatur aufgetauchten Theorieen des Kontokorrentvertrages im Einzelnen zu besprechen, würde zu weit führen; wir verweisen auf Levy-Rießer §§ 1—9, Greber S. 9 ff., Kemmer S. 19 ff.. Nur als Kuriosum möchten wir hier erwähnen, daß der Kontokorrent sogar einmal für eine juristische Person erklärt wurde (vgl. Levy-Rießer S. 113 Anm. a).

Kreditgeschäften" als etwas sehr vorschnell. Die Stundung einer Forderung muß doch nicht notwendigerweise eine Kreditgewährung bedeuten. Es liegt doch mindestens ebenso nahe, in derselben ein Depositengeschäft zu erblicken, also genau das Gegenteil von Kreditgewährung. Man kann sich ganz gut auch vorstellen, daß, wenn eine Forderung gestundet wird, dabei der Gedanke unterläuft, daß der Schuldner den geschuldeten Betrag, den er z. B. schon zur Zahlung bereit in der Hand hält, als depositum behalten solle und daß nicht gerade eine Kreditgewährung in der Absicht der Parteien liegt. Bei der Stundung kann ebensogut einmal das Interesse des Gläubigers, wie ein andermal das des Schuldners das Primäre sein; es kann der Schuldner vom Gläubiger di Stundung erwirkt haben, um ein Kreditbedürfnis zu befriedigen, und es kann in einem anderen Falle der Gläubiger den Schuldner bewogen haben, das Geld zu behalten, weil er selbst es nicht braucht. Im letzteren Falle haben wir gewissermaßen ein depositum brevi manu.

Außer Stundung mit der Absicht der Hinterlegung kann man sich ferner ganz gut auch eine Stundung vorstellen zum Zwecke der Ermöglichung einer bestimmten Art und Weise der Tilgung der gegenseitigen Forderungen. Man kann sich denken, die Kontokorrentisten wollten ihre gegenseitigen Forderungen deswegen bis zum Schlusse der Kontokorrentperiode gestundet haben, damit sie dieselben in diesem Zeitpunkte alle auf einmal gegeneinander aufrechnen können.

Wir wollen gegenwärtige Ausführung natürlich nicht dahin verstanden wissen, als wären wir der Meinung, im Kontokorrentverkehr habe man es mit einem Depositengeschäft zu thun oder der Kontokorrentvertrag sei ein Vertrag über die Art und Weise der Tilgung gegenseitiger Forderungen. Davon sind wir weit entfernt. Wir wollen hier nur darauf hingewiesen haben, daß aus der Stundung der Forderungen im Kontokorrentverkehr — wenn derselbe überhaupt eine besondere, ihm eigentümliche Stundung voraussetzt, was wir vorderhand weder bejahen noch verneinen wollen; keinesfalls setzt derselbe natürlich die von der herrschenden Meinung aus der Kolonnenrechnung geschlossene charakteristische Stundung voraus —, nicht mit Notwendigkeit darauf geschlossen werden kann, daß der Kontokorrentvertrag bezweckt, dem Kreditbedürfnis der Vertragsteile zu dienen, daß vielmehr der Nichtgeltendmachung einer Forderung ebenso gut irgend ein anderes Motiv zu grunde liegen kann. Diese Erwägung muß aber schon großes Mißtrauen erwecken in die Berechtigung der Kredittheorie; ihre einzige Stütze ist die Nichtgeltendmachung der Forderungen und diese ist in fraglicher Hinsicht nicht eindeutig.

Zur Gewißheit wird es uns aber, daß die Kredittheorie verfehlt ist, wenn wir erwägen, daß es auch einen Depositenverkehr im Kontokorrent giebt. Hier hinterlegt der Geschäftsfreund des Bankiers bei diesem Gelder und läßt sich dieselben nach Bedarf in beliebigen Beträgen wieder herauszahlen. Von Kreditierung ist hier keine Spur vorhanden. Endemann sagt in Grünhuts Zeitschrift für Handelsrecht Bd. IV S. 64 sehr treffend: „Der Depositenempfänger will und braucht sich keinen Kredit zu erwerben; er hat Kredit, denn sonst würde ihm der Deponent nicht unangesprochen seine Gelder anvertrauen."

Stundung mit dem wirtschaftlichen Zwecke des Kreditgebens gehört also auf keinen Fall zum Kontokorrentvertrag.

Obwohl es uns hienach nicht mehr ungewiß erscheint, daß der Kredit mit dem Kontokorrentverkehr an sich überhaupt nichts zu thun hat, wollen wir doch die Kredittheorie in ihren einzelnen Nuancen etwas näher ins Auge fassen. Die Anhänger der Kredittheorie sind nämlich über die Bedeutung, welche dem Kredit im Kontokorrentverkehr beizumessen sei, nicht gleicher Ansicht. Wir besprechen zunächst die Theorie, welche im Kontokorrentvertrag einen (gegenseitigen) Darlehensvertrag erblickt.

§ 20.
2. Der Kontokorrentvertrag ein (gegenseitiger) Darlehensvertrag.

Die Theorie, welche den Kontokorrentvertrag als (gegenseitigen) Darlehensvertrag auffaßt, wird von manchen Anhängern der Kredittheorie gar nicht als eine Art der letzteren angesehen,[1]) obwohl ihre Grundlage, der Darlehensvertrag doch zweifellos das Prototyp der Kreditgewährung ist. Diese eigentümliche Erscheinung ist darauf zurück zu führen, daß man dem Begriffe Kredit eine unrichtige Deutung gab. Nachdem man ganz richtig festgestellt hatte, daß das römisch-rechtliche mutuum nicht identisch sei mit dem, was man heute unter Kredit versteht, glaubte man dem Kredit als einem neuen Begriffe neben dem Darlehen im Rechtssystem eine Stellung verschaffen zu müssen und zu können.[2]) Dieses Bestreben war aber verfehlt. Kredit, obwohl von dem römisch-rechtlichen creditum kommend, ist heute kein rechtswissenschaftlicher Begriff mehr, sondern ein volkswirtschaftlicher. Kredit ist das Vertrauen, daß eine übernommene wirtschaftliche Verpflichtung werde erfüllt werden. Als Kreditgeschäfte im weitesten Sinne könnte man alle Geschäfte bezeichnen, bei welchen der Kredit in dem angegebenen Sinne eine Rolle spielt. Das wären danach alle gegenseitigen Geschäfte, wenn die Erfüllung nicht Zug um Zug geschieht, vielmehr Leistung und Gegenleistung zeitlich auseinander fallen. Der Ausdruck Kreditgeschäfte wird aber gewöhnlich in einem viel engeren Sinne genommen. Man versteht darunter gewöhnlich nur solche Geschäfte, durch welche jemand einem anderen zum Zwecke der Erhöhung der ökonomischen Kraft desselben Vermögenswerte zu Eigentum überweist gegen das Versprechen des späteren Rückersatzes des Wertes. Während nach dem ersteren Begriffe als Kreditgeschäfte auch erscheinen z. B. Verpachtung und Vermietung, fallen diese Geschäfte nicht unter den engeren Begriff, weil eine Eigentumsübertragung bei denselben nicht stattfindet. Man unterscheidet Darlehenskredit, Waarenkredit und Bankkredit. Beim Darlehenskredit ist die hingegebene Sache Geld, beim Waarenkredit wird der Preis der verkauften Waare gestundet, beim Bankkredit besteht der überwiesene Vermögenswert in einem auf Geld lautenden Forderungsrecht. Wir sehen also: was vom volkswirtschaftlichen Standpunkte aus als eine Einheit (Kredit, Kreditgeschäft) erscheint, kann vom rechtswissenschaftlichen Standpunkte aus ein sehr verschiedenes Aussehen haben. Zweifellos ist das Darlehen eine Form und sogar die ureigenste Form der Kreditgewährung und ist es damit gerechtfertigt, wenn wir die Theorie, welche den Kontokorrentvertrag als Darlehensvertrag auffaßt, als erste Art der Kredittheorie besprechen.

Nachdem wir bereits nachgewiesen haben, daß der Kontokorrentvertrag mit der Kreditgewährung im eigentlichen Sinne nichts zu thun hat und das Darlehen unter gar keinen anderen Gesichtspunkt fallen kann als den der Kreditgewährung, ist es uns von vornherein klar, daß die Darlehenstheorie verfehlt ist. Der Kontokorrent befaßt sich eben nur mit der Tilgung der Forderungen; im Kontokorrent interessiert deswegen an den Forderungen nur deren Höhe und der Zeitpunkt ihrer Entstehung. Der Rechtsgrund, welchem sie ihre Entstehung verdanken und das wirtschaftliche Ziel, welches

[1]) So behandelt beispielsweise Greber diese Theorie gesondert von den Kredittheorieen. Vgl. Greber S. 13 u. 24.

[2]) Der Kredit wurde hingestellt als ein selbständiges, unkörperliches, ideelles Gut, über welches unmittelbar durch Vertrag disponiert werden könne. Vgl. Endemann in Grünhuts Zeitschrift Bd. IV S. 47 ff.

bei Begründung der Forderungen verfolgt wird, sind vollkommen gleichgiltig. Es können in den Kontokorrent alle Forderungen, welchem Rechtsgrunde nur immer sie ihre Entstehung verdanken mögen, einbezogen werden; derselbe ist nicht auf Darlehensforderungen beschränkt. Ebensowenig wäre aber auch die Annahme gerechtfertigt, es finde beim Eintritt einer Forderung in den Kontokorrent, soweit es noch keine Darlehensforderung sein sollte, eine Umwandlung in eine solche statt. Auch bei dieser Annahme würde der Kontokorrentvertrag den Charakter des Kreditgeschäftes erhalten.

Wir wollen nun noch einige Einwendungen, mit welchen man die Darlehenstheorie zu bekämpfen suchte, besprechen. Man brachte gegen diese Theorie vor,[3]) Kaufleute hätten überhaupt niemals die Absicht, ein Darlehen zu geben oder zu nehmen und ganz abgesehen hievon gebe es innerhalb des Kontokorrents überhaupt keine Schulden und könne es danach auch keine Darlehen geben. Greber bemerkt hiezu S. 14:

„Was den ersten Einwand betrifft, so hat er für den kaufmännischen Verkehr gewisse Berechtigung. Es widerspricht in der That der kaufmännischen Anschauungsweise, wenn man die Verbindlichkeit zur Rückgabe von tantundem eiusdem generis im Zweifel als Darlehnsschuld ansehen wollte. Das Darlehen hat überhaupt bei Kaufleuten einen üblen Leumund. Es wird daher in Fällen, in welchen Geld aus der einen Hand in die andere zu vollem Eigentum wandert, nicht nur der Name vermieden, sondern auch ein Darlehensvertrag von den Parteien in der Regel nicht angenommen. Ein derartiges Geschäft stellt sich vielmehr als ein irreguläres Depositum dar. Daraus darf aber nicht geschlossen werden, daß ein mutuum im kaufmännischen Verkehr überhaupt nicht vorkomme.“

Wir können diesen Ausführungen Grebers nicht ganz beipflichten. Ein Darlehen wird nicht dadurch zum depositum irregulare, daß die Kaufleute den Namen Darlehen vermeiden, oder annehmen, sie hätten keinen Darlehensvertrag abgeschlossen. Es kommt nicht auf den Namen an, sondern auf die Sache. Hier ist nicht der Platz, die Grenzen des Darlehens und des depositum irregulare zu untersuchen. Zweifellos ist, daß beide Geschäfte sehr viele Berührungspunkte mit einander haben.[4]) Aber in einem wesentlichen Punkte unterscheiden sie sich in jedem Falle: das depositum irregulare verfolgt nicht wie das Darlehen den Zweck, die ökonomische Kraft des Depositars zu erhöhen[5]); es ist nicht Kreditgeschäft im engeren Sinne.

Wenn nun auch die Kontokorrentforderungen nicht Darlehensforderungen sind, wie wir gesehen haben, so drängt sich uns bei Verfolgung des Gedankengangs Grebers — und das ist auch der Grund, warum wir seine Ausführungen gegen die Darlehenstheorie besprechen — nun doch die Frage auf, ob die Kontokorrentforderungen nicht vielleicht sämtlich den Charakter von deposita irregularia von vornherein haben müssen oder bei Einstellung in den Kontokorrent annehmen. Wir haben die Darlehenstheorie mit dem Einwand zurückgewiesen, daß der Kontokorrentverkehr an sich mit der Kreditgewährung nichts zu thun habe. Gegen eine Theorie, welche in den Kontokorrentforderungen lauter deposita irregularia erblicken wollte, könnten wir diesen Einwand nicht machen. Trotzdem wäre auch diese Auffassung verfehlt. Der Kontokorrentverkehr bezweckt nichts weiter als eine eigentümliche Art und Weise der Tilgung von Forderungen, bei welcher die rechtliche Natur der letzteren eine Rolle nicht spielen kann. Die Kontokorrentforderungen können deposita irregularia sein, sind es auch häufig, müssen es aber nicht sein.

---

[3]) Vgl. Greber S. 14.
[4]) Vgl. § 700 B. G. B.
[5]) Wenn es auch thatsächlich diesen Erfolg hat.

Es ist also — um unser Ergebnis zusammen zu fassen — für den Kontokorrent nicht blos gleichgiltig, ob die Forderungen der Ausfluß von Kreditgeschäften sind oder nicht, sondern es ist auch gleichgiltig, welche rechtliche Natur sie haben; sie brauchen weder in wirtschaftlicher noch in rechtlicher Beziehung einer bestimmten Kategorie von Forderungen anzugehören. In den Kontokorrentverkehr kann jede beliebige Forderung aufgenommen werden und sie behält auch trotz der Einbeziehung in das Rechnungsverhältnis ihre ursprüngliche Rechtsnatur bei; sie bleibt Darlehen, Depositum, Waarenforderung, Zins, Provision u. s. w..

Der zweite Einwand, welcher gegen die Darlehenstheorie gemacht wurde, beruht auf einer eigenartigen Vorstellung von der Wirkung des Kontokorrentvertrages während der Rechnungsperiode. Während die meisten Schriftsteller der Meinung sind, daß während der Rechnungsperiode Forderungen zwar existieren, aber nicht geltend gemacht werden können, geht die Anschauung einiger Autoren dahin, daß es während der Rechnungsperiode im Kontokorrentverkehr überhaupt keine Forderungen gebe. Dieser Anschauung wird auch Ausdruck gegeben in einer Entscheidung des Reichsgerichts in Bd. XVIII S. 246 ff. Wir wollen die bezügliche Stelle als Beispiel für diese Anschauung hier anführen. Es heißt a. a. O.:

> „Die während der Dauer einer einzelnen Rechnungsperiode von der einen oder der anderen Seite auf Grund des Kontokorrentvertrages gemachten Leistungen können eine selbständige juristische Bedeutung nicht haben; sie sind weder Zahlungen auf die von der Gegenseite gemachten Leistungen, noch auch geeignet, ein selbständig geltend zu machendes Forderungsrecht zu begründen, wie dies der Fall wäre, wenn man sie ohne Rücksicht auf den Kontokorrentvertrag zu beurteilen hätte. Innerhalb des Kontokorrentvertrages haben die einzelnen Leistungen lediglich die Bedeutung arithmetischer Faktoren für das in dem Saldo sich darstellende Schlußergebnis. Nur dieses — der Saldo — bildet das Objekt der aus dem Kontokorrentvertrage entspringenden Forderung."

Nach dieser Anschauung giebt es also im Kontokorrent nur eine einzige Forderung, die Saldoforderung. Die Vertreter dieser Anschauung stellen sich den Kontokorrentverkehr gewissermaßen als einen chemischen Prozeß vor. Die einzelnen Rechnungsposten, welche keine Forderungen oder Zahlungen im gewöhnlichen Sinne bilden, werden zusammen in einen großen Kessel geworfen und aus diesen ungleichartigen Elementen entsteht wie durch eine chemische Verbindung verschiedener Stoffe ein organisches Ganzes, die Kontokorrentforderung κατ' ἐξοχήν, der Saldo. Aehnliche Bilder werden in der That von den Anhängern dieser Richtung gebraucht. Manche Autoren gebrauchen sogar solche Bilder, obwohl sie daran festhalten, daß es auch während der Rechnungsperiode wirkliche Forderungen giebt, es soll dann nur der „Kontokorrentnexus" damit recht anschaulich gemacht werden.[6])

Die in Rede stehende Vorstellung ist zweifellos recht phantasievoll; sie ist sogar zu phantasievoll. Was diese Anschauung eigentlich darunter verstanden wissen will, wenn sie sagt, die Kontokorrentposten seien nur Rechnungsfaktoren, nicht Forderungen, wäre vielleicht schwer klar zu machen, wenn wir nicht in unserem Thema selbst schon einen Fall behandelt hätten, an welchem der Unterschied gezeigt werden kann. Die progressive Kolonnenrechnung sieht, wie wir oben dargelegt haben, so aus, als sei sie das Bild eines Vertrages und zwar hat es auf den ersten Blick den Anschein, als hätten die Parteien vereinbart, einander Zinsen zu zahlen aus jedem Posten vom Moment seiner Entstehung an bis zum Schluß der Rechnungsperiode. In Wirklichkeit ist dies aber gar nicht so. Was Zinsforderung scheint, ist in Wirklichkeit nur Rechnungsfaktor.

[6]) Vgl. z. B. Levy-Rießer S. 104.

Wenn die Zinszahlen saldiert werden, so ist das eine rein rechnerische Operation — Addition und Subtraktion von Zahlen —, es hat nicht eine Kompensation der den Zinszahlen entsprechenden Zinsen vorher stattgefunden; die Parteien wollten solche Zinsbeträge einander überhaupt gar nicht schuldig werden. Anders ist es bei der Staffelrechnung; hier giebt es keine Rechnungsfaktoren im obigen Sinne. Die Zinszahlen entsprechen den wirklich geschuldeten Zinsen. Wie nun aus der Verrechnung der keinen Forderungen entsprechenden Zinszahlen bei der progressiven Kolonnenrechnung sich schließlich doch der von einem der Vertragsteile bei Schluß der Rechnungsperiode wirklich geschuldete Zins ergiebt, so denkt sich die obige Meinung die Entstehung der Saldoforderung aus den einzelnen Posten als Rechnungsfaktoren. Aber ohne jegliche Berechtigung. Die in die Rechnung eingesetzten Beträge entsprechen genau den Forderungen, welche durch den Abschluß der betreffenden Geschäfte zwischen den Parteien zweifellos entstanden sein würden, wenn sie nicht in Kontokorrentverkehr gestanden wären. Es ist nicht ersichtlich, warum es anders sein soll, wenn die Parteien in Kontokorrentverkehr stehen. Wenn bei der Staffelrechnung fortlaufend Subtraktionen zwischen Debet und Kredit stattfinden, so ist das nicht bloße Rechnung[7]), sondern es ist das rechnerische Bild der rechtlichen Vorgänge; jede Subtraktion repräsentiert die erfolgte Tilgung einer vorhanden gewesenen Forderung durch eine Zahlung oder durch Aufrechnung mit einer vorhanden gewesenen Gegenforderung. Es ist überhaupt nicht verständlich, wie aus einem Rechtsgeschäfte anstatt einer Forderung sich ein Rechnungsfaktor ergeben soll. Staub trifft ganz das Richtige, wenn er (6. u. 7. Aufl., S. 1111, Anm. 5) sagt: „Bloße Rechnungsposten, Zahlen ohne Begriff giebt es wohl in der Mathematik, aber nicht im Leben, im Geschäftsverkehr, in der Jurisprudenz."

Wenn wir also nicht schon nachgewiesen hätten, daß die Darlehenstheorie aus anderen Gründen verfehlt ist, mit dem Einwand, daß es wirkliche Forderungen während der Rechnungsperiode nicht gebe, hätten wir sie nicht bekämpfen können.

Wir kommen nunmehr zu den weiteren Arten der Kredittheorie und zwar zu denjenigen, welche, wenn die oben bekämpfte Anschauung richtig wäre, ausschließlich als Kredittheorieen zu bezeichnen wären. Wie bereits erwähnt, sind auch die Anhänger dieser Richtung über die Bedeutung, welche dem Kredit beim Kontokorrentverkehr beizumessen sei, nicht gleicher Ansicht. Zunächst lassen sich 2 große Hauptgruppen unterscheiden. Ein Teil der Schriftsteller erblickt nämlich im Kontokorrentvertrag einen Krediteröffnungsvertrag, ein anderer Teil sieht darin ein bedingtes Kreditversprechen.

3. Der Kontokorrentvertrag ein Krediteröffnungsvertrag.

§ 21.

a) Wesen des Krediteröffnungsvertrages.

Es wird zweckdienlich sein, mit kurzen Worten darzustellen, was man unter Krediteröffnungsvertrag versteht. Durch den Krediteröffnungsvertrag verpflichtet sich eine Person (gewöhnlich Bankier), einer anderen unter gewissen Bedingungen Kredit zu gewähren, d. h. derselben Geld oder Geldeswert in beliebiger Form zur Verfügung zu stellen. In der Regel verbindet sich mit dem Krediteröffnungsvertrag ein Auftragsvertrag, inhaltlich dessen der Bankier verpflichtet ist, die Operationen, welche der Kreditnehmer mit dem kreditierten Gelde vorzunehmen beabsichtigt, auf entsprechende Anweisung hin selbst vorzunehmen. Demgemäß hat er dem Kreditnehmer nicht bloß Darlehen zu

---

[7]) Wie bei der nach der Kolonnenmethode am Schlusse der Rechnungsperiode stattfindenden Subtraktion der einen Seite von der anderen.

gewähren, sondern auch für denselben Zahlungen und Anweisungen an andere aus seinem Vermögen zu besorgen, dessen Wechsel zu akzeptieren und einzulösen, für ihn wechselmäßige oder sonstige Bürgschaft zu leisten u. s. w. Als Gegenleistung für den gewährten Kredit hat der Kreditnehmer in der Regel einen gewissen Prozentsatz des kreditierten Betrages (Zinsen) und für die Ausführung der sich aus dem Mandatsverhältnis ergebenden Aufträge einen Prozentsatz der jeweiligen Geldsumme, mit der die Operation auszuführen ist, (Provision) zu zahlen.

Es ist üblich eine Maximalsumme zu vereinbaren, bis zu welcher, und eine Zeit, während welcher der Kreditgeber dem Kreditnehmer den Kredit zur Verfügung zu stellen hat. Der Kreditsuchende giebt gewöhnlich dem Kreditgeber eine Sicherung, z. B. in Form einer Kredithypothek, durch Hinterlegung von Wertpapieren oder in anderer Weise. Ist keine Sicherheit bestellt, in welchem Falle man von Blankokredit spricht, so hat der Kreditgeber, wenn in den Vermögensverhältnissen des anderen Teiles eine wesentliche Verschlechterung eintritt, durch die der Anspruch auf Rückerstattung gefährdet wird, das Recht, das Kreditversprechen zu widerrufen.

Der Kreditnehmer ist verpflichtet, von dem eröffneten Kredit Gebrauch zu machen oder im anderen Falle den Kreditgeber wegen der Bereitstellung des Kapitals schadlos zu halten. Gewöhnlich wird vereinbart, daß der Kreditsucher innerhalb bestimmter Zeitabschnitte bestimmte Summen entnehmen müsse, andernfalls er zur Zahlung einer in Prozenten des nicht entnommenen Restbetrages ausgedrückten Entschädigung verpflichtet ist. Unbeschadet dieser Vereinbarung hat der Kreditnehmer in der Regel das Recht, die entnommenen Gelder jederzeit zurückzuzahlen und liegt auch nur in diesem Falle eine Krediteröffnung im eigentlichen Sinne vor. Doch spricht man von einer solchen gewöhnlich auch noch dann, wenn für die Rückzahlung der einzelnen Beträge bestimmte Termine vereinbart sind, wenn also wohl die Entnahme der Gelder jederzeit freisteht, nicht aber auch die Rückzahlung.

Die Anhänger der Krediteröffnungstheorie gehen wieder nach zwei Richtungen auseinander. Ein Teil erblickt im Kontokorrentvertrag einen einseitigen Krediteröffnungsvertrag, ein anderer Teil erklärt ihn für einen gegenseitigen Krediteröffnungsvertrag. Beide Anschauungen sind falsch.

§ 22.

b) Der Kontokorrentvertrag ein einseitiger Krediteröffnungsvertrag.

Die Ansicht, daß der Kontokorrentvertrag eine Art Krediteröffnungsvertrag sei, hat lange Zeit die deutsche Literatur beherrscht. Man begegnet ihr zum ersten Mal bei Mittermaier, Grundsätze des gemeinen deutschen Privatrechts, Regensburg 1847 § 566. Gegen dieselbe wendet sich aber schon Creizenach in seiner Abhandlung „Der kaufmännische Kontokorrent, der Kreditvertrag und das kaufmännische Depositum irregulare" im Archiv für praktische Rechtswissenschaft Bd. IV (1857) S. 37. Er sagt a. a. O.:

„Grundlage des ganzen Verhältnisses ist nun allerdings der Kredit, den die Kontrahenten einander, insbesondere der Bankier dem Korrespondenten, erteilen. Man würde aber sehr irren, wenn man annehmen wollte, die wesentliche Leistung des Bankiers sei gerade und einzig diese Krediterteilung, oder es bezwecke der Vertrag notwendig auf den vom Bankier erteilten Kredit hin sich Kapital zu verschaffen, mit anderen Worten, Geld oder Zahlmittel zu borgen. Wenn auch der Kontokorrentvertrag dafür für den Kaufmann die bequemste, gewöhnlichste, unverfänglichste, wenn auch nicht immer wohlfeilste Form ist, so kommt es doch auch oft genug vor, daß der Korrespondent sogar reicher an Kapital ist und verhältnismäßig mehr Kredit genießt, als der Bankier, also dessen Gelddarlehen nicht bedarf, daß er aber doch den letzteren zu den Operationen des Geldverkehrs um so weniger entbehren kann, je größer sein eigener Geldumsatz ist. Wir heben dies hervor, weil das Durcheinanderwerfen des Kontokorrentvertrags im Allgemeinen und des Krediteröffnungsvertrags schon manche falsche Ansichten erzeugt hat. Beide verhalten sich zu einander wie genus zur species."

ferner S. 43:

„Der Kredit ist nun allerdings die subjektive Voraussetzung des Kontokorrentvertrags; er ist aber nicht, wie bei dem mutuum und anderen Borggeschäften sein Gegenstand. Objekt des Kontokorrentvertrages ist das Geldgeschäft, die Verrichtung des Schatz- und Zahlmeisteramts des Bankiers. Die Erteilung des Kredits geht lediglich dem Vertrage vorher. Er ist immer gegenseitig, weil jede Entlastung auf der einen Seite eine Belastung auf der anderen mit sich führt, also auch der Korrespondent, so oft er dem Bankier eine Zahlung leistet, dessen Kreditor wird."

Als klar können diese Ausführungen Creizenachs wohl nicht bezeichnet werden. Laband rechnet denn auch Creizenach zu den Anhängern der Krediteröffnungstheorie. Er sagt (Grünhuts Zeitschrift Bd. XIX S. 657):

„Andererseits kommt Creizenach der Wahrheit sehr nahe, daß der Kontokorrentvertrag eine Krediteröffnung zum Gegenstand habe; nur übersieht er, daß dabei immer gegenseitig Kredit erteilt wird, er sieht stets in dem Bankier den Geber, im Korrespondenten den Nehmer des Kredits."

Damit scheint uns aber Laband Creizenach doch Unrecht zu thun. Wenn man auch aus seinen Ausführungen nicht recht klar wird, wie er sich eigentlich zu der Frage, welche Rolle der Kredit im Kontokorrentverkehr spielt, stellen will, das eine scheint uns doch gewiß, daß er die Auffassung, der Kontokorrentvertrag sei identisch mit dem Krediteröffnungsvertrag, verwirft. Er sagt ja mit glatten Worten, daß der Vertrag nicht notwendig bezwecke, sich Geld oder Zahlmittel zu borgen und daß das Durcheinanderwerfen des Kontokorrentvertrages im Allgemeinen und des Krediteröffnungsvertrages nicht angehe. Allerdings spricht dagegen wieder, daß Creizenach sagt, Kontokorrentvertrag und Krediteröffnungsvertrag verhielten sich zu einander wie genus zur species. Wir glauben aber darauf kein besonderes Gewicht legen zu dürfen, zumal Creizenach in seiner später, im Jahre 1873 erschienenen Abhandlung „Der kaufmännische Kontokorrent in seiner rechtlichen Bedeutung", welche auch Labands Kritik zu Grunde liegt, statt dessen sagt, Kontokorrentvertrag und Krediteröffnungsvertrag verhielten sich zu einander wie das Ganze zu seinem Teile.

Auch Levy hat infolge der unklaren Ausdrucksweise Creizenachs dessen Ausführungen über die Bedeutung des Kredits im Kontokorrent mißverstanden. Levy folgert (vgl. Levy-Rießer S. 95) aus den zitierten Bemerkungen Creizenachs, dieser sei der naiven Ansicht, daß ein Reicher nicht in die Lage kommen könne, Kredit zu beanspruchen. Auch das wollte Creizenach zweifellos nicht sagen.

Uns scheint es außer Frage, daß er es für selbstverständlich hielt, daß auch ein Reicher Kredit beanspruchen könne. Creizenach wollte offenbar nur sagen, daß auch in solchen Fällen, wo dem Korrespondenten flüssiges Kapital in genügender Menge zur Verfügung steht, ein Kontokorrentverkehr vorliegen könne. Er hat die sehr häufigen Fälle im Auge, wo der Korrespondent dem Bankier fortwährend neue Rimessen macht, sodaß er, trotzdem er häufig durch den Bankier auch wieder Auszahlungen besorgen läßt, niemals den Kredit desselben in Anspruch nimmt, niemals dessen Schuldner wird. Levy hätte beachten sollen, daß Creizenach nicht schlechtweg von einem Korrespondenten, der reicher ist, spricht, sondern von einem Korrespondenten, der reicher an Kapital[1]) ist. Daß

[1]) Creizenach meint jedenfalls: an flüssigem Kapital.

Creizenach nichts anderes sagen wollte, ergiebt sich mit Bestimmtheit aus der bereits erwähnten späteren Schrift desselben, wo er S. 15 viel deutlicher sagt:

„Aber es ist doch wieder eine ganz gewöhnliche Erscheinung, daß der Korrespondent bei selbst sehr lebhaftem Umsatze im Kontokorrente den Kredit des Bankiers weder bedarf, noch in Anspruch nimmt, daß er reicher als dieser an Kapitalbesitz ist, aber dennoch seine Dienstleistung nicht und um so weniger entbehren kann, je umfangreicher sein eigener Geldumsatz ist“

und S. 18:

„Die Zahlungen des Bankiers sind entweder zurückgezogene Depositen oder Verfügungen über den eröffneten Kredit.“

Creizenach hat also ganz richtig erkannt, daß dem Kontokorrentverkehr bald ein Depositengeschäft, bald ein Kreditgeschäft zu grunde liegt und wenn er aus dieser Thatsache schließt, daß der Kontokorrentvertrag nicht identisch sei mit dem Krediteröffnungsvertrag, so ist diese Schlußfolgerung ganz korrekt.

Worin findet nun eigentlich Creizenach das Kriterium des Kontokorrentvertrages? Er sagt, Objekt des Kontokorrentvertrages sei „das Geldgeschäft, die Verrichtung des Schatz- und Zahlmeisteramtes des Bankiers“. Danach wäre der Kontokorrentvertrag im Grunde nichts anderes als ein Handelsmandat, ein Vertrag, durch welchen sich der Bankier verpflichtet, bestimmte Aufträge des Korrespondenten auszuführen.[2]) Wir stimmen in dieser Auslegung der Definition Creizenachs vollständig mit Levy überein. (Vgl. Levy-Rießer S. 91.)

Creizenach schien also mit Rücksicht auf die Thatsache, daß dem Kontokorrentverhältnis bald Kredit-, bald Depositenverkehr zu grunde liegt, die Annahme, daß der Kontokorrentvertrag ein Krediteröffnungsvertrag sei, verfehlt. Er findet die höhere, das Wesen des Kontokorrentvertrages ausmachende Einheit in der beim Depositenverkehr und beim Kreditverkehr gleichmäßig vorkommenden Besorgung der Geldgeschäfte des Korrespondenten durch den Bankier. Im Gegensatz hierzu glauben nun wieder andere Schriftsteller das Wesen des Kontokorrentvertrages in einer einfachen Kombination von Krediteröffnungs- und Hinterlegungsvertrag gefunden zu haben.

So sagt z. B. Brinkmann (Handelsrecht 1853—1860 § 129 S. 503):

„Der Kontokorrentvertrag, d. h. die Uebereinkunft der Beteiligten, daß zwischen ihnen ein Kontokorrentverhältnis bestehen soll, enthält ...... eine Krediteröffnung und zugleich die Verabredung über ein Depositengeschäft mit dem Vorbehalte, daß das Gesamtergebnis dieses zweiseitigen Geschäftsverkehrs als selbständige Forderung des einen Teils betrachtet wird.“

Endemann sagt in Grünhuts Zeitschrift Bd. IV S. 205:

„Aus der Krediteröffnung und dem Depositengeschäft setzt sich das Kontokorrentverhältnis zusammen.“[3])

Diese drei verschiedenen Meinungen, der Kontokorrentvertrag sei ein Handelsmandat, er sei ein einseitiger Krediteröffnungsvertrag, er sei eine Kombination von Krediteröffnungs- und Depositenvertrag, haben alle den gleichen Ursprung. Diese falschen Auffassungen sind darauf zurückzuführen, daß sich der Kontokorrentvertrag in der Praxis

---

[2]) Das ist im Wesentlichen auch die Auffassung von Voigtel und von Wolff.

[3]) In seinem Handelsrecht S. 698 sagt Endemann, daß von einem Kontokorrentverhältnis nur da die Rede sein könne, wo der Rechnungssteller in gewissem Umfange Kredit leistet als auch dadurch, daß er Werte des anderen in Händen hat, Kredit genießt. Hier nähert sich Endemann schon mehr der Theorie der gegenseitigen Kreditgewährung. Vgl. unten § 23.

mit diesen drei Arten der Geschäftsbeziehungen so außerordentlich häufig verbindet. Wir haben oben schon darauf hingewiesen, daß sich mit dem Krediteröffnungsvertrag in der Regel ein Auftragsvertrag verbindet, inhaltlich dessen der Bankier verpflichtet ist, die Operationen, welche der Kreditnehmer mit dem kreditierten Gelde vorzunehmen beabsichtigt, auf entsprechende Anweisung hin selbst vorzunehmen. Ebenso darf man als Regel annehmen, daß, wo ein Bankier Kredit eröffnet hat, er gegebenen Falles auch deposita irregularia von dem Korrespondenten annimmt. Es liegt das in der Natur der Sache. Nehmen wir z. B. an, es sei einem Korrespondenten ein Kredit auf 50 000 M. eröffnet und er habe denselben momentan bis zu einem Betrage von 10 000 M. in Anspruch genommen. Nun wird dem Korrespondenten von irgend einer Seite ein Wechsel über 20 000 M. remittiert. Wenn der Korrespondent für diesen Wechsel gerade keine andere Verwendung hat, wird er ihn seinem Bankier schicken, welcher ihm den ganzen Betrag „gutschreibt". Es werden ihm nicht etwa 10 000 M. herausgezahlt, wenn das nicht ausdrücklich verlangt wird. Dieser Betrag erscheint nunmehr als depositum des Korrespondenten, über welches er bei nächster Gelegenheit, ohne den eröffneten Kredit in Anspruch nehmen zu müssen, wieder verfügen kann. Das regelmäßige Zusammentreffen dieser drei Arten von rechtlichen Beziehungen zwischen den Kontokorrentisten, wenigstens beim Bankkontokorrent, war der Anlaß zu den obigen falschen Auffassungen. Man hat eine Seite der Geschäftsbeziehung, einmal das Mandat, ein anderes Mal die Krediteröffnung allein und dann wieder Krediteröffnung und Depositengeschäft zusammen hervorgezogen und dieselbe zum Kontokorrentverhältnis gestempelt. Dabei hat man aber gerade die höhere Einheit, welche diese drei Arten der Geschäftsbeziehungen umfaßt und aus der Geschäftsverbindung eine Kontokorrentverbindung macht, übersehen. Weder das Mandat, noch ie Krediteröffnung, noch die Kombination von Krediteröffnung und Depositenvertrag bildet den Kontokorrentvertrag, sondern eine einfache Vereinbarung, die der Absicht der Kontrahenten dient, die sich aus ihrer Geschäftsverbindung ergebenden Forderungen, gleichgiltig, ob sie ihre Wurzel in dem Mandat, oder in der Krediteröffnung oder in in dem Depositenvertrag haben, in gewisser systematischer Weise zu tilgen.

Daß der Krediteröffnungsvertrag oder die Kombination von Krediteröffnungsvertrag und Hinterlegungsvertrag nicht identisch ist mit dem Kontokorrentvertrag, ist gegenwärtig so ziemlich allgemein anerkannt. Daß dies nicht der Fall sein kann, geht ja ohne weiteres auch schon daraus hervor, daß es nicht bloß einen Kontokorrent im Bankverkehr, sondern auch einen Kontokorrent im Warenverkehr giebt. Nicht unbestritten ist aber die andere Frage, ob ein Zusammentreffen von Krediteröffnungs- und Hinterlegungsvertrag mit dem Kontokorrentvertrag begrifflich möglich sei. Interessant sind die Ausführungen, welche Greber über diese Frage macht. Er sagt S. 50 ff.:

„Eine sehr beliebte Art des Verkehrs im offenen Kredit ist das „Krediteröffnungsgeschäft im Kontokorrente". Die Krediteröffnung in ihrer einfachsten Gestalt hat gewisse Nachteile, die für den Handelsverkehr recht hemmend wirken können. Wie wir schon sahen, ist der Kreditnehmer nicht befugt, während der Kreditperiode Rückzahlungen zu machen, und andererseits ist er verpflichtet, mit Abschluß dieses Zeitabschnittes auf einmal die ganze entnommene Summe zurückzuerstatten. Um diesen Unannehmlichkeiten und Hindernissen aus dem Wege zu gehen, modifizieren die Parteien ihre Kreditabrede dahin, daß der Kreditnehmer auch während der Geltung ihres Rechtsverhältnisses das Recht haben soll, nach Bedürfnis die bezogenen Summen ganz oder zum Teil zurückzuzahlen. Damit erreicht der Kreditnehmer einen doppelten Vorteil: einerseits kann er die in seiner Hand befindlichen überflüssigen Gelder an den Krediteröffner wieder abgeben, und andererseits erweitert er zugleich sein Recht auf Kreditgewährung um den zurückerstatteten Betrag, da das Kreditmaximum immer dasselbe bleibt. Der Nachteil des Kreditgebers

(Zinsenverlust, Vermehrung von Mühe und Arbeit u. s. w.) wird durch andere Abmachungen, wie durch Bestimmung eines Umsatz- (und daher Provisions-) Minimums und dgl. wieder wett gemacht. Der Kreditgeber betrachtet aber in den meisten Fällen, und dies fast ausnahmslos dann, wenn er ein Bankier ist, zur Wahrung seines Vorteils die gemachten Rückzahlungen des Kreditnehmers als Kreditleistungen desselben; denn während die letzteren nach allgemeiner Usanz mit niedrigem Depositalzinsfuß vergütet werden, pflegt er für seine eigenen Auszahlungen (welche dann durch eine Rückzahlung nicht vermindert werden) einen bedeutend höheren in Ansatz zu bringen. So kommt es, daß bei dieser Art des Geschäftsverkehrs eine Kontokorrentrechnung mit Kredit und Debet und zwar in der für den Bankier äußerst günstigen Kolonnenrechnung geführt wird, woher sich der Name „Krediteröffnung im Kontokorrente" ableitet. Es fragt sich, ob in diesem Falle ein wirkliches Kontokorrentverhältnis, wie es der Gegenstand unserer Abhandlung ist, vorliegt.

Durch diese Art des Kreditverkehrs wird — das ist außer Zweifel zu stellen — nur einem einseitigen Kreditbedürfnis genügt. Das Geschäft ist im alleinigen Kreditinteresse des Nehmers abgeschlossen. Der Bankier stellt dem Korrespondenten seine Geldkraft zur Verfügung und ist nach Maßgabe des Vertrages gehalten, Geld bereit zu halten und auszuzahlen. Zu Rückzahlungen ist der Korrespondent zwar rechtlich nicht verbunden, da dieselben aber dem Bankier angenehm sind, so übt dieser durch die Bestimmung eines Umsatzminimums, dessen Provision auch zu zahlen ist, wenn sich der Umsatz in vorgeschriebener Höhe nicht verwirklicht, einen Druck auf den Korrespondenten zum Zwecke der Rückerstattung von Geldern aus. Ist ein Umsatzminimum nicht vereinbart, so hat der Bankier für den Fall, daß der Korrespondent binnen bestimmter Zeit eine Rückzahlung nicht macht, in der Regel die Berechtigung, die Kreditverbindung aufzukündigen. Wendet er aber einerseits derartige Mittel an, um den Kreditnehmer zu Rückerstattungen der bezogenen Summen anzuhalten, so entspricht dem andrerseits die Pflicht, Gelder, welche zwecks Rückzahlung angeboten werden, anzunehmen.

Hieraus resultiert: Die „Krediteröffnung im Kontokorrente", die lediglich dem Kreditverlangen des Korrespondenten Genüge leisten soll, begründet gemäß der juristischen Natur des offenen Kredits für den Bankier die Pflicht, Wertaufbewahrungen und Geldauszahlungen zu machen, für den Korrespondenten die Verbindlichkeit, den Kredit in Anspruch zu nehmen; ferner erzeugt sie kraft der bei derselben üblichen Abmachungen oder feststehenden Usanzen für den letzteren die Notwendigkeit, Rückzahlungen vorzunehmen, und für den Bankier das Obligo, solche sich gefallen zu lassen. Alles widerspricht dem wirtschaftlichen und rechtlichen Wesen des Kontokorrentverhältnisses. Die „Krediteröffnung im Kontokorrente" ist sonach kein Rechnungsverhältnis im technischen Sinne des Wortes.

Daß der kontokorrentmäßige offene Kredit eine Verbindung des Kontokorrentvertrags mit der Krediteröffnung bildet, ist unmöglich. Kontokorrent und Krediteröffnung sind und bleiben unvereinbar. Zu einem Vertrage lassen sie sich nicht zusammenschweißen. Der Kontokorrent hat nur die Fähigkeit, gewisse aus dem offenen Kredite folgende Verbindlichkeiten (nämlich nur die zur sogenannten Revalierung) in sich zu recipieren. Die Parteien haben in unserem Falle nur einen Vertrag, eine Krediteröffnung, abgeschlossen, und dieser bestimmte, ihren Bedürfnissen entsprechende Modifikationen hinzugefügt.

Es wird nur — und das kann Anlaß zu Irrtum geben — die Form des Kontokorrents angewandt, und zwar lediglich im Interesse des Bankiers. Dies wird auch durch die Praxis bestätigt. Denn sobald der Kreditnehmer durch die dem Bankier übermachten Summen den Betrag überschreitet, den er von demselben bezogen hat, so wird dies nicht als eine innerhalb desselben Rechtsverhältnisses gewährte Kreditleistung — wie Supino bei jeder Zahlung des Korrespondenten unterstellt — angesehen, sondern es wird demselben ein Konto von „Depositum im Kontokorrente" angelegt. Diese Summe wird nicht betrachtet, als ob sie zur späteren Tilgung dessen dienen sollte, was der

Bankier noch nicht gegeben hat, sondern als eine deponierte (depositum irregulare), über welche künftighin verfügt wird.

Es ist jedoch nicht ausgeschlossen, daß eine „Krediteröffnung im Kontokorrente" in einen wahren Kontokorrent übergeht. Dies wir meist aus den begleitenden Umständen zu entnehmen sein. Dann hat aber der Kontokorrent mit dem offenen Kredite nichts mehr zu schaffen.

Den ökonomischen Gegensatz zum kontokorrentmäßigen offenen Kredit bildet das „Depositum im Kontokorrente". Das Depositengeschäft bildet allerdings ein Kreditgeschäft, soll aber nicht einem Kreditbedürfnis des Depositars, welcher in der Regel ein Bankier ist, abhelfen. Wenn der Bankier Kredit sucht, so wird er niemals zu dem — übrigens verzweifelten — Mittel greifen, einen Geschäftsfreund zur Einlage von Depositen aufzufordern. In der Regel soll durch dieses Geschäft in erster Linie dem Bedürfnis des Korrespondenten abgeholfen werden, seine überflüssigen Gelder sicher zu placieren. Er will sich der Mühe und Gefahr der Aufbewahrung überhoben wissen. Da er nun regelmäßig die Annehmlichkeit genießt, über dieses Depositum jeder Zeit und in beliebiger Höhe verfügen zu dürfen, so ist auch hier wiederum Gelegenheit gegeben, eine kontokorrentmäßige Buchung anzuwenden. Die Kontokorrentrechnung ist dem Bankier in demselben Sinne günstig, wie in dem oben angeführten Falle. Indem derselbe die Verfügungen über das Depositum als Zahlungen aus eigener Tasche auffaßt, bringt er für dieselben (außer der Provision) einen im Vergleich zum Depositum höheren Zinsfuß in Ansatz. Die Zinsberechnung hat aber für ihn nur Sinn, wenn er die Kolonnenrechnung anwendet.

Die Frage, ob etwa hiermit ein echter Kontokorrentverkehr bethätigt werde, muß auch hier verneint werden. Lepoitvin und Feitu nehmen zwar an, daß sich in diesem Falle das irreguläre Depositum in einen Kontokorrent umwandle, wiewohl der Abschluß eines solchen im Voraus nicht beabsichtigt sei, und zwar deshalb, weil die Vereinbarung des Rechnungsverhältnisses aus den Umständen hervorgehe. Diesen Grundsatz so absolut aufzustellen, halten wir für unrichtig.

Wir sind zwar der Ansicht, daß ein Depositengeschäft sich viel leichter in einen Kontokorrent umwandeln wird, wie eine Krediteröffnung. Denn derjenige, welcher von den Parteien allein (wie beim offenen Kredit der Korrespondent) das Kreditbedürfnis hat, macht Zahlungen an den Gegenteil (den Krediteröffner) schwerlich deswegen, um ihm seinerseits Kredit zu gewähren, sondern weil er den Kredit, insofern er ihn nicht nötig hat, auch nicht in Anspruch nehmen will; beim Depositengeschäft dagegen können die Parteien weit eher auf den Gedanken kommen, das Depositum, das ja immer eine freiwillige Geldübersendung darstellt, als erste Rimesse zu betrachten, und darauf zur Vereinfachung ihrer vielleicht reger gewordenen Geschäftsverbindung einen Kontokorrentverkehr zu realisieren.

Gleichwohl darf man nicht aus der nackten Thatsache, daß ein Schema mit Debet und Kredit geführt wird, blindlings folgern wollen, es liege ein echter Kontokorrentvertrag vor. Wenn man Geld bei einem Bankier niederlegt, weil man es im eigenen Hause nicht sicher glaubt und nun über dasselbe durch eigene Erhebung, Anweisungen, Checks u. s. w. verfügt, weil man es braucht, so ist man noch weit davon entfernt, in einem Verhältnis stehen zu wollen, welches das Ziel haben soll, der Barzahlung aus dem Wege zu gehen.

Das Depositum im Kontokorrent ist daher nichts anderes, als ein nach bestimmten zweckentsprechenden Grundsätzen modifiziertes Depositengeschäft. Mutatis mutandis wird hier dasselbe gelten, wie bei der Krediteröffnung im Kontokorrente."

Greber hält also den Kontokorrentverkehr im offenen Kredit und im offenen Depot nicht für echten Kontokorrentverkehr. Er meint das Zusammentreffen des Krediteröffnungs- und des Hinterlegungsvertrages mit dem Kontokorrentvertrage sei deswegen nicht möglich, weil zum Begriffe des Kontokorrents gehöre, daß gegenseitig[4]) Kredit erteilt werde. Diese Schlußfolgerung ist an sich vollständig konsequent. Greber setzt sich aber damit in schroffen Widerspruch zur kaufmännischen Auffassung, welche den Bankverkehr als die eigentliche Domäne des Kontokorrents ansieht und hätte deswegen genauer untersuchen sollen, ob auch die Voraussetzung, von welcher er ausgeht, nämlich, daß zum Kontokorrent gegenseitige Kreditgewährung gehöre, richtig ist.

Cosack, der auch Anhänger der Theorie der gegenseitigen Kreditgewährung ist, hält im Gegensatz zu Greber das Zusammentreffen von Krediteröffnungs- und Hinterlegungsvertrag mit dem Kontokorrentvertrag für möglich. Er sagt in seinem Lehrbuch des Handelsrechts, 3. Auflage, Seite 357, Ziffer 10:

> „a) Das Geldguthaben muß ein beiderseitiges sein. Wenn jemand jahrelang seine Bücher bei demselben Buchhändler kauft und seine Rechnung jedesmal erst zum Jahresschluß bezahlt oder wenn er Einzahlungen bei einem Bankier macht und die Gelder nach und nach sich wieder zurückgeben läßt, so ist dies kein Kontokorrent; denn dort erlangt nur der Buchhändler, hier nur der Kunde des Bankiers ein Geldguthaben.
>
> b) Dagegen entsteht in dem letztgenannten Falle ein Kontokorrent, sobald die Parteien verabreden, daß die Zahlungen, die der Bankier macht, nicht als Rückgabe der Einlagen des Kunden, sondern als selbständige Vorschüsse behandelt werden sollen. Ebenso umgekehrt, wenn der Bankier dem Kunden Vorschüsse gewährt, und dieser ab und zu Einzahlungen an den Bankier unter der Abrede macht, daß sie nicht als Abschlagszahlungen auf die Vorschüsse verrechnet, sondern bis zum Schluß der Periode dem Kunden „gutgeschrieben“ werden sollen. Denn alsdann ist eben ein Geldguthaben — die Vorschüsse bzw. die Einlagen — beiderseits vorhanden; das Guthaben auf der einen Seite mag freilich die ganze Zeit hindurch größer sein als das auf der anderen und dies sogar im voraus verabredet sein, sodaß das reine oder überschießende Guthaben nur ein einseitiges ist. Dem Begriff des Kontokorrents thut dies aber keinen Eintrag; ihm genügt jedes Guthaben, nicht bloß ein überschießendes.“

Cosack nimmt also an, daß der Kontokorrentverkehr im offenen Kredit dann ein echter Kontokorrentverkehr sei, wenn die Einzahlungen des Kunden keine Abschlagszahlungen auf die Vorschüsse des Bankiers, sondern selbständige Einlagen seien und daß der Kontokorrentverkehr im offenen Depot dann ein echter Kontokorrentverkehr sei, wenn die Zahlungen des Bankiers nicht rückgegebene Einlagen des Kunden, sondern selbständige Vorschüsse seien. In diesem Falle könne man von einem beiderseitigen Kreditgeben reden. Diese Vereinigung der Theorie der gegenseitigen Kreditgewährung mit dem Kontokorrent im offenen Kredit und im offenen Depot ist eine rein äußerliche, eine rein formelle, die nicht befriedigen kann. Das wird auch von Pfizer zugegeben, welcher Antiseuffert S. 414 sagt:

> „Beim Bankkredit in laufender Rechnung ist die Kreditgewährung materiell ganz auf der einen Seite, die Verzinsung von Seite des Kunden stellt hier den Preis für den gewährten Kredit dar. Formell mag man immerhin von gegenseitigem (nicht Kreditgeben, aber doch) Kreditieren reden, denn die Zahlungen werden ja, dem Wesen des Kontokorrent gemäß, nicht als solche, sondern als credita des Kunden gebucht, ihm „gutgeschrieben“ und auch verzinst, allerdings zu geringeren Prozenten, als sie der Kunde aus seinen Empfängen zu entrichten hat.“

Unserer Auffassung nach ist das Prinzip der gegenseitigen Kreditgewährung unter keinen Umständen in Einklang zu bringen mit dem Kontokorrentverkehr im offenen

---

[4]) Des Zusammenhanges wegen müssen wir hier vorweg einige Fragen besprechen, welche mit der Theorie der gegenseitigen Kreditgewährung in Verbindung stehen Wir werden diese Theorie weiter unten noch eingehender behandeln.

Kredit und natürlich noch viel weniger mit dem Kontokorrentverkehr im offenen Depot. Das ist auch gar nicht zu verwundern; denn dieses Prinzip ist aus der progressiven Kolonnenrechnung abgeleitet und diese ist nicht das Bild der Vorgänge beim Kontokorrentverkehr.

Bei der Unterscheidung zwischen „eigentlichem" Kontokorrentverkehr und dem nicht zum „eigentlichen" Kontokorrentverkehr gehörigen Kontokorrent im offenen Kredit oder offenen Depot ist Greber ein kleines Versehen unterlaufen, auf welches wir doch aufmerksam machen zu müssen glauben. Greber verteidigt mit großer Energie bei seinem „eigentlichen" Kontokorrent im Falle ungleichen Zinsfußes für Debet und Kredit die Zinsenberechnung nach der Staffelmethode, während er in demselben Falle bei dem „uneigentlichen" Kontokorrentverkehr im offenen Kredit und im offenen Depot für die Anwendung der Kolonnenrechnung eintritt. Sich für die Anwendung der Staffelrechnung im Falle ungleichen Zinsfußes bei seinem „eigentlichen" Kontokorrentverkehr besonders zu ereifern, hatte er aber gar keinen Grund. Denn ungleicher Zinsfuß im Debet und Kredit kommt in der Praxis nur beim Kredit- und Depositenverkehr im Kontokorrent vor und Greber rechnet diesen Geschäftsverkehr ja nicht zum „eigentlichen" Kontokorrentverkehr. Es macht deswegen auch einen höchst komischen Eindruck, wenn Greber seine ganz richtige Behauptung, daß im Kontokorrentverkehr bei ungleichem Zinsfuß nach der Staffelmethode zu rechnen sei, mit dem Hinweis auf ein Urteil zu stützen sucht, das einen Fall entscheidet, in welchem Kredit- und Depositenverkehr im Kontokorrent, also nach Grebers Auffassung gar kein „eigentlicher" Kontokorrent vorlag und die Zinsen nicht nach der Staffelmethode, sondern gerade nach der progressiven Kolonnenmethode hätten berechnet werden müssen. Wir haben hier die oben S. 36 abgedruckte Stelle bei Greber im Auge, wo er auf ein Urteil des Appellhofes Bordeaux vom 8. April 1880 hinweist. Nachdem in diesem Urteil von Vorschüssen des Bankiers und Einlagen des Korrespondenten die Rede ist, dürfte wohl kein Zweifel sein, daß in dem zur Entscheidung gelangten Falle Krediteröffnung und Depositum im Kontokorrent vorgelegen hat. Ein ungleicher Zinsfuß für Debet und Kredit würde ja auch mit Grebers Konstruktion, wonach der Kontokorrent ein vollständig reziprokes Rechtsverhältnis schaffen soll, in welchem beide Parteien genau dieselben Rechte haben, an und für sich schon nicht gut vereinbar sein.

Es ist sehr auffallend, daß auch Greber beim Kontokorrent im offenen Kredit und offenen Depot im Falle ungleichen Zinsfußes auf beiden Seiten für die Anwendung der Kolonnenrechnung eintritt, nachdem er für den „eigentlichen" Kontokorrentverkehr zu dem ganz richtigen, wenn auch mit seiner Vertragskonstruktion nicht im Einklang stehenden Resultat kommt, daß nur diejenige Zinsenberechnung vernünftig und gerechtfertigt sei, welche die Staffelrechnung ergiebt. Greber ist hier rücksichtlich seines „unechten" Kontokorrentverkehrs zweifellos derselben Täuschung zum Opfer gefallen, auf welche auch die Annahme einiger anderer Anhänger der herrschenden Vertragskonstruktion zurückzuführen ist, daß beim „echten" Kontokorrentverkehr auch im Falle ungleichen Zinsfußes für Debet und Kredit nach der Kolonnenmethode gerechnet werde.[5]) Nachdem wir den Unterschied zwischen Staffelrechnung und progressiver Kolonnenrechnung kennen, geben wir sehr gerne zu, daß die Anwendung der progressiven Kolonnenmethode bei ungleichem Zinsfuß für den Bankier, wie Greber sagt, „äußerst günstig" wäre. Thatsache ist aber, daß in solchen Fällen in der Praxis nach der Staffelmethode gerechnet wird oder zwar formell

---

[5]) Dazu gehören z. B. Cosack und Pfizer. Die herrschende Meinung steht ja, wie wir oben konstatiert haben, auf dem Standpunkte, daß in solchen Fällen die Staffelrechnung anzuwenden sei.

nach der progressiven Kolonnenmethode, aber — was den Verteidigern der progressiven Kolonnenrechnung entgangen zu sein scheint — mit einer Zinsenkorrektur, durch welche man dasselbe Resultat erhält wie mit der Staffelmethode.[6]) Wenn thatsächlich in einzelnen Fällen die progressive Kolonnenrechnung bei ungleichem Zinsfuß ohne Zinsenkorrektur angewendet worden ist oder wenigstens versucht wurde, dieselbe anzuwenden — und das kann angesichts der gerade hiewegen schon entstandenen Prozesse nicht in Abrede gestellt werden — so sind das Abweichungen von der Regel, welche gewöhnlich auf doloser Absicht des Bankiers und Unkenntnis des Kunden, manchmal auch auf Unkenntnis beider Teile beruhen, und welche unter Umständen die schönsten Fälle für Anwendung des Wuchergesetzes bieten können. Dieser eigentümliche Irrtum, der die Ausnahme für die Regel nimmt, hat seinen Entstehungsgrund zweifellos in Folgendem. Man liest oft in Werken, welche die kaufmännisch-technische Seite des Kontokorrents behandeln und von Nichtjuristen geschrieben sind, daß der Bankier für seine Guthaben einen höheren Zins zu berechnen pflege, als er dem Korrespondenten für dessen Guthaben gewähre. Der Kaufmann, der trotz aller theoretischen Konstruktionen der Juristen die Auffassung hat, daß im Kontokorrentverkehr sich eine fortlaufende Tilgung der Forderungen vollziehe, wonach zu einer bestimmten Zeit immer nur einer der Kontrahenten Gläubiger sein kann, versteht diesen Satz dahin, daß der Bankier, solange er im Vorschuß ist, einen höheren Zinsfuß in Ansatz bringt, als für die Zeit, während welcher der Korrespondent im Vorschuß ist. Der Zins ist höher, solange der Bankier Kredit giebt, und er wird niedriger, sobald der Verkehr im offenen Kredit übergeht in den Verkehr im offenen Depot.[7]) Der Jurist legt aber infolge seiner mißverständlichen Auffassung von der Bedeutung der Kolonnenrechnung den obigen harmlosen Satz ganz anders aus. Er sieht in den Leistungen des Korrespondenten, die in Wirklichkeit entweder Rückzahlungen auf den bereits entnommenen Kredit oder Depositen sind, und in den Leistungen des Bankiers, welche entweder Rückzahlungen von Depositen oder Kreditgewährungen sind, in jedem Falle selbständige Kreditgewährungen und Depositen, auch insoweit es sich um einfache Rückzahlungen handelt. Nach seiner Meinung hat man es also immer gleichzeitig mit zwei Gläubigern zu thun. Während bei der Auffassung des Kaufmanns die Berechnung von verschieden hohem Zins für gleichzeitig neben einander bestehende Forderungen des Bankiers und des Korrespondenten gar nicht denkbar ist, weil nach dieser Auffassung zu einer bestimmten Zeit eben immer nur einer von ihnen Gläubiger sein kann, ist bei konsequenter Durchführung der Auffassung des Juristen vom Kontokorrentverkehr die Berechnung von verschieden hohen Zinsen für Soll und Haben überhaupt nur in der Weise denkbar, daß sämtliche Posten auf der einen Seite zu dem höheren und sämtliche Posten auf der anderen Seite zu dem niedrigeren Zinsfuß verzinst werden.

Wir wollen nun noch die Konstruktion etwas näher ansehen, durch welche man den Kontokorrentverkehr im offenen Depot und im offenen Kredit mit der herrschenden Konstruktion des Kontokorrentvertrages in Einklang zu bringen sucht. Man sagt also,

---

[6]) Vgl. z. B. Widemann, Bankkontokorrent S. 24—30, Brosius, moderne Kontokorrentlehre S. 92.

[7]) Der innere Grund für den ungleichen Zinsfuß beim Bankkontokorrent liegt darin, daß das Kreditbedürfnis nur ein einseitiges ist, spezieller, daß der Bankier als Depositar nicht in der wirtschaftlich gleichen Lage ist wie der Korrespondent als Kreditnehmer. Der Bankier zahlt deswegen für Depositen einen niedrigeren Zins, als er für seine Vorschüsse berechnet, weil er die Einlagen vom Korrespondenten gar nicht verlangt, auch nicht verlangen kann, dieselben vielmehr im freien Belieben des Korrespondenten liegen, während dagegen der Bankier die Vorschüsse vertragsmäßig an den Korrespondenten auf dessen Verlangen auszuzahlen hat.

beim Kontokorrentverkehr im offenen Kredit seien die Leistungen des Korrespondenten keine Rückzahlungen, sondern Depositen und beim Kontokorrentverkehr im offenen Depot seien ebenso die Leistungen des Bankiers keine Rückzahlungen, sondern selbständige Kreditgewährungen.

Vor allem müssen wir hier auf einen auffallenden Widerspruch in Cosacks Ausführungen hinweisen, der besonders in vorwürfiger Frage brennend wird. Die oben (S. 56) abgedruckten Ausführungen Cosacks aus der 3. Auflage seines Lehrbuches S. 357 Ziff. 10 lit. a u. b sind wörtlich wiederholt in der 4. Auflage seines Lehrbuches S. 354 Ziff. 12 lit. a u. b. Während es aber in der 3. Auflage S. 353 unter Ziff. 5 heißt:

„Der Kontokorrent bezweckt, daß die beiderseitigen Forderungen nach Ablauf der Rechnungsperiode gegen einander aufgerechnet werden; dagegen findet während des Laufes der Periode keinerlei Aufrechnung statt. Auch die Zahlungen, die eine Partei der anderen leistet, werden von ihren Schulden nicht abgerechnet, sondern ihr bloß „gutgeschrieben“ d. h. als selbständige Kreditposten zu ihren Gunsten gebucht, gleichsam als ein Vorschuß, den sie der Gegenpartei gewährt,“

ist in der 4. Auflage S. 350 unter Ziff. 6 hiezu noch der folgende Zusatz gemacht:

„Doch sind beide Regeln für den Kontokorrentverkehr nicht wesentlich: es kann also von den Parteien auch das Gegenteil bestimmt werden.“

In der früheren Auflage war kein Widerspruch enthalten; daß sich aber in der neuen Auflage der letzte Satz der Ziff. 6 mit Ziff. 12 lit. b vereinigen läßt, scheint uns unmöglich. Wenn die Parteien auch vereinbaren können, daß die Zahlungen, die eine Partei der anderen leistet, von ihren Schulden abgezogen werden, so muß doch auch dann ein „echter“ Kontokorrentverkehr beim Kontokorrentverkehr im offenen Kredit vorliegen, wenn die Einzahlungen des Kunden an den Bankier unter der Abrede gemacht werden, daß sie Abschlagszahlungen auf die Vorschüsse sein sollen. Wie in Ziff. 12 lit. a u. b ausdrücklich hervorgehoben wird, soll aber in einem solchen Falle kein Kontokorrentverkehr vorliegen. Wahrscheinlich ist dieser Widerspruch nur darauf zurückzuführen, daß Cosack übersehen hat, daß der neue Zusatz in Ziff. 6 auch eine Abänderung der Ziff. 12 lit. b verlangt. Cosack muß nach diesem Zusatz auch einen solchen Kontokorrentverkehr im offenen Kredit und im offenen Depot als „echten“ Kontokorrentverkehr anerkennen, bei welchem die Leistungen des Korrespondenten und des Bankiers Rückzahlungen der Kreditgewährungen bezw. der Depositen sind. Cosack kommt also dann zu zwei Konstruktionen; für die eine paßt die Staffelrechnung, für die andere die Kolonnenrechnung. Was aber von der letzteren Konstruktion zu halten ist, haben wir schon oben gesagt.

Die Unhaltbarkeit des Standpunktes der Anhänger der herrschenden Vertragskonstruktion in der Frage der Beurteilung der Zahlungen beim Bankkontokorrent ergiebt sich, abgesehen davon, daß schon die Rechnungen nicht mit demselben zu vereinbaren sind, auch noch aus Folgendem. Wären die Rückzahlungen des Korrespondenten nicht zur Deckung seiner Abhebungen bestimmt, sollten sie vielmehr Depositen bilden, so ginge ja gerade dadurch der Hauptvorteil des offenen Kredits — wenigstens bei ungleichem Zinsfuß für Soll und Haben, und das ist die Regel — für den Korrespondenten verloren oder richtiger ausgedrückt, es würde gar kein offener Kredit mehr vorliegen. Der wesentliche Vorteil dieser Einrichtung gegenüber dem gewöhnlichen Darlehensgeschäft besteht eben darin, daß der Kreditnehmer nach Belieben Abhebungen und Rückzahlungen[8]) machen kann. Warum sich nun Banken im Gegensatz zu dem gewöhnlichen

[8]) Die ersteren bis zu einem vereinbarten Maximum, welches gewöhnlich sichergestellt wird.

Darlehensgeber sehr gut auf beliebige Rückzahlungen einlassen können, ergiebt sich aus Folgendem. Die Banken haben einen großen Kreis von Korrespondenten. Je größer dieser ist, desto weniger wird eine Bank riskieren, daß ihr ein rückgezahlter Kapitalbetrag ungenutzt liegen bleibt. Je größer der Kreis der Korrespondenten ist, mit desto größerer Wahrscheinlichkeit kann selbstverständlich darauf gerechnet werden, daß zu derselben Zeit, wo einer von ihnen eine Rückzahlung macht, ein anderer wieder Kredit braucht. Für die Revalierungen des einen Korrespondenten haben die Banken also regelmäßig sofort wieder Verwendung: sie geben damit einem anderen Korrespondenten Kredit. Dabei haben wir noch gar nicht berücksichtigt, daß die Banken unter sich selbst wieder in Verbindung stehen, wodurch die Gefahr, es könnten zur Verfügung stehende Gelder längere Zeit ungenützt liegen bleiben, noch viel mehr verringert wird. Der Verkehr der Banken unter sich ermöglicht es, daß das Geld genau da zur Verfügung steht, wo man es braucht.[9]) Die Banken bilden so gewissermaßen die Arbeitsnachweisstellen für das Kapital. Was in Vorstehendem vom Verkehr im offenen Kredit gesagt ist, gilt sinngemäß auch vom Verkehr im offenen Depot. Die Auffassung, welche in den Rückzahlungen beim Kontokorrentverkehr im offenen Kredit Depositen und in den Rückzahlungen beim Kontokorrentverkehr im offenen Depot Vorschüsse erblicken will, beruht also auf einer falschen Vorstellung von dem, was der moderne Geldverkehr zu leisten hat und thatsächlich leistet. Es ist uns übrigens gar nicht zweifelhaft, daß diese Vorstellung überhaupt nicht existieren würde, wenn den Juristen der Zusammenhang zwischen Kolonnenrechnung und Staffelrechnung von Anfang an bekannt gewesen wäre.

Aus vorstehenden Ausführungen darf natürlich nicht etwa der Schluß gezogen werden, als wären wir der Meinung, es könne in der Praxis absolut nicht vorkommen, daß der Bankier mit seinem Kunden vereinba die kreditierten Beträge sollten nur jeweils an bestimmten Terminen zurückgezahlt werden können, etwa jeweils bei Ablauf eines Kalendervierteljahres. Eine solche Vereinbarung ist ja denkbar, wenn es auch sehr unwahrscheinlich ist, daß sie oft geschlossen wird. Bei einer solchen Vereinbarung wären die verschiedenen Abhebungen des Kunden insofern ungleichmäßig behandelt, als die einen schon nach kürzerer, die anderen erst nach längerer Frist zurückgezahlt werden könnten, je nach dem Zeitpunkte, in welchem die Abhebung geschah. Es scheint in der Praxis das Bedürfnis für eine solche Vereinbarung in der Regel nicht vorzuliegen. Das Regelmäßige ist Einräumung des Rechtes der jederzeitigen Rückzahlung. Ist es aber wirklich einmal vereinbart, daß die abgehobenen Beträge nur jeweils an bestimmten Terminen zurückgezahlt werden können, dann wird es wohl keinem Zweifel unterliegen, daß der Korrespondent, sollte er zufällig in die Lage gekommen sein, bei seinem Bankier, dessen Kredit er bereits in Anspruch genommen hat, Geld zu deponieren, erst dieses Depot aufbraucht, bevor er auf den benötigten Betrag den Kredit des Bankiers wieder in Anspruch nimmt, da er ja weniger Depositalzinsen erhalten würde, als er Kreditzinsen zu zahlen hätte. Ein Bankkredit in laufender Rechnung würde hier zweifellos auch nicht vorliegen.

In diesem Zusammenhange haben wir auch noch die Frage zu besprechen, ob die Bestimmung eines Kreditmaximums beim Kontokorrentverkehr möglich ist. Nachdem wir darüber klar sind, daß der Kontokorrent mit dem Kredit nichts zu thun hat, ist für uns die Beantwortung dieser Frage leicht. Wo bei einem Kontokorrentverkehr ein

---

[9]) Daß dabei ein wirklicher Transport von Geld in der Regel gar nicht einmal stattfindet, ist vom volkswirtschaftlichen Standpunkte aus sehr interessant, in vorwürfiger Frage aber nebensächlich.

Kreditmaximum vereinbart ist — bei der offenen Kreditgewährung, welche, wie wir gesehen haben, sich meistens in der Form des Kontokorrentverkehrs abspielt, ist dies sogar regelmäßig der Fall — hat diese Vereinbarung mit der Kontokorrentabrede nichts zu thun; sie ist eine Modifikation der dem Kontokorrentverkehr zu grunde liegenden Geschäftsbeziehungen.

§ 23.

c) Der Kontokorrentvertrag ein gegenseitiger Krediteröffnungsvertrag.

Wir werden, wie schon im vorigen Paragraphen bemerkt, nicht fehlgehen, wenn wir den Entstehungsgrund der Theorie vom gegenseitigen Krediteröffnungsvertrag in dem sattsam besprochenen Mißverständnis über die Bedeutung der Kolonnenrechnung suchen. Man sagte sich: „Die Rechnung zeigt, daß alle Posten auf beiden Seiten gleichmäßig verzinst werden; es werden sogar die Posten, welchen eine Ueberweisung von Bargeld zu grunde liegt, verzinst. Diese Thatsachen lassen keinen Zweifel darüber, daß eine gleichzeitige gegenseitige Kreditgewährung beabsichtigt ist.“[1]) Die Theorie des gegenseitigen Krediteröffnungsvertrages hat viele Anhänger.

Dernburg (Preuß. Privatr. Bd. II S. 488) erklärt den Kontokorrent als „eine besondere Spezies des Vertrags über Krediteröffnung.“ Der Kredit werde gegenseitig eröffnet.

Auch Laband scheint Anhänger dieser Theorie zu sein. Vgl. das Citat oben S. 51.

Grünhut sagt (Endemanns Handbuch III 941):

> „Sobald die Parteien einen Kontokorrentvertrag abgeschlossen, also gegenseitige Kreditgewährung einander versprochen haben, so sind sie zur Erfüllung des Vertrages verpflichtet und können deshalb resp. wegen Ersatz des Interesses eventuell auch vor Gericht belangt werden; es gelten hier dieselben Grundsätze wie bei dem Versprechen der einseitigen Krediteröffnung.“

Auch Levy ist hier zu erwähnen. Er sagt (Levy-Rießer S. 94):

> „Der Krediteröffnungsvertrag ist spezifisch verschieden von dem Kontokorrentvertrag. Daß eine Verwandtschaft zwischen beiden besteht, ist natürlich, sie ist aber nicht großer als die mit jedem anderen Vertrage, dem der moderne Kredit zur Grundlage dient. Von Kontokorrent ist erst die Rede, und gerade dies ist sein eigentliches Wesen, wo der Kredit nicht einseitig, sondern gegenseitig erteilt wird.“

Ferner a. a. O. S. 100:

> „Wir bleiben also bei der Ansicht, daß jeder consensus der Parteien ein obligo, und deshalb eine Klage schafft. Der Kontokorrentvertrag hat diese allgemeine Eigenschaft, eben weil er Vertrag ist. Wenn die Parteien abgesprochen haben, einander gegenseitig Kredit zu gewähren, nachher aber nichts von sich hören lassen, so hat jeder von ihnen eine Klage in id quod interest. Der Kontokorrent war bestimmt, mittelst gewisser gegenseitiger Handlungen fremdes Kapital zur Erhöhung der eigenen Arbeitskraft benutzen zu können. Zu diesen Handlungen nun kann Niemand gezwungen werden. Sie (nämlich die Handlungen) können auch keine Grundlage für den Schadensersatz abgeben, da zur Zeit des Vertrages die verschiedenen Transaktionen weder bekannt waren, noch sein konnten. Diese Grundlage aber liegt für jeden der Kontrahenten in dem Fehlen des Kredits, welchen sie gegenseitig geben und nehmen sollten.“

Es ist erstaunlich, zu welch unhaltbaren Aufstellungen man auf Grund einer irrigen Voraussetzung kommen kann. Der gegenseitige Krediteröffnungsvertrag ist nämlich praktisch überhaupt gar nicht denkbar. Es wäre doch offenbar widersinnig, wenn zwei

---

[1]) Vgl. die Citate oben S. 28 ff. insbes. S. 29.

Personen vereinbaren wollten, daß jeder dem anderen verschaffen müsse, was keiner von ihnen hat und jeder selbst braucht. Diese beiden Verpflichtungen würden sich im Effekt aufheben. Verlangt z. B. der eine Kontrahent vom anderen ein Darlehen in bestimmter Höhe, so steht nichts im Wege, daß dieser seinerseits von jenem das gleiche Darlehen fordert. Gleichgiltig nun, ob die Parteien, wozu sie berechtigt sein würden, ihre gegenseitigen Verpflichtungen gegeneinander aufrechnen oder ob sie denselben nachkommen — der Effekt ist immer derselbe, nämlich gleich Null: keine Partei verfügt über mehr Vermögenswerte wie vorher. Die Erhöhung der ökonomischen Kraft sollte aber doch der Zweck des Vertrages sein.

Greber scheint sich darüber, was er von der gegenseitigen Krediteröffnung halten soll, nicht recht klar zu sein. Er meint (S. 41), ob eine gegenseitige Krediteröffnung eine immer gesunde und mögliche Form des Geschäftslebens sei, scheine zum mindesten zweifelhaft; mancher Fall eines derartigen beiderseitigen Vertrages bilde geradezu einen Nonsens. Nicht für zwecklos scheint er die gegenseitige Krediteröffnung zu halten, sobald der eine Teil mit der Kreditgewährung vorangegangen sei (S. 44). Uns scheint es für die Beurteilung, was von einem gegenseitigen Krediteröffnungsvertrag zu halten sei, vollkommen gleichgiltig, ob im konkreten Falle eine Partei vorgeleistet hat oder nicht. Hat eine Partei vorgeleistet und verlangt dieselbe nunmehr Kredit, so steht doch an und für sich gar nichts im Wege, daß die andere Partei, ganz ohne Rücksicht auf den bereits empfangenen Kredit, ihrerseits wieder den gleichen Anspruch erhebt wie die Gegenpartei. Wir haben also dann genau dieselbe Sachlage wie oben, wo wir damit, daß eine Vorleistung geschehen sei, gar nicht gerechnet haben. Angenommen aber, es sei vereinbart, — was übrigens Greber gar nicht behauptet —, daß diejenige Partei, welche bereits Kredit erhalten hat, nicht berechtigt sein solle, einem Kreditverlangen der anderen Partei in der angedeuteten Weise entgegen zu wirken[2]) oder diese Partei habe bereits das ihr zugestandene Kreditmaximum erreicht, so wäre die Sachlage trotzdem doch wieder keine andere. Diese Partei wäre danach gezwungen, das, was sie durch die Vorleistung der anderen Partei erhalten hat, an diese wieder heraus zu geben. Die mit der Eingehung des Vertrages bezweckte Erhöhung der ökonomischen Kraft würde also auch hier nicht erreicht werden.

Angesichts der Wirkungen eines gegenseitigen Krediteröffnungsvertrages und mit Rücksicht auf den Zweck, welcher durch einen Krediteröffnungsvertrag erreicht werden soll, scheint es uns nicht denkbar, daß ein gegenseitiger Krediteröffnungsvertrag jemals in der Praxis abgeschlossen wird. Durch diese Erwägung ist der Auffassung, der Kontokorrentvertrag sei ein gegenseitiger Krediteröffnungsvertrag, so vollkommen der Boden entzogen, daß es nicht mehr notwendig ist, zu ihrer Widerlegung auf unsere früheren Ausführungen hinzuweisen, durch welche dargethan ist, daß Kreditgewährung in überhaupt irgend welcher Form mit dem Kontokorrentverkehr an sich nichts zu thun hat und daß die Kolonnenrechnung, auf welche die Theorie der gegenseitigen Kreditgewährung ja zurück zu führen ist, nicht das Bild des Kontokorrentvertrages ist.

§ 24.

4. Der Kontokorrentvertrag ein bedingtes gegenseitiges Kreditversprechen.

Von den deutschen Autoren, welche im Kontokorrentvertrag ein bedingtes gegenseitiges Kreditversprechen erblicken, ist an erster Stelle Greber zu nennen, zwar nicht, weil er den Gedanken des bedingten Kreditversprechens zuerst ausgesprochen hätte, sondern

---

[2]) Nämlich durch ein Kreditverlangen in demselben Betrage.

weil er ihn mit größerer Schärfe und Bestimmtheit ausgesprochen hat als die übrigen. Er definiert (S. 61) den Kontokorrentvertrag als die Uebereinkunft zweier Personen, sich für einen bestimmten Zeitabschnitt hinsichtlich der während desselben entstehenden Geldverbindlichkeiten Kredit zu gewähren. Die Bedingung, unter welcher das Kreditversprechen gegeben wird, ist also die, daß Geldverbindlichkeiten entstehen.

Die Theorie des bedingten Kreditversprechens hat zweifellos das Gute, daß sie mit großer Schärfe eine Eigentümlichkeit des Kontokorrents hervorhebt, welche früher nicht beachtet worden ist, nämlich die, daß der Kontokorrentvertrag, um wirken zu können, ein Objekt voraussetzt, welches er nicht selbst schafft, welches vielmehr ganz unabhängig von demselben existent wird: die Forderungen der Vertragsteile. Durch diese Erkenntnis ist, wenngleich die Theorie an sich verfehlt ist, doch schon sehr viel gewonnen. Die von der Wahrheit so weit entfernte, aber wie wir gesehen haben, sehr verbreitet gewesene Vorstellung, der Kontokorrentvertrag sei eine Art Krediteröffnungsvertrag, ein Vertrag, welcher zu direkten Kreditleistungen verpflichte, ist durch dieselbe ausgeschlossen und vielen falschen Schlußfolgerungen ist damit vorgebeugt.

Greber nimmt an, daß sich in der bedingten Kreditgewährung das Wesen des Kontokorrentvertrages erschöpfe. Er sagt (S. 23), mit Ablauf der Rechnungsperiode sei die Herrschaft des Kontokorrentvertrages zu Ende und die Gesamtkompensation habe mit der juristischen Natur des Kontokorrents nichts zu thun.

Die herrschende Meinung steht, was die Frage anlangt, welche Rolle der Kredit im Kontokorrent spielt, auch auf dem Standpunkte der Theorie des bedingten Kreditversprechens, glaubt aber im Gegensatz zu Greber, zum Kontokorrentvertrag gehöre notwendig auch noch die Vereinbarung einer am Schlusse der Rechnungsperiode vorzunehmenden Gesamtkompensation. Aus diesem Bestandteil der Abrede ergebe sich erst die Unmöglichkeit der Einzelgeltendmachung, der Abtretung oder der Pfändung von Kontokorrentforderungen. Eine solche Möglichkeit dürfe nicht bestehen, weil es zweifellos der Wille der Kontokorrentisten sei, daß nur der Saldo, der Ueberschuß der einen Seite der Rechnung über die andere (nach Auffassung der herrschenden Meinung) geltend gemacht werden solle. Wir wollen einige Autoren, welche den Standpunkt der herrschenden Meinung vertreten, hören.

Goldschmidt definiert den Kontokorrentvertrag in seinem System des Handelsrechts 1889 § 111 S. 165 folgendermaßen:

> „Kontokorrentvertrag ist die (ausdrückliche oder stillschweigende) Uebereinkunft zweier Personen, sich für einen gewissen Zeitabschnitt hinsichtlich der während desselben stattfindenden Geldleistungen in der Art gegenseitig „Kredit" zu gewähren, daß nur der durch periodischen Rechnungsabschluß zu ermittelnde Saldo (die Differenz zwischen dem Gesamtkredit und dem Gesamtdebet) die Forderung des einen oder anderen bildet."

Hier ist auch Rießer zu nennen. Er sagt (18. deutsch. Juristentag 1886 Bd. I S. 8):

> „Es muß vor Fehlern gewarnt werden, welche, wie ich annehmen zu dürfen glaube, wohl in erster Linie J. A. Levy implicite verschuldet hat, wenn er den Kontokorrentvertrag in knappster Kürze definiert als einen Vertrag, gerichtet auf gegenseitige Kreditgewährung. — Man hat nämlich wiederholt aus dieser — meines Erachtens nicht nur um ihrer Kürze willen unzutreffenden — Definition die Folgerung gezogen, daß der Kontokorrent als solcher die Kontrahenten zu materiellen, positiven (Kredit-) Leistungen verpflichte, und hat demgemäß in dem Kontokorrentvertrage eine Art gegenseitigen Krediteröffnungsvertrag sehen wollen."

Auch Kemmer ist hier zu erwähnen. Er sagt S. 54:

„Der Kontokorrentvertrag in seinem ersten Stadium kann definiert werden als die zeitlich begrenzte Verzichtleistung der Parteien auf die Geltendmachung ihrer Forderungsrechte aus bestimmten, innerhalb einer gewissen Zeitperiode wechselseitig abgeschlossenen Geschäften."

Daß Cosack hieher zu zählen ist, ergiebt sich aus den folgenden Bemerkungen desselben in der 3. Auflage seines Lehrbuches S. 350 ff.:

„Beim Kontokorrent kommen zwei Personen überein, daß die Geldansprüche, welche im Laufe eines gewissen Zeitabschnittes (Kontokorrentperiode) zwischen ihnen entstehen, nicht vereinzelt — ein jeder Anspruch getrennt für sich — bezahlt werden sollen, sondern nur der Ueberschuß (Saldo), der sich am Ende der Periode zu gunsten einer Partei auf grund einer einheitlichen, alle beiderseitigen Ansprüche umfassenden Rechnung herausstellt, eingefordert werden darf.

3. Der erste Zweck des Kontokorrents ist, die beiderseitigen Geldansprüche zu einer untrennbaren Einheit zu verbinden. Eine Klage auf Bezahlung einer einzelnen, aus dem Kontokorrent herausgerissenen Forderung ist also schlechthin unzulässig.

4. a) Der Kontokorrentvertrag ist zweitens Stundungsvertrag. . . . . .

b) Aber die Stundung ist natürlich keine ewige; sie gilt nur auf die Dauer der Kontokorrentperiode.

10. c) . . . . Insbesondere enthält der Kontokorrentvertrag an und für sich noch keinen Krediteröffnungsvertrag: jede Partei erklärt zwar, daß, wenn sie der anderen Partei Geld giebt, die Verrechnung der Geldsumme erst am Schluß der Periode erfolgen, das Geld also bis dahin kreditiert sein soll; dagegen verpflichtet sie sich keineswegs, der anderen Partei irgendwelche Gelder wirklich zu geben, ihr irgendwelche Vorschüsse wirklich zu leisten."

Die Theorie des bedingten Kreditversprechens wird dem Wesen des Kontokorrentverkehrs auch nicht gerecht. Es ist nicht zu verkennen, daß dieselbe aus dem Kontokorrent im Warenverkehr entwickelt ist. Die schlechten Erfahrungen, die man gemacht hatte, als man mit der Konstruktion des Kontokorrentvertrages an den Bankverkehr anschloß, führten dazu, mehr den Warenverkehr zum Ausgangspunkt zu nehmen. Dabei ist man aber vom Regen in die Traufe gekommen. Denn gerade so wenig, wie die Konstruktionen, welche vom Bankverkehr ausgehen (Mandat, einseitiger Krediteröffnungsvertrag, Kombination von Krediteröffnungsvertrag und Depositenvertrag, gegenseitiger Krediteröffnungsvertrag) auf den Kontokorrent im Warenverkehr paßten, gerade so wenig paßt jetzt die Konstruktion des Kontokorrentvertrages als bedingtes Kreditversprechen zum Bankkontokorrent. Sie paßt schlecht zum Kontokorrentverkehr im offenen Kredit, weil hier die entstehenden Forderungen schon vermöge des Krediteröffnungsvertrages gestundet sind[1]) und oftmals länger gestundet sind, als bis zum Ablauf der Rechnungsperiode; sie paßt gar nicht zum Kontokorrent im offenen Depot, weil hier von Kreditierung überhaupt keine Spur vorhanden ist und das Depot jederzeit, also vor Ablauf der Rechnungsperiode, zurück verlangt werden kann. Wir müssen es der herrschenden Meinung überlassen, diese Widersprüche aufzuklären.

Nachdem wir festgestellt haben, daß die Kredittheorieen in ihrer Gesamtheit verfehlt sind, werden wir nunmehr untersuchen, was von den Theorieen zu halten ist, welche den Kontkorrentvertrag als einen Vertrag über die Art und Weise der Tilgung von gegenseitigen Forderungen bezeichnen.

---

[1]) Eine doppelte Kreditierung, einmal durch den Krediteröffnungsvertrag und noch einmal durch den Kontokorrentvertrag, hat doch keinen Sinn. Wir wären sehr wenig befriedigt, wenn jemand das Sprichwort hier anwenden wollte, daß doppelt genäht besser hält. Der Kontokorrentverkehr setzt eben keine besondere Stundung voraus.

B.

Der Kontokorrentvertrag ein Vertrag über die Art und Weise der Tilgung von Forderungen.

§ 25.

Vorbemerkung.

Die Theorieen, welche im Kontokorrentvertrage einen Vertrag über die Art und Weise der Tilgung von Forderungen sehen, legen das Hauptgewicht auf den zweiten von der herrschenden Meinung aus der progressiven Kolonnenrechnung entwickelten Satz (vgl. oben S. 27).

Der Gedankengang dieser Theorieen ist ungefähr folgender. Die Parteien wollen eine bestimmte Art und Weise der Tilgung ihrer Forderungen; sie wollen periodische Gesamtverrechnung. Wenn sie dies wollen, dann müssen sie auch das Mittel wollen, welches zur Erreichung dieses Zweckes erforderlich ist, nämlich die Stundung ihrer Forderungen je bis zum Ablauf der Rechnungsperiode. Nach dieser Theorie erscheint also die Stundung von untergeordneter Bedeutung im Kontokorrent. Sie ist nicht Selbstzweck, nicht Kreditierung, sondern nur Mittel zum Zweck.

Soweit diese Theorieen auf der progressiven Kolonnenrechnung ruhen, sind sie natürlich falsch. Dafür brauchen wir keinen Beweis mehr. Also Gesamtverrechnung und zu diesem Zweck Stundung jeder einzelnen Kontokorrentforderung je bis zum Ablauf der Rechnungsperiode ist keines Falles vereinbart. Es fragt sich aber, ob der Grundgedanke dieser Theorie nicht auf die Staffelrechnung anzuwenden ist. Haben sich nicht vielleicht die Parteien verpflichtet, ihre gegenseitigen Forderungen fortlaufend gegen einander aufzurechnen und deswegen zu stunden je bis zur Entstehung einer Forderung auf der Gegenseite, eventuell bis zum Schlusse der Rechnungsperiode? Eine kurze Ueberlegung zeigt uns, daß diese Annahme verfehlt wäre. Der Kontokorrentvertrag ist so wenig ein Vertrag über die Art und Weise der Tilgung von Forderungen, so wenig ein Vertrag, durch welchen die Parteien die Verpflichtung zu einer besonderen Art und Weise der Tilgung ihrer Forderungen übernehmen, als er ein Vertrag ist, welcher zu einer besonderen Kreditgewährung verpflichtet. Der Kontokorrentverkehr kann ganz nach Belieben jederzeit abgebrochen werden; der Gläubiger kann jederzeit die Zahlung seines ganzen Guthabens, des Kapitals samt den Zinsen verlangen; es müßte denn sein, daß ausdrückliche Vereinbarungen dem entgegenstehen. Dieser Grundsatz der freien Kündigung des Kontokorrentverkehrs entspricht vollständig der in Handelskreisen herrschenden Auffassung und ist auch vom neuen Handelsgesetzbuche (§ 355 Abs. III) nunmehr anerkannt. Hat aber der Gläubiger hienach, von besonderer Vereinbarung abgesehen, jederzeit den Anspruch auf vollständige Befriedigung durch Barzahlung, so ist ohne weiteres klar, daß der Kontokorrentvertrag ein Vertrag, durch welchen sich die Parteien zu einer besonderen Art und Weise der Tilgung ihrer Forderungen verpflichten, nicht ist.

Obwohl wir hienach auch wieder nicht mehr im Zweifel sein können, daß die Theorieen, welche im Kontokorrentvertrage einen Vertrag über die Art und Weise der Tilgung von Forderungen sehen, irrig sind, wollen wir doch die wichtigsten derselben etwas näher ins Auge fassen.

§ 26.

Der Kontokorrentvertrag ein pactum de compensando.

Einen bedeutenden Fortschritt in der Lehre vom Kontokorrent bezeichnete seinerzeit die Theorie der französischen Schriftsteller Delamarre und Lepoitvin, insofern dieselbe den Kontokorrentvertrag erstmals in bestimmter Weise für einen Vertrag sui generis erklärte.

Der Vertrag soll nach dieser Theorie zum Gegenstand haben die Art und Weise der Tilgung der Kontokorrentforderungen. Diese Theorie, welche viele Anhänger gefunden hat und in Frankreich zur Zeit noch die herrschende ist, findet das Wesen des Kontokorrentvertrages darin begründet, daß die Parteien aus Rücksichten der Zweckmäßigkeit vereinbaren, die aus ihrer Geschäftsverbindung nach und nach entspringenden gegenseitigen Forderungen nicht einzeln durch Barzahlung oder Kompensation, sondern immer erst nach Ablauf einer bestimmten Frist mit einem Male durch eine Gesamtkompensation zu tilgen.[1]) Wenn die Parteien eine Gesamtaufrechnung am Schlusse der Kontokorrentperiode vereinbaren, dann heißt das nichts anderes, als daß das Recht auf Befriedigung während der Kontokorrentperiode ausgeschlossen sein soll. Denn jede Einzelbefriedigung während des Laufes der Rechnungsperiode, sei es durch Kompensation oder durch Barzahlung, würde mit der Gesamtaufrechnung am Schlusse der Rechnungsperiode nicht vereinbar sein. Diese Theorie stützt sich also zweifellos auch auf die progressive Kolonnenrechnung. Die äußere Form dieser Rechnung kann allerdings den Gedanken nahe legen, es finde am Schlusse der Rechnungsperiode eine Gesamtaufrechnung statt. Daß der Schein trügt, haben wir schon nachgewiesen. Am Schlusse der Rechnungsperiode findet nicht erst die Aufrechnung statt, sondern nur noch die Feststellung, welches das Resultat der durch Zahlungen und Aufrechnungen schon während des Laufes der Rechnungsperiode bewirkten allmäligen Tilgung der beiderseitigen Forderungen ist. Durch diese einmalige Feststellung des Ergebnisses der Einzelaufrechnungen und Zahlungen wird die von Delamarre und Lepoitvin richtig erkannte Idee der Zweckmäßigkeit, von welcher der Kontokorrentverkehr geleitet wird, verwirklicht, nicht durch eine Gesamtkompensation.

Wir wollen einige Einwendungen kennen lernen, welche von den Anhängern der Kredittheorie gegen diese Auffassung erhoben worden sind. Greber sagt S. 20:

> „Levy erkennt das von Delamarre und Lepoitvin gewonnene Resultat als richtig an, tadelt aber den Weg, auf dem sie zu demselben gelangt sind. Wenn zwei Parteien, führt er aus (vgl. Levy-Rießer S. 24 ff.), in einem gegenseitigen Geschäftsverkehre stehen, sodaß sie wiederholt einmal Gläubiger, einmal Schuldner werden, so gilt im Allgemeinen der Satz, daß jene Forderungen und Schulden im Augenblicke ihrer gleichzeitigen Existenz sich gegenseitig aufheben. Um diese Folge ihres Verkehrs, welche den Parteien lästig ist, auszuschließen, sind ihnen zwei Wege gegeben. Der eine ist der, daß sie übereinkommen, die Kompensation während der Dauer ihrer Geschäftsverbindung auszuschließen. Der andere besteht darin — und dieser wird sich als der richtige herausstellen —, daß die Parteien einen Vertrag abschließen, der so gestaltet ist, daß er seiner inneren Natur nach den Ausschluß der Kompensation bedingt. Ist dies der Fall, so bedarf es weder einer ausdrücklichen, noch stillschweigenden Abrede, die Kompensation zu verhindern; der Ausschluß der Wettschlagung tritt vielmehr als notwendige Folge unseres Vertrages ein; er bildet die Rechtswirkung derselben.
>
> Der aber bei weitem wichtigere Grund für die Verwerfung der Auffassung von der Kompensation, als sei sie etwas dem Kontokorrentvertrage Inhärentes, wird von Levy dahin präzisiert, daß die Kompensation ein modus solvendi, nicht ein modus contrahendi sei. Mit der Kompensation fange man nicht an, man endige damit. Es könne allerdings in einem Vertrage, aus welchem gegenseitige Verpflichtungen erwachsen, eine Bestimmung über die Erfüllung dieser Verpflichtungen aufgenommen werden, aber damit könne der Zweck und die Wirkung jenes Vertrages selbst unmöglich genügend klar gestellt sein.
>
> Wir schließen uns beiden von Levy gemachten Einwendungen vollständig an."

[1]) Vgl. das Citat oben S. 28.

Wir glauben den ersten Einwand Levys bzw. Grebers gegen die Theorie von Delamarre und Lepoitvin ganz kurz dahin präzisieren zu können: „Nicht Gesamtkompensation und als notwendige Voraussetzung hiefür Stundung bis zum Rechnungsschluß, sondern Stundung bis zum Rechnungsschluß und als notwendige Folge hievon Gesamtkompensation ist der leitende Gedanke beim Kontokorrentvertrag." In dieser Gegenüberstellung liegt der prinzipielle Unterschied zwischen dem Standpunkt der Theorie von Delamarre und Lepoitvin und der von Levy und von Greber vertretenen. Levy und Greber sind Anhänger der Kredittheorie und deswegen stellen sie die Stundung (Kreditierung) in den Vordergrund. Delamarre und Lepoitvin halten die Art und Weise der Tilgung der Kontokorrentforderungen für das Wesentliche und stellen deshalb die Kompensation in den Vordergrund. Dieser erste Einwand ist also nichts weiter als eine eingehende Kennzeichnung des beiderseitigen Standpunktes, womit natürlich weder etwas für die Theorie von Levy und Greber, noch etwas gegen die von Delamarre und Lepoitvin bewiesen ist. Daß beide Anschauungen im Prinzip, nicht allein soweit sie auf der progressiven Kolonnenrechnung ruhen, falsch sind, haben wir oben schon gezeigt.

Der zweite Einwand Levys bzw. Grebers gegen die Theorie von Delamarre und Lepoitvin ist uns nicht recht verständlich. Levy sagt: „Kompensation ist ein modus solvendi, nicht ein modus contrahendi. Mit der Kompensation fängt man nicht an, man endigt damit. Es kann allerdings in einem Vertrage, aus welchem gegenseitige Verpflichtungen erwachsen, eine Bestimmung über die Erfüllung dieser Verpflichtungen aufgenommen werden, aber damit kann der Zweck und die Wirkung jenes Vertrages selbst unmöglich klar gestellt sein." Levy scheint hier von einer falschen Voraussetzung auszugehen. Delamarre und Lepoitvin behaupten doch nicht, daß sich aus dem Kontokorrentvertrage gegenseitige Verpflichtungen ergeben, welche in bestimmter Weise, nämlich durch Gesamtkompensation, erfüllt werden sollen. Levy sagt ja selbst a. a. O., daß jene Schriftsteller unaufhörlich und fast ausschließlich die Kompensation beschäftige und die Art und Weise, wie sie sich vollziehe; sie wollten zwar un crédit reciproque, aber dieser Wille laufe eigentlich hinaus auf eine gleichmäßige und gleichzeitige Kompensation. Nach der Theorie von Delamarre und Lepoitvin ergiebt sich aus dem Kontokorrentvertrag nur die Verpflichtung, bestimmte gegenseitige Forderungen, welche innerhalb eines gewissen Zeitraums zur Entstehung gelangen und ihre Existenz durchaus nicht dem Kontokorrentvertrage verdanken, durch Gesamtkompensation zu tilgen. Die Verpflichtungen (Forderungen), welche getilgt werden sollen, können also für das Wesen des Kontokorrentvertrages nicht von Belang sein. Levy selbst ist allerdings der Meinung, daß sich aus dem Kontokorrentvertrag eine Verpflichtung zur Kreditgewährung ergebe (vgl. oben S. 61) und danach würde auch die Vereinbarung der Kompensation nicht den Vertrag ausmachen können; sie wäre nur Nebenbestimmung. Wenn man den Zweck und die Wirkung des Vertrages klar stellen wollte, müßte man in erster Linie die die Kreditgewährung bezweckende Hauptvereinbarung ins Auge fassen und besprechen. Auf diesem Standpunkte stehen aber Delamarre und Lepoitvin nicht. Die Vereinbarung der Gesamtkompensation ist nach ihrer Auffassung die Hauptvereinbarung des Vertrages, aus welcher sich die Stundung der Kontokorrentforderungen von selbst ergiebt. Damit ist aber nachgewiesen, daß der zweite Einwand Levys gegen diese Theorie nicht berechtigt ist. Levy kämpft gegen eine Auffassung, welche Delamarre und Lepoitvin gar nicht haben. Ein Vertrag über die Art und Weise der Tilgung zukünftiger, nicht bestimmter, auch nicht einmal durch ein pactum de contrahendo vorbereiteter Forderungen ist rechtlich möglich und wenn

Delamarre und Lepoitvin erklären, daß in der Vereinbarung der Gesamtkompensation solcher Forderungen das Wesen des Kontokorrentvertrages liege, daß diese Vereinbarung den Kontokorrentvertrag bilde, dann haben sie von ihrem Standpunkte aus das Wesen des Vertrages genügend klar gelegt, und über den Charakter desselben alles gesagt, was darüber zu sagen ist.

Die von Levy (und von Greber) gegen diese Theorie erhobenen Einwände sind also nicht stichhaltig. An der Theorie von Delamarre und Lepoitvin ist nur das auszusetzen, daß eben, wie schon bemerkt, die thatsächliche Voraussetzung derselben gar nicht gegeben ist: eine Gesamtkompensation findet in Wirklichkeit nicht statt und kann demnach auch nicht vereinbart sein.

§ 27.
Der Kontokorrentvertrag ein pactum de novando.

Der Theorie von Delamarre und Lepoitvin sehr ähnlich ist die Theorie, welche von Staub in neuester Zeit in seinem Kommentar zum Handelsgesetzbuche aufgestellt worden ist. Man kann seine Theorie vielleicht kurz als die Theorie des pactum de novando bezeichnen. Staub sagt in seinem Kommentar, 5. Aufl. S. 754:

„Es liegt in dem Kontokorrentvertrag eine Vereinbarung eigentümlicher Art. Durch gegenseitige Feststellung des Saldos werden die bisherigen Einzelforderungen getilgt und es tritt an die Stelle ihrer eine neue Forderung anderer Art: das Guthaben aus dem festgestellten Saldo. Es tritt hiernach am Schlusse der Rechnungsperiode eine Novation ein. Der Kontokorrentvertrag enthält daher die Vereinbarung einer am Schlusse der Rechnungsperiode vorzunehmenden Novation.

Diese Novationsabrede übt auf den Rechtscharakter der Kontokorrentforderungen einen erheblichen Einfluß aus, wenn sie ihnen auch den Charakter wirklicher Forderungen nicht nimmt. Sie sind wirkliche Forderungen, aber solche, hinsichtlich deren die Tilgung durch Novation vereinbart ist. Von selbst gelten hiedurch die beiderseitigen Leistungen als kreditiert bis zum Abschluß der Rechnungsperiode und es mag dies als die vornehmste Folge der Novationsabrede betrachtet werden.

Das Wesen des Kontokorrentvertrages kann hiernach nicht gefunden werden in einer gegenseitigen Kreditgewährung. Sicherlich nicht in dem Sinne, daß die Parteien verpflichtet wären, miteinander Rechtsgeschäfte abzuschließen; der Kontokorrentvertrag ist kein Krediteröffnungsvertrag (vgl. Greber S. 30 ff.). Aber auch nicht in dem Sinne, daß die Parteien verpflichtet sind, einander die Verbindlichkeiten aus den abgeschlossenen Rechtsgeschäften zu kreditieren.[1]) Allerdings da die einzelnen Leistungen für sich allein nicht geltend gemacht werden dürfen, sondern nur als Glieder des nach Ablauf der Rechnungsperiode sich ergebenden Ganzen zur Geltung kommen, und im Endergebnis aufgehen sollen, so ergiebt sich daraus, daß sie auch zeitlich gebunden sind. Aber in dieser zeitlichen Gebundenheit, in welcher besonders Greber (S. 80) das Wesen des Verhältnisses erblickt, erschöpft es sich nicht. Denn sie läßt manche Erscheinungen des Kontokorrentverhältnisses, welche auch Greber annimmt, z. B. die Uncedierbarkeit und die Unpfändbarkeit der einzelnen Posten, unerklärt. Ja sie läßt die vornehmste Rechtsfolge des Kontokorrentverhältnisses, daß die einzelnen Rechnungsposten im schließlichen Endergebnis aufgehen und durch dasselbe als abgethan gelten sollen, unerklärt. Aus einer bloßen Stundungsabrede kann sie sich unmöglich „von selbst“ (Greber S. 63) ergeben. Jene Rechtsfolge gilt vielmehr, weil sie vereinbart ist und umgekehrt folgt die Stundung der einzelnen Forderungen aus dieser Vereinbarung von selbst.“

---

[1]) Staub gehört also danach nicht zu den Anhängern der Theorie des bedingten Kreditversprechens.

Staub weist also die Auffassung, der Kontokorrentvertrag sei ein Kreditgeschäft, ganz entschieden zurück. Die Stundung der einzelnen Forderungen, sagt er, ergibt sich von selbst aus der Vereinbarung, daß die Rechnungsposten im schließlichen Endergebnis aufgehen und durch dasselbe als abgethan gelten sollen. Im Gegensatz zur herrschenden Meinung, welche im Kontokorrentvertrage eine Kombination aus den gleichwertigen Elementen Kreditgeschäft und Abrechnungsgeschäft erblickt, bekommt bei Staub die Idee des Abrechnungsgeschäftes das Uebergewicht; die Stundung erscheint als sekundäre Begleiterscheinung des Kontokorrentvertrages. Doch hat Staub unseres Erachtens diesen Gedanken nicht ganz konsequent durchgeführt. Er sagt S. 760 a. a. O.:

„Die Dauer des Kontokorrentvertrages hängt von der Abrede ab. Mangels besonderer Abrede steht jedem Teile jederzeitige Kündigung frei, nur daß die Kreditierung bis zum Ablaufe der betreffenden Rechnungsperiode gilt. Durch Kreditunsicherheit kann die Dauer abgekürzt werden (R. O. H. 23 S. 137), auch so, daß noch im Laufe der Rechnungsperiode Abrechnung und Zahlung verlangt werden kann."

Wenn man die Stundung im Kontokorrentverkehr nicht als etwas Selbstständiges, nicht als etwas Primäres ansieht, so sollte man doch, meinen wir, danach nicht mehr den Grundsatz aufstellen, daß bei Kündigung des Kontokorrentverkehrs während der Rechnungsperiode die Kreditirung, abgesehen von dem Falle eintretender Kreditunsicherheit, fortdauere bis zum Ablaufe der Rechnungsperiode. Wenn man einmal annimmt, daß der Kontokorrentvertrag gekündigt werden könne, so muß man nach den von Staub über die Bedeutung der Stundung entwickelten Grundsätzen unseres Erachtens dazu kommen, daß durch die Kündigung des Kontokorrentvertrages von selbst auch die Stundung gegenstandslos werde, wie sie „von selbst" eingetreten ist durch den Abschluß dieses nicht direkt auf sie gerichteten Vertrages.

Wir werden auf Staubs Theorie, nach welcher der Saldo unter allen Umständen eine Novationsforderung ist, weiter unten bei Besprechung der Saldofeststellung noch einmal zurückkommen.

Dritter Abschnitt.

Das Kontokorrentverhältnis des neuen Handelsgesetzbuches.

§ 28.

Vorbemerkung.

Die Auffassung über das Wesen des Kontokorrentverhältnisses, wie sie unter der Herrschaft des alten Handelsgesetzbuches sich entwickelt hat, haben wir nunmehr in den Grundzügen kennen gelernt. Was Doktrin und Rechtsprechung bis zum Inkrafttreten des neuen Handelsgesetzbuches über unser Thema zu Tage gefördert hat, ist keineswegs geeignet, Zweifel entstehen zu lassen, ob das Resultat, welches wir im ersten Abschnitte unserer Abhandlung gewonnen haben, auch richtig ist. Das neue Handelsgesetzbuch hat sich nun mit dem Kontokorrentverhältnis eingehender beschäftigt als das alte. Insbesondere hat es auch eine Definition desselben aufgestellt. Wir wollen deswegen jetzt auch noch untersuchen, ob die Bestimmungen des neuen Handelsgesetzbuches mit unserer Auffassung im Einklang stehen und wenn nicht, ob diese uns Veranlassung geben können, von unserem Standpunkte zurück zu treten.

§ 29.

Erster Teil.

Die Begriffsbestimmung.

Als Begriffsmerkmale des Kontokorrentverhältnisses sind im § 355 Abs. 1 des Handelsgesetzbuches vom 10. Mai 1899 aufgestellt:

1. Daß die aus der Geschäftsverbindung der Kontrahenten entspringenden beiderseitigen Ansprüche und Leistungen nebst Zinsen in Rechnung gestellt,
2. daß dieselben in regelmäßigen Zeitabschnitten verrechnet werden und der für den einen oder anderen Teil sich ergebende Ueberschuß festgestellt wird,
3. daß hiedurch die beiderseitigen Ansprüche und Leistungen ausgeglichen werden.

Unter den Ansprüchen und Leistungen sind nur solche zu verstehen, welche durch Zahlen ausgedrückt werden können; also nur die Ansprüche auf Leistung von Fungibilien und die Leistungen von solchen, denn nur diese können „verrechnet“ werden. Alle übrigen Ansprüche und Leistungen, die sich aus der Geschäftsverbindung ergeben, werden durch das Kontokorrentverhältnis nicht berührt. Als Fungibile, welches in der Praxis den Inhalt der Ansprüche und der Leistungen bildet, wird nur das Geld in Frage kommen. Man wird also statt Ansprüche Geldverbindlichkeiten oder Forderungen und statt Leistungen Geldleistungen oder Zahlungen setzen können.

Nach Ansicht des Gesetzes werden nun die beiderseitigen Forderungen und Zahlungen „in Rechnung gestellt". Es fragt sich, was das Gesetz damit sagen wollte. Daß über die Forderungen und Zahlungen Buch geführt oder eine Rechnung ausgestellt werde, kann das Gesetz nicht gemeint haben, weil es damit eine besondere Eigentümlichkeit des Kontokorrentverkehrs nicht bezeichnet hätte; Buchführung und Rechnungsstellung ist allgemein üblich im Geschäftsverkehr. In diesem wörtlichen Sinne kann also der Ausdruck nicht genommen werden. Sucht man nach der übertragenen Bedeutung desselben, so kommt man zunächst zu der Vorstellung, daß er irgend eine dilatorische Behandlungsweise bezeichnen wolle. Diese Grundbedeutung beibehalten muß man dann dem Ausdruck in Beziehung auf Ansprüche und in Beziehung auf Leistungen, der Verschiedenheit der Bedeutung dieser Wörter entsprechend, einen verschiedenen Inhalt geben. Man kann zu keinem anderen Resultat kommen, als daß das Inrechnungstellen der Forderungen bedeutet, daß dieselben gestundet werden und das Inrechnungstellen der Zahlungen, daß die denselben gewöhnlich beikommende Wirkung der Tilgung von Forderungen hinausgeschoben wird. Die eigenartige Ausdrucksweise ist wohl darauf zurückzuführen, daß das Gesetz bemüht war, zur Vermeidung von Weitschweifigkeiten einen Ausdruck zu finden, der auf Ansprüche und Leistungen zugleich paßt.

Die nächste Frage ist nun, wie lange nach Ansicht des Gesetzes die Ansprüche gestundet sind und die Tilgungskraft der Leistungen hinausgeschoben ist. Das Gesetz sagt, daß die Ansprüche und Leistungen in Rechnung gestellt und in regelmäßigen Zeitabschnitten ausgeglichen werden. Eine ungekünstelte Interpretation kann nur ergänzen, daß die Forderungen gestundet sind und die Tilgungskraft der Zahlungen hinausgeschoben ist immer bis zum Ablauf der regelmäßigen Zeitabschnitte.

Damit ist erwiesen, daß das Gesetz, geradeso wie die bisherige herrschende Ansicht, den Kontokorrentvertrag auf Grundlage der progressiven Kolonnenrechnung konstruiert hat. Wenn die Forderungen jedesmal bis zum Ablauf der regelmäßigen Zeitabschnitte gestundet sind, und die Tilgungskraft der Zahlungen bis dahin aufgeschoben ist, dann ist eine Tilgung der Kontokorrentforderungen während der Rechnungsperiode, wie sie die Staffelrechnung verlangt, ausgeschlossen.

Daß das Gesetz diese Auffassung vom Kontokorrentvertrage haben werde, hätte man schon im Voraus vermuten können, nachdem dieselbe bisher die herrschende war. Aber auch eine ganz vorurteilsfreie Interpretation des § 355 muß dazu kommen, daß das Gesetz nichts anderes habe sagen wollen, als was wir angenommen haben. In der That hat auch die Literatur des neuen Handelsrechtes in vorwürfiger Frage den Standpunkt der bisherigen herrschenden Auffassung beibehalten. Vgl. z. B. Staub Kommentar 6. u. 7. Aufl. 1900 (enthaltend das neue Handelsrecht) § 355 Anm. 4, 16, 17, 19, § 356 Anm. 4; Endemann Lehrbuch des bürgerl. Rechts 6. Aufl. 1899 Bd. I S. 651; Gareis Handausgabe des Handelsgesetzbuches v. 10. V. 97 (München 1898) § 355 Anm. 1; Trumpler, Die Differenzgeschäfte nach dem B. G. B. und nach dem Börsengesetz, Goldschmidts Zeitschrift Bd. 50 S. 489.

Cosack hat den in der 3. Auflage seines Lehrbuches vertretenen Standpunkt in der 4. Auflage verlassen. Er scheint sich nunmehr der Ansicht zuneigen zu wollen, daß es zwei verschiedene Arten von Kontokorrentverkehr gebe, einen, bei welchem während des Laufes der Rechnungsperiode Tilgung der Forderungen durch Aufrechnung und Zahlung stattfindet und einen anderen, bei welchem eine solche

Tilgung nicht stattfindet. Im ersteren Falle scheint er die Staffelrechnung, im zweiten Falle die Kolonnenrechnung im Auge zu haben. (Vgl. die Zitate oben S. 59 und Cosack, 4. Aufl. S. 348 Ziff. 3 u. 4, S. 349 Ziff. 5.) Dieser Standpunkt ist, wie wir oben schon erörtert haben, nicht haltbar. Es giebt nur eine Art des Kontokorrentverkehrs. Die Annahme, daß die Kolonnenrechnung die Ausführung eines Vertrages darstelle, ist auf jeden Fall eine Täuschung. Wir haben übrigens schon oben S. 59 gesehen, daß Cosack seine neue Auffassung nicht immer konsequent zur Durchführung gebracht und sich so in Widersprüche verwickelt hat. Mit dem Wortlaut des § 355 dürfte der jetzige Standpunkt Cosacks nicht in Einklang zu bringen sein; denn § 355 paßt nur auf den aus der Kolonnenrechnung entwickelten Vertrag.

Wir wollen nunmehr auch noch untersuchen, wie sich das Gesetz zur Frage der Verrechnung (Ziff. 2 des von der herrschenden Meinung aus der progressiven Kolonnenrechnung entwickelten Satzes) stellt.

Das Gesetz sagt, daß die in Rechnung gestellten Ansprüche und Leistungen in regelmäßigen Zeitabschnitten „durch Verrechnung und durch Feststellung des für den einen oder anderen Teil sich ergebenden Ueberschusses ausgeglichen werden". Bevor wir die Bedeutung feststellen, welche diesen Ausdrücken im Einzelnen beizumessen ist, wollen wir erst den Zusammenhang des Satzgefüges klar legen. Das Gesetz sagt, daß die gegenseitigen Ansprüche und Leistungen ausgeglichen werden und daß die Ausgleichung durch eine zweifache Thätigkeit geschieht, nämlich

1. durch Verrechnung,
2. durch Feststellung des für den einen oder anderen Teil sich ergebenden Ueberschusses.

Wir haben uns nun zu fragen: „Was wird nach Annahme des Gesetzes verrechnet und welcher Ueberschuß wird festgestellt?" Hierauf können wir bloß antworten: „Verrechnet werden die Ansprüche und Leistungen und der Ueberschuß, der festgestellt wird, ist der Ueberschuß der Posten auf der einen Seite über die auf der anderen Seite." Das Gesetz spricht ferner von der Feststellung des „sich ergebenden" Ueberschusses. Es entsteht die Frage, wodurch der Ueberschuß sich ergiebt. Nach dem Satzzusammenhang können wir nur annehmen, daß der sich durch die Verrechnung ergebende Ueberschuß gemeint ist. Ergänzen wir in dieser Weise die Definition, so ergiebt sich Folgendes. Das Gesetz sagt: „Die gegenseitigen Ansprüche und Leistungen werden ausgeglichen und zwar

1. durch Verrechnung derselben,
2. durch Feststellung des für den einen oder anderen Teil sich aus der Verrechnung ergebenden Ueberschusses derselben.

Nunmehr können wir die einzelnen Redewendungen näher ins Auge fassen. Die Ausgleichung soll erfolgen zunächst einmal durch Verrechnung.

Verrechnung bezeichnet in einem engeren Sinne dasselbe wie Subtraktion, in einem weiteren Sinne eine rechnerische Operation, welche in der Addition eine Anzahl positiver und negativer Werte und darauffolgender Subtraktion der erhaltenen Summen besteht. Der Zweck dieser Operation ist die Feststellung des Ueberschusses der positiven über die negativen oder der negativen über die positiven Werte. In dieser Grundbedeutung kann Verrechnung nicht genommen werden, weil so eine rechtlich belangreiche Eigenschaft des Kontokorrentverkehrs nicht bezeichnet wäre. Die rechnerische Operation, welche den Zweck hat, den Ueberschuß der Forderungen und Zahlungen des einen Kontrahenten über die Forderungen und Zahlungen des anderen festzustellen, ist ein einseitiger Akt, den jeder Kontrahent beliebig oft vornehmen kann, ohne daß sich rechtliche Folgen daran knüpfen.

Soll das Wort Verrechnung eine rechtlich belangreiche Handlung bezeichnen, so muß es in einem übertragenen Sinne genommen werden. Wir kommen zu dem Ergebnis, daß der Ausdruck Verrechnung, gerade so wie der oben behandelte Ausdruck Inrechnungstellen, ein Verschiedenes bedeutet, je nachdem er auf Ansprüche oder auf Leistungen bezogen wird. Er will nichts anderes sagen, als daß die Forderungen aufgerechnet und die Zahlungen angerechnet werden. Das Gesetz hat — offenbar wieder nur der Kürze des Ausdrucks wegen — statt zu sagen, durch Aufrechnung der Forderungen des einen Teiles auf die des anderen Teiles und durch Anrechnung der Zahlungen auf dieselben geschehe die Ausgleichung, einfach gesagt, dieselbe geschehe durch Verrechnung. Darauf zielt auch die Denkschrift, wenn sie (im 5. Absatz) sagt: „Eine eigentliche Aufrechnung findet bei der Saldoziehung nicht statt, denn es stehen sich nicht nur wirkliche Forderungen gegenüber,[1]) und die gänzliche Ausgleichung erfolgt buchmäßig nur durch Einstellung des Saldopostens selbst."

Es ist uns nunmehr zunächst verständlich, wieso durch Verrechnung die Ausgleichung der Ansprüche und Leistungen erfolgt. Durch Verrechnung werden dieselben ausgeglichen, soweit sie sich dem Betrage nach decken.

Es wird aber in der Regel für den einen oder anderen Teil sich durch diese Verrechnung ein geringerer oder größerer Ueberschuß ergeben. Das Gesetz sagt nun weiter, daß die Ausgleichung der Ansprüche und Leistungen auch noch erfolge durch die Feststellung dieses Ueberschusses.

Feststellung des Ueberschusses können wir nun wieder nicht im wörtlichen, d. i. rechnerischen Sinne nehmen. Denn rechnerisch kann jeder Kontrahent für sich allein den Ueberschuß feststellen; würde man den Ausdruck in diesem Sinne nehmen, so wäre eine rechtlich belangreiche Eigenschaft des Kontokorrentverhältnisses auch hier nicht bezeichnet. Wir müssen also annehmen, daß die Feststellung des Ueberschusses vertragsmäßig geschieht, d. h., daß die Parteien durch Vertrag feststellen, daß die eine von ihnen aus dem Kontokorrentverkehr noch eine oder mehrere Forderungen im Gesamtbetrage des Saldos gegen die andere habe.

Wir haben nunmehr noch zu untersuchen, worin in diesem Falle die Ausgleichung bestehen soll. Eine Ausgleichung können wir nur dann annehmen, wenn die im Ueberschuß enthaltenen Forderungen durch Feststellung desselben getilgt werden. Ausgleichen bezieht sich auf Verrechnung und auf Feststellung des Ueberschusses gleichzeitig. In Beziehung auf Verrechnung bedeutet es zweifellos Tilgung von Forderungen; diese Einheit der Grundbedeutung des Wortes wäre zerrissen, wenn man annehmen wollte, daß es in Beziehung auf Feststellung des Ueberschusses etwas anderes bedeuten solle. Ausgleichen kann insbesondere nicht etwa im Sinne von kompensieren genommen werden, obwohl man „kompensieren" im Allgemeinen mit „ausgleichen" übersetzen könnte. Denn wir haben gefunden, daß schon das vorher gebrauchte Wort Verrechnung die Kompensation in sich schließt. Ferner könnte auch nicht durch Feststellung des Ueberschusses „kompensiert" werden, denn der Ueberschuß ist ja gerade ein Ergebnis der Kompensation bezw. Verrechnung. Schließlich könnte auch gar kein Grund angegeben werden, warum das Gesetz anstatt des nunmehr technischen Ausdruckes „aufrechnen" einen anderen gebraucht haben würde.

Die Saldofeststellung ist also ein Schuldversprechen nach § 780 B.G.B. Sie

---

[1]) Zu ergänzen ist: „sondern auch Forderungen und Zahlungen".

ist kein bloßes Schuldanerkenntnis (§ 781 B.G.B.). Hätte das Gesetz der Feststellung des Saldos die Bedeutung eines Kumulativanerkenntnisses beigemessen, so hätte es den Ausdruck „ausgleichen durch Verrechnung und Feststellung des Ueberschusses“ vermieden. Es würde dann wohl nur gesagt haben, daß eine Verrechnung der Ansprüche und Leistungen und eine Feststellung des Ueberschusses stattfinde. Nachdem eine Novationsabsicht nach dem B.G.B. nicht vermutet wird (vgl. § 364 Abs. II B.G.B.), hätte man dann annehmen müssen, daß durch die Saldofeststellung nur das Bestehen der durch die Verrechnung nicht getilgten Forderungen anerkannt werden wolle.

Unklar dürfte vielleicht noch erscheinen, warum das Gesetz nicht direkt gesagt hat, daß bei der Saldofeststellung die „Novationsabsicht“ vorliege. Das Gesetz hat dafür den nicht technischen Ausdruck „ausgleichen“ gebraucht. Offenbar wieder nur der Kürze wegen. Der Ausdruck „ausgleichen“ bezieht sich, wie bereits bemerkt, auf „Verrechnung“ und auf „Feststellung des Ueberschusses“. In Beziehung auf Verrechnung bedeutet er nicht Novation, nur in Beziehung auf Feststellung des Ueberschusses; in beiden Fällen aber bedeutet er „Tilgung von Forderungen.“ Man kann nicht etwa annehmen, der Ausdruck „ausgleichen“ bedeute, daß der Gläubiger einen einheitlichen Klagegrund bekomme, und passe so auch auf das Kumulativschuldanerkenntnis. Denn in dieser Bedeutung würde der Ausdruck in Beziehung auf „Verrechnung“ keinen Sinn mehr haben.

Ein Anhaltspunkt dafür, daß das Gesetz die Novationstheorie angenommen hat, ist auch aus § 356 H.G.B. zu entnehmen; hierauf werden wir weiter unten zurückkommen. Ein weiterer Anhaltspunkt für die Richtigkeit dieser Auffassung läßt sich schließlich auch noch aus der Denkschrift entnehmen, welche (vgl. Abs. 2) als Zweck des Kontokorrentverhältnisses bezeichnet, „die Vielheit der gegenseitigen Ansprüche durch periodische Feststellung eines einzigen Forderungspostens zu ersetzen.“ Uebrigens drängt die Konstruktion des Vertrages auf grund der Kolonnenrechnung an und für sich schon zur Novationstheorie, was wir ebenfalls weiter unten noch genauer darlegen werden.[1])

Zweiter Teil.

Das Kontokorrentverhältnis des neuen Handelsgesetzbuches in seinen einzelnen Stadien.

I.

§ 30.

Vorbemerkung.

Das Ergebnis unserer Auslegung der gesetzlichen Begriffsbestimmung des Kontokorrentverhältnisses ist, daß das Gesetz, im wesentlichen den Standpunkt der bisherigen herrschenden Meinung vertretend, den Kontokorrentvertrag auf Grundlage der progressiven Kolonnenrechnung konstruiert und der bei Ablauf der Rechnungsperiode nach durchgeführter Verrechnung der Ansprüche und Leistungen stattfindenden Feststellung des Saldos novatorische Wirkung beimißt. Wir können diese Auffassung des Gesetzes natürlich ebensowenig für richtig anerkennen, wie die der bisherigen herrschenden Meinung. Um nun aber die Bestimmungen, welche das neue Recht zur Ausgestaltung unseres Rechtsinstituts geben wollte, systematisch besprechen zu können, wollen wir ein Kontokorrentverhältnis,

---

[1]) Ueber die Frage, ob der Saldofeststellung novatorische Wirkung beizumessen sei oder nicht, vgl. für das alte Recht Greber S. 112 ff., Kemmer S. 88 ff. und die dort angeführte weitere Litteratur. Cosack tritt auch gegenüber dem Wortlaut des § 355 für das Kumulativanerkenntnis ein (§ 69 I Z. 8). Staub dagegen erblickt in der Saldofeststellung in jedem Falle eine Novation (§ 355 Anm. 1—6).

wie es nach Auffassung des Gesetzes sein soll, in seinen einzelnen Stadien darstellen. Eine praktische Bedeutung messen wir den gesetzlichen Bestimmungen nicht bei, wie wir weiter unten genauer ausführen werden. Unserer Auffassung nach ist eben die ganze Vertragskonstruktion falsch und in den gesetzlichen Bestimmungen können wir mit dem besten Willen nichts anderes erblicken als unbewußte (zum Teil sehr mißglückte) Versuche, die unangenehmen Konsequenzen der falschen Vertragskonstruktion auszugleichen und die Rechtslage so zu gestalten, wie sie sich unserer Auffassung nach, wenn der Kontokorrentvertrag richtig konstruiert wird, von selbst ergiebt. Gerade diese Bestimmungen beweisen wieder, daß die herrschende Vertragskonstruktion falsch ist. Dieselben sind diktiert von nicht mehr abzuweisenden Forderungen der kaufmännischen Kontokorrentpraxis. Der Gesetzgeber konnte sich der Ueberzeugung nicht mehr verschließen, daß der Rechtszustand, welchen die bisherige Doktrin geschaffen hatte, mit den Bedürfnissen und Anschauungen des Verkehrs sehr wenig in Einklang stand und sah sich genötigt, eine Anzahl von Fragen durch besondere Einzelvorschriften zu regeln. Diese Vorschriften entsprechen (wenigstens zum Teil) den Forderungen der kaufmännischen Praxis. Diese selbst ist durchaus konsequent; sie verlangt nichts anderes, als was den thatsächlichen Vereinbarungen entspricht. Die herrschende Vertragskonstruktion beruht aber auf einer falschen Vorstellung von dem, was vereinbart ist und deswegen müssen auch die Anhänger dieser Konstruktion, wenn sie den Forderungen der kaufmännischen Praxis nachgeben wollen, in Widerspruch geraten mit ihrer eigenen Grundanschauung vom Wesen des Kontokorrentverhältnisses. Daß dies thatsächlich auch bei den neuen Bestimmungen des Handelsgesetzbuches der Fall ist, werden wir im Nachfolgenden im Einzelnen darthun.

Zur Vermeidung von Mißverständnissen wollen wir ausdrücklich bemerken, daß die nachfolgenden Ausführungen nicht unsere Auffassung über das Kontokorrentverhältnis an sich darstellen, sondern unsere Auffassung über die Auffassung des Handelsgesetzbuches vom Kontokorrentverhältnis. Also auch wo wir nicht im Irrealis sprechen, gelten die Ausführungen immer unter der Bedingung gemacht: „Wenn die Anschauung des Handelsgesetzbuches über das Kontokorrentverhältnis richtig wäre."

II.
Eingehung des Kontokorrentvertrages.

§ 31.
1. Die Subjekte des Kontokorrentvertrages.[1])

Der Kontokorrentverkehr hat naturgemäß nur da einen Sinn, wo zwei Personen infolge ihres regen Geschäftsverkehrs häufig Forderungen gegen einander erwerben und Zahlungen an einander machen. Daraus ergiebt sich, daß hauptsächlich nur Kaufleute in die Lage kommen werden, einen Kontokorrentvertrag abzuschließen. Es entsteht nun sofort die Frage, ob es nach der Ansicht des Handelsgesetzbuches zum Wesen des Kontokorrentvertrages gehört, daß die Vertragsteile die Kaufmannseigenschaft besitzen. An sich sind drei Fälle denkbar: 1. Beide Vertragsteile sind Kaufleute; 2. Beide Vertragsteile sind Nichtkaufleute; 3. Der eine Vertragsteil ist Kaufmann, der andere nicht. Staub sagt nun (§ 355 Anm. 9), es gehöre zum Wesen des Kontokorrentvertrages, daß mindestens ein Teil Kaufmann ist, interpretiert aber diesen Satz sofort (§ 355 Anm. 10) dahin, es solle damit nur gesagt sein, daß die vom Gesetze aufgestellten Regeln über den Kontokorrentvertrag von selbst nur dann gelten, wenn ein Teil Kaufmann ist. Diese Interpretation kommt im Grunde einer Streichung des

[1]) Cosack § 69 I 1 b; Staub § 355 Anm. 9, 10, 14; Greber S. 66; Kemmer S. 37.

interpretierten Satzes gleich, der auch für sich allein betrachtet jedenfalls unzutreffend wäre. Das Handelsgesetzbuch giebt keinen Anlaß zu der Aufstellung, es gehöre zum Wesen des Kontokorrentvertrages, daß mindestens ein Teil Kaufmann ist. Aus § 355 ist vielmehr das Gegenteil zu entnehmen. Wir werden dies sofort erkennen, sobald wir die Bedeutung des den § 355 einleitenden Konditionalsatzes festgestellt haben. Diese Feststellung bringt nicht nur in vorwürfige Frage völlige Klarheit, sondern ist auch in anderen Fragen zu verwerten. Wir werden auf dieselbe hauptsächlich zurückgreifen bei Beantwortung der Frage, wie es sich mit der praktischen Anwendung der handelsgesetzlichen Bestimmungen verhalten wird.

Es ist zunächst außer Zweifel, daß der den § 355 H.G.B. einleitende Konditionalsatz: „Steht jemand mit einem Kaufmann derart in Geschäftsverbindung" nicht zur Definition des Kontokorrentverhältnisses gehört. Die in Klammern gesetzten Worte „laufende Rechnung, Kontokorrent" beziehen sich offenbar nicht auf den ganzen vorausgehenden Teil des Paragraphen, sondern nur auf die beiden von „derart" abhängigen Erklärungssätze. Diese beiden Sätze allein bilden die Definition des Kontokorrentverhältnisses. Der Eingang des § 355 H.G.B. würde also unter Weglassung der Definition lauten: „Steht jemand mit einem Kaufmann in Kontokorrent, so u. s. w." Der in Rede stehende Konditionalsatz bedeutet also nichts weiter, als daß es Voraussetzung für die Anwendung des § 355 H.G.B. auf ein Kontokorrentverhältnis ist, daß der eine Vertragsteil Kaufmann ist. Ist diese Voraussetzung gegeben, dann kommt § 355 ohne Weiteres zur Anwendung, wenn nicht bewiesen wird, daß etwas anderes vereinbart sei. Ist diese Voraussetzung nicht gegeben, dann kommt § 355 nur dann zur Anwendung, wenn bewiesen wird, daß der Inhalt dieses Paragraphen vereinbart sei. Diese Voraussetzung, daß der eine Teil Kaufmann ist, gilt aber in gleicher Weise auch für die Anwendung der folgenden Paragraphen über den Kontokorrent. Richtiger wäre also gewesen, wenn die §§ 356 und 357 als weitere Absätze an § 355 H.G.B. angereiht worden wären, oder wenn ein eigener Paragraph eingeschaltet worden wäre des Inhalts: „Steht jemand mit einem Kaufmann derart in Geschäftsverbindung, daß ..... (laufende Rechnung, Kontokorrent), so gelten die nachfolgenden Bestimmungen.

Mit den Eingangsworten des § 355 H.G.B., um nun auf unser spezielles Thema zu kommen, ist also nichts weiter gesagt, als daß die vom Gesetze aufgestellten Regeln über den Kontokorrentvertrag auch dann noch gelten, wenn nur der eine Vertragsteil Kaufmann ist. Nicht ganz richtig ausgedrückt wäre es, wenn man diese Eingangsworte dahin auslegen wollte, daß damit nichts weiter gesagt sein solle, als daß die vom Gesetze aufgestellten Regeln über den Kontokorrentvertrag von selbst nur gelten, wenn mindestens ein Teil Kaufmann ist. Denn es ist selbstverständlich,[2]) daß im Handelsgesetzbuche aufgestellte Regeln über den Kontokorrentverkehr nicht bestimmt sind für ein nichtkaufmännisches Kontokorrentverhältnis (bei welchem kein Teil Kaufmann ist), sondern prinzipiell nur für ein kaufmännisches (bei welchem beide Teile Kaufleute sind). Würde nun eine Bestimmung wie die vorliegende überhaupt fehlen, würde es also z. B. bloß heißen: „Für den Kontokorrentverkehr gelten die nachfolgenden Bestimmungen", so würde man zunächst annehmen müssen, daß die Vorschriften sich nur auf das zweiseitig kaufmännische Kontokorrentverhältnis beziehen sollten und man wäre im Zweifel, wie die Rechtslage sein soll bei einem einseitig kaufmännischen Kontokorrentverhältnis; ob hier die Regeln des Handelsgesetzbuches gar nicht, oder ob sie nur für

[2]) Vgl. art. 2 des E. G. z. H. G. B.

den Kaufmann, oder ob sie für beide Teile gleichmäßig gelten sollen. Das alte Handelsgesetzbuch schnitt diese Zweifel, welche bei der angedeuteten Fassung möglich gewesen wären, dadurch ab, daß es bestimmte, die Normen über den Kontokorrentverkehr sollten nur gelten für ein Kontokorrentverhältnis zwischen zwei Kaufleuten. Das neue Handelsgesetzbuch ging weiter und bestimmte, daß die besonderen Vorschriften des Handelsrechts auch auf ein einseitig kaufmännisches Kontokorrent Anwendung finden sollen.

Der § 355 H.G.B. enthält also eine Ergänzung des § 345 H.G.B. in Ansehung des Kontokorrentvertrages. Wie die Vorschriften über Handelsgeschäfte allgemein auch dann noch und zwar für beide Teile gleichmäßig Anwendung finden sollen, wenn das Rechtsgeschäft nur für den einen der beiden Teile ein Handelsgeschäft ist, so sollen die Vorschriften über den Kontokorrentvertrag auch dann noch und zwar für beide Teile gleichmäßig Anwendung finden, wenn nur der eine Teil Kaufmann ist.

Ob nun der eine Teil die Kaufmannseigenschaft besitzt, ist nach § 1—6 H.G.B. zu bemessen. Es genügt, wenn der eine Teil Minderkaufmann ist, oder wenn er als Kaufmann gilt, entweder nach dem Gesetze oder infolge Auftretens als solcher im Verkehr.

Schließen Nichtkaufleute einen Kontokorrentvertrag, so bestimmen sich die Rechtsfolgen desselben nach allgemeinen Grundsätzen. Die Bestimmungen des Handelsgesetzbuches können nicht ohne Weiteres zur Anwendung gebracht werden. Es muß festgestellt werden, ob sich die Parteien bei Eingehung des Vertrages diesen Bestimmungen unterwerfen wollten.

§ 32.

2. Gegenstand des Kontokorrentvertrages.[1])

Gegenstand des Kontokorrentvertrages sind die gegenseitigen Ansprüche und Leistungen; nämlich insofern, als vereinbart wird, daß sie in Rechnung gestellt und in regelmäßigen Zeitabschnitten ausgeglichen werden sollen. Das letztere ist der Inhalt des Vertrages.

A. Die Leistungen.

Die Ueberweisungen von Geld im Kontokorrent begründen entweder Ansprüche oder es sind Zahlungen. Die erstere Bedeutung haben z. B. die Ueberweisungen des Korrespondenten beim Depositenverkehr und die Ueberweisungen des Bankiers beim Kreditverkehr. Die letztere Bedeutung dagegen haben z. B. die Ueberweisungen des Bankiers beim Depositenverkehr, die Ueberweisungen des Korrespondenten beim Kreditverkehr und die Ueberweisungen beim Warenverkehr. Früher nahm man an, daß jede Geldüberweisung ohne Unterschied eine Forderung begründe. Eine Zahlung im eigentlichen Sinne sollte es also gar nicht geben. Im Laufe der Zeit kam man aber zu strengerer Scheidung. Man gestand den Zahlungen ihren Rechtscharakter als solche zu und nahm, um dieselben mit der Vertragskonstruktion in Einklang zu bringen, an, daß ihre Tilgungskraft gehemmt sei bis zum Schlusse der Rechnungsperiode. Auf diesem Standpunkt steht auch das Gesetz. Denn es unterscheidet zwischen Ansprüchen und Leistungen. Mit den Leistungen hat das Gesetz die Zahlungen im Auge. Soweit Geldüberweisungen Forderungen begründen, hat man es mit Kontokorrentansprüchen zu thun.

Die Unterstellung, durch welche die herrschende Meinung die Zahlungen mit ihrer Vertragskonstruktion in Einklang zu bringen sucht, ist einer der wundesten Punkte ihrer ganzen Theorie. Wenn der Kaufmann eine Barzahlung macht, z. B. beim Warenverkehr oder beim Verkehr im offenen Kredit, dann will er von dem Moment der Zahlung an von einer Schuld in Höhe der Zahlung befreit sein. Die Konstruktion, daß die

[1]) Cosack § 69 I 3, 4, 6, 11; Staub § 355 Anm. 15; Greber S. 55; Kemmer S. 54, 138.

Zahlungen zunächst Forderungen begründen, oder gar, daß ihre Tilgungsfunktion aufgeschoben sei bis zum Schlusse der Rechnungsperiode, ist dem Kaufmann zweifellos ganz unverständlich. Daß diese Konstruktion ja auch nur einem zu wenig tiefen Eindringen in das Wesen der kaufmännischen Buchführung ihre Existenz verdankt, haben wir schon nachgewiesen.

Die Zahlungen sind nach der gesetzlichen Vertragskonstruktion nicht auf bestimmte Forderungen gemacht, sondern auf sämtliche Forderungen der Gegenseite, auf diejenigen, welche bereits existent geworden sind und auf diejenigen, welche noch zur Entstehung gelangen werden. Sie sind Vorschüsse, d. i. Zahlungen auf noch nicht fällige oder noch nicht existente Forderungen. Danach ist die Frage zu beantworten, in welcher Höhe die Kontrahenten Zahlungen annehmen müssen. Nachdem diese bestimmt sind, auch die noch nicht existenten Forderungen zu tilgen, erscheint jeder Kontrahent verpflichtet, soweit Zahlungen anzunehmen, als nach dem Umfange des Geschäftsverkehrs zu erwarten ist, daß dieselben zur Tilgung der entstandenen oder noch entstehenden Forderungen nicht überflüssig erscheinen. Wollte man das nicht zugeben, so käme man sofort zu dem Prinzip der fortlaufenden Tilgung.

B. Die Ansprüche.

Nach früherem Recht nahm man an, es gehöre zum Wesen des Kontokorrentverkehrs, daß auf beiden Seiten Forderungen entstehen. Es fragt sich, ob auch das neue Recht diesen Standpunkt einnimmt. Cosack[2]) und Staub[3]) nehmen dies an; der letztere unter Hinweis darauf, daß das Gesetz von beiderseitigen Ansprüchen spreche. Unserer Auffassung nach ist diese Beweisführung nicht stichhaltig. „Beiderseitige Ansprüche und Leistungen" ist nur eine andere Redewendung für „die Ansprüche und Leistungen der beiden Geschäftsfreunde". Man kann den Ausdruck eben so gut nehmen im Sinne: „Die Ansprüche des einen und die Leistungen des anderen Geschäftsfreunds" wie: „Die Ansprüche und Leistungen des einen und die Ansprüche und Leistungen des anderen Geschäftsfreunds." Es scheint, daß das Gesetz diese Frage überhaupt offen lassen wollte. Wie dem nun auch sein möge, auf jeden Fall ist die Annahme, es gehöre zum Wesen des Kontokorrentverkehrs, daß auf beiden Seiten Forderungen entstehen, irrig. Dieser Satz hatte übrigens früher eine viel engere Bedeutung, als er im Laufe der Zeit gewonnen hat. Es sollte mit demselben anfänglich nur ausgedrückt werden, daß die Zahlungen im Kontokorrentverkehr Forderungen begründen. Man hätte ihn deswegen auch fallen lassen sollen, sobald man dazu gekommen war, einzusehen, daß man aus Zahlungen doch nicht ohne weiteres Forderungen machen kann und man zur Erklärung der ersteren die famose Konstruktion erfunden hatte, daß die Tilgungskraft derselben „gehemmt" sei. Wenn danach der Satz noch aufrecht erhalten wird, gewinnt er natürlich eine ganz andere Bedeutung. In Wirklichkeit hat ihn die herrschende Meinung im Prinzip auch schon fallen lassen. Man sagt, die gegenseitige Kreditierung brauche nur beabsichtigt zu sein, ob sie auch wirklich durchgeführt werde, sei nicht erheblich; insbesondere höre ein längere Zeit bestehender Kontokorrentverkehr nicht dadurch auf, ein echter Kontokorrentverkehr zu sein, daß im Laufe einer Periode nur der eine Teil Forderungen erwerbe, der andere Teil Zahlungen mache.[4]) Es sieht gerade so aus, als ob man sich nicht getraute, gleich den ganzen Schritt auf einmal zu machen.

---

[2]) § 69 I 12.
[3]) § 355 Anm. 8.
[4]) Vgl. Staub a. a. O.

Die Ansprüche sind nach der gesetzlichen Vertragskonstruktion gestundet bis zum Schlusse der Rechnungsperiode. Wir wollen sehen, wie sich diese Annahme in der Praxis bewahrheitet. Beim Depositenverkehr im Kontokorrent sind die Depositen jederzeit rückforderbar. Andrerseits wird beim Kontokorrentverkehr im offenen Kredit häufig vereinbart, daß der Bankier seine Kreditleistungen vor Ablauf mehrerer Jahre nicht zurückverlangen könne. Wie paßt das zu einer Stundung bis zum Ablauf der Rechnungsperiode? Beim Warenverkehr werden im Kontokorrent häufig Forderungen verrechnet, für welche eine besondere Zahlungsfrist vereinbart ist, die nicht mit dem Schluß der Rechnungsperiode zusammenfällt (z. B. bei Warenlieferungen: Ziel 3 Monate). Auch das verträgt sich nicht gut mit der gesetzlichen Vertragskonstruktion. Ferner kann diese nicht erklären, warum beim Kontokorrentverkehr fortwährend Zahlungen gemacht werden. Wenn die Forderungen immer gestundet sind bis zum Schlusse der Rechnungsperiode, dann hat der Schuldner doch keinen Grund zu früherer Zahlung.

Diese Widersprüche zwischen Vertragskonstruktion und kaufmännischer Praxis finden ihre Erklärung einfach in dem Umstande, daß der Kontokorrentvertrag aus der Kolonnenrechnung entwickelt wurde. Die aus dieser Rechnung gezogene Schlußfolgerung, die Kontokorrentforderungen seien je bis zum Schlusse der Rechnungsperiode gestundet, ist eben eine arge Täuschung. Der Kontokorrentvertrag ändert an den Fälligkeitsterminen der einzelnen Forderungen gar nichts. Die Stundung kann sich über mehrere Rechnungsperioden erstrecken, der Fälligkeitstermin kann mit dem Schluß der Rechnungsperiode zusammenfallen, er kann auch zwischen zwei Abrechnungstermine fallen.

C. Die Zinsen im Kontokorrentverkehr.[5])

Zu den Kontokorrentansprüchen gehören auch die Zinsen.

a) Die Zinsen aus den Kontokorrentposten.

Es ist zunächst die Frage zu prüfen, ob es nach der Auffassung des Gesetzes zum Wesen des Kontokorrentvertrages gehört, daß die einzelnen Kontokorrentposten verzinslich sind. Cosack bejaht die Frage, während Staub sie verneint. Die Ansicht Cosacks scheint uns nicht haltbar. Die Worte „nebst Zinsen" im § 355 H.G.B. sind nicht zu den Worten „in Rechnung gestellt", sondern zu den Worten: „aus der Verbindung entspringenden" zu ziehen. Wenn also aus der Verbindung Zinsen entspringen, sollen sie ebenso wie die Hauptansprüche selbst behandelt werden. Für die juristische Natur des Kontokorrentvertrages ist es also nach Anschauung des Gesetzes ganz gleichgiltig, ob die einzelnen Posten verzinslich sind oder nicht. Von den Zinsen der einzelnen Kontokorrentposten wurde überhaupt nur deswegen gesprochen, weil zum Ausdruck gebracht werden sollte, daß nur dann der Saldo verzinslich sein soll, wenn die einzelnen Posten verzinslich waren, nicht auch wenn dies nicht der Fall war. Statt dies durch einen außerhalb der Definition stehenden Konditionalsatz auszudrücken, hat das Gesetz kurz, aber auf Kosten der Deutlichkeit, in die Definition die Worte „nebst Zinsen" eingefügt.[6])

Es ist die Regel, daß von den Kontokorrentforderungen Zinsen berechnet werden. Nach Ansicht Staubs stützt sich diese Uebung auf einen Handelsbrauch, „nach welchem die Kontokorrentisten einander vom Tage jedes Kreditpostens an Zinsen berechnen können und zwar für die ganze Dauer der Rechnungsperiode." Diese Anschauung Staubs ist zweifellos irrig. Vor allem ist unverkennbar, daß der Zusatz: „und zwar für die ganze

---

[5]) Cosack § 69 I 10; Staub § 355 Z. 7; Greber S. 16, 17, 69, 105, 144, 149, 150, 156 Anm. 14, 159; Kemmer S. 69 ff.

[6]) Vgl. Denkschrift Abs. 2.

Dauer der Rechnungsperiode" auf dem Irrtum beruht, die progressive Kolonnenrechnung stelle den ausgeführten Kontokorrentvertrag dar. Die Zinszahlen der progressiven Kolonnenrechnung entsprechen gar keinen wirklich entstandenen Zinsforderungen, es sind nur Zahlen, wie wir schon nachgewiesen haben. Dieser Zusatz ist also in keinem Falle haltbar. Aber auch die Annahme eines Handelsbrauches an sich zur Erklärung der Kontokorrentzinsen scheint uns verfehlt zu sein. Es giebt auch Kontokorrentverkehr ohne Zinsenberechnung. Nach unserer Auffassung sind die Zinsen, wenn solche berechnet werden, in jedem Falle ausdrücklich oder stillschweigend vereinbart.

Wenn man einen auf grundlage der progressiven Kolonnenrechnung konstruierten Vertrag konsequent durchführen will, dann muß man selbstverständlich, wenn Zinsen vereinbart sind, den Kontokorrentisten solche aus jedem Posten vom vollen Betrage vom Verfalltage an für die ganze übrige Dauer der Rechnungsperiode zuerkennen und zwar nicht bloß bei gleichem Zinsfuß, sondern auch bei ungleichem. Gerade in letzterem Falle zeigt sich, wie oben schon ausführlich erörtert, die Unzulänglichkeit der herrschenden Vertragskonstruktion. Man kommt mit derselben zu unvernünftigen Zinsenforderungen.

b) Die Zinsen aus dem Saldo.

Sind für die einzelnen Posten Zinsen rechtmäßig berechnet, so können nach § 355 Abs. I auch vom Saldo solche verlangt werden, und zwar auch insoweit, als etwa in demselben schon Zinsen enthalten sind. In dieser Bestimmung liegt also eine Aufhebung des Zinseszinsenverbotes. Sind die einzelnen Kontokorrentposten nicht verzinslich, so kann man ein Recht auf die Berechnung von Zinsen vom Saldo aus § 355 nicht mehr herleiten. Kaufleute unter einander können auch in diesem Falle vom Saldo Zinsen berechnen nach § 353 H. G. B., denn derselbe ist mit Ablauf der Rechnungsperiode fällig.

§ 33.

3. Umfang des Kontokorrentvertrages.[1])

Der Kontokorrentvertrag enthält nach der Auffassung des Gesetzes die Vereinbarung, daß gewisse Forderungen der Vertragsteile gestundet und nach Ablauf bestimmter Zeit verrechnet werden sollen. Es fragt sich, auf welche Forderungen der Vertragsteile sich diese Vereinbarung erstreckt. Die herrschende Meinung beantwortete diese Frage bisher wie folgt. Welche Forderungen in den Kontokorrentnexus fallen, bestimmt sich nach der Vereinbarung der Vertragsteile und nach der Art ihrer Geschäftsverbindung. Ist eine Vereinbarung nicht getroffen, so ist in der Regel anzunehmen, daß sämtliche auf den gewöhnlichen Geschäftsverkehr bezüglichen Geldverbindlichkeiten in den Kontokorrentnexus eintreten sollen. Dies dürfte auch der Standpunkt des neuen Handelsgesetzbuches sein.

Es sind danach in die laufende Rechnung einzubeziehen nicht bloß die sich direkt und gewöhnlich aus abgeschlossenen Geschäften ergebenden Ansprüche, z. B. auf Zahlung eines Kaufpreises, sondern auch Ansprüche auf Preisminderung, Schadensersatz u. dergl.

In den gewöhnlichen Geschäftsverkehr fallen nicht und sind deswegen auch nicht in die laufende Rechnung aufzunehmen z. B. die Verpflichtung zur Zahlung einer Alimentation, eines Heiratsgutes, ungewöhnlich hohe Schadensersatzpflichten, welche nach dem gewöhnlichen Laufe der Dinge nicht zu erwarten sind u. s. w.. Ebenso können Forderungen, welche an den einen Teil abgetreten oder indossiert worden sind, nicht ohne weiteres in den Kontokorrent aufgenommen werden, denn es sind keine Ansprüche, welche aus der gegenseitigen Geschäftsverbindung entsprungen sind.

In den Kontokorrentnexus können solche Verbindlichkeiten nicht fallen, deren End-

[1]) Cosack § 69 I 11; Staub § 355 Anm. 15; Greber S. 55; Kemmer S. 54.

zweck sich mit dem Wesen des Kontokorrentverkehrs nicht verträgt. Das sind z. B. die Forderungen, welche ein Kontrahent gegen den anderen aus einem pactum de mutuo dando auf Zahlung der Darlehensvaluta hat vor Ablauf der Rechnungsperiode.[2])

Die Frage, ob Wechsel und kaufmännische Verpflichtungsscheine ohne weiteres in den Kontokorrent fallen, ist sehr bestritten. Zur Orientierung darüber, welche Einzelfragen sich ergeben, wollen wir hören, welche Ansicht Cosack vertritt. Er sagt S. 354:

> „Bei Wechselansprüchen hängt es im Zweifel vom Belieben des Gläubigers ab, ob er sie in den Kontokorrent gar nicht einstellen oder auch, nachdem sie eingestellt, nachträglich wieder herausnehmen will. Denn wäre er verpflichtet, die Wechsel seiner Kontokorrentkunden in den Kontokorrent einzustellen, so dürfte er sie auch nach der Regel zu 9 nicht weiter girieren, was den Zwecken des Wechselverkehrs so wenig wie möglich entspricht. Er dürfte ferner einen von seinem Kunden angenommenen Wechsel dem Kunden nicht einmal zur Zahlung vorlegen und mangels Zahlung protestieren, obschon er durch Unterlassung des Protests den Rückgriff an die sonstigen Wechselschuldner verwirkt. Wie soll es endlich gehalten werden, wenn der Kunde A selber den Wechsel erst durch Indossament von B erworben und dann an seinen Kontokorrentgenossen C weiter indossiert hat? Wird der Wechsel mangels Zahlung protestiert, so ist, wenn C den Rückgriff an A erst nach Ablauf der Kontokorrentperiode nehmen darf, entweder dieser Rückgriff des C gegen A oder (wenn mit Rücksicht auf das im Kontokorrentvertrage liegende Stundungsversprechen die Verjährung gegen A erst nach Ablauf der Periode beginnen sollte) jedenfalls der weitere Rückgriff des A gegen seinen Vormann B verjährt."

Im Uebrigen verweisen wir auf Levy-Rießer S. 114 Anm. a, Greber S. 58, 59, 82—87, Kemmer S. 59 ff., Staub § 355 Anm. 15 und die bei diesen angegebene weitere Literatur. Wir überlassen die Austragung der Streitfragen den Anhängern der herrschenden Vertragskonstruktion. Wenn der Kontokorrentvertrag richtig konstruiert ist, ergeben sich bei Aufnahme der in Frage stehenden Forderungen in den Kontokorrent keine Besonderheiten.

III.

§ 34.

Wirkungen des Kontokorrentvertrages während des Laufes der Rechnungsperiode.[1])

Die Kontokorrentabrede setzt sich nach Ansicht der bisherigen herrschenden Meinung und auch nach der gesetzlichen Definition aus zwei Teilen zusammen. Es ist verabredet,

1. daß die gegenseitigen Forderungen und Zahlungen jeweils bis zum Ablaufe der Rechnungsperiode „in Rechnung gestellt",
2. daß dieselben nach Ablauf der Rechnungsperiode verrechnet werden sollen.

Aus diesen Abreden ergeben sich schon während des Laufes der Rechnungsperiode bestimmte Wirkungen.

Die Wirkungen der Abrede der Inrechnungstellung sind folgende:

1. Keine Forderung kann vor Ablauf der Rechnungsperiode eingeklagt oder aufgerechnet werden,
2. keine Forderung kann verjähren; die Verjährung ist gehemmt,[2])
3. die Kontokorrentisten können nicht in Verzug geraten,[3])

---

§ 33: [2]) Die Krediteröffnung kann man wohl als ein generelles pactum de mutuo dando bezeichnen. Der Korrespondent kann in jedem Augenblick die Auszahlung von Darlehen verlangen. Fällige Forderungen soll es aber während der Rechnungsperiode nicht geben. Es paßt also auch insofern die Konstruktion der herrschenden Meinung nicht für den Kontokorrentverkehr im offenen Kredit.

§ 34: [1]) Cosack § 69 I 3, 4, 6, 8, 9; Staub § 355 Anm. 16; Greber S. 71; Kemmer S. 65.
[2]) § 202 B. G. B.
[3]) § 284 B. G. B.

4. die Zahlungen können keine Tilgung von Forderungen bewirken.

Die Wirkungen, welche die Verrechnungsabrede ausüben soll, können, wie folgt, charakterisiert werden. Die Verrechnungsabrede soll gewissermaßen ein Band bilden, welches die sämtlichen Ansprüche und Leistungen zusammenhält. Die Posten je einer Rechnungsperiode sollen durch dieselbe je zu einem einheitlichen Ganzen zusammengefaßt werden. Die einzelnen Rechnungsposten sollen ihre selbständige Bedeutung verlieren und nur mehr in Betracht kommen als Faktoren des Schlußergebnisses. Infolge davon soll die Vornahme aller derjenigen Handlungen, welche die Ablösung eines Postens aus der Kette der Kontokorrentartikel zum Ziele haben, ausgeschlossen sein.

Als spezielle Folgen dieser durch die Verrechnungsabrede bewirkten Unselbständigkeit der Kontokorrentforderungen werden von der herrschenden Meinung bezeichnet

1. die Unmöglichkeit besonderer Einklagung der Kontokorrentforderungen. Diese Wirkung des Vertrages muß zugegeben werden. Nach demselben sollen die Kontokorrentforderungen sämtlich gestundet werden bis zum Schlusse der Rechnungsperiode und in diesem Zeitpunkte gegen einander verrechnet werden. Daraus ergiebt sich ohne weiteres die behauptete Wirkung, daß nicht jede Forderung für sich geltend gemacht werden kann, gleichgiltig, ob dies vor oder nach Ablauf der Rechnungsperiode geschehen soll.

2. Eine andere Folge der Unselbständigkeit der Kontokorrentforderungen soll die sein, daß keine derselben zur Aufrechnung gegen eine nicht zum Kontokorrent gehörige Forderung benutzt werden könne. Auch diese Folge ergiebt sich aus der Vertragskonstruktion.

3. Eine weitere besondere Wirkung der Unselbständigkeit der Kontokorrentforderungen soll sein die Unmöglichkeit der Abtretung oder Pfändung einer solchen. Nur Kemmer ist hier anderer Meinung. Er sagt S. 67:

> „Nach der herrschenden Ansicht ist auch die Cession eines einzelnen Kontokorrentpostens an dritte Personen während der Dauer des Rechnungsverhältnisses unzulässig. Da jedoch auch nicht fällige, bedingte und zukünftige Forderungen abgetreten werden können, so stünde an und für sich nichts im Wege, daß auch eine in das Kontokorrent gehörige Forderung in der Weise cediert wird, daß der neue Gläubiger sie, ebenso wie der bisherige Gläubiger, nicht ohne Rücksicht auf den Zeitpunkt des Rechnungsabschlusses und lediglich in Höhe des sich aus diesem ergebenden Saldos einzufordern berechtigt ist. Der Erwerb einer in dieser Weise cedierten Forderung begründet lediglich einen Anspruch auf den Saldo in Höhe der cedierten Forderung. Wenn nun dieser Saldo einmal nicht die Höhe der abgetretenen Forderung erreicht, so kann ein weiterer Anspruch auf grund der erfolgten Cession nicht erhoben werden. Daraus folgt, daß in Wahrheit nicht die einzelne Forderung als solche, welche genau in ihrer Größe bestimmt ist, sondern nur der Anspruch auf einen bestimmten Betrag des Saldos, nämlich in der Höhe der cedierten Forderung abgetreten ist."

Diese Deduktion erregt doch starke Bedenken. Das ist ja zweifellos, daß die herrschende Meinung Unrecht hat, wenn sie sagt, nach ihrer Konstruktion könnten die Kontokorrentforderungen nicht abgetreten werden. An und für sich steht bei dieser Konstruktion gar nichts im Wege, die Kontokorrentforderungen abzutreten. Es könnte dies allerdings nur mit den gegen sie bestehenden Einreden geschehen.[4]) Wie aber Kemmer

---

[4]) Zur selbständigen Geltendmachung kann eine solche Forderung natürlich nicht abgetreten werden, weil der Gläubiger dieses Recht ja selbst nicht hat. Die Forderung kann aber so abgetreten werden, wie sie dem Gläubiger zusteht. Staub sagt (§ 355 Anm. 17), die Uncedierbarkeit sei nicht vereinbart, sondern sie sei eine Folge der im Wesen des Kontokorrents liegenden Unmöglichkeit der selbständigen Geltendmachung der Forderungen. Gerade mit dieser Einrede der Unmöglichkeit selbständiger Geltendmachung kann eben die Forderung übertragen werden. — Die angeführte

ohne weiteres in einer solchen Abtretung die Abtretung des zukünftigen Saldos in Höhe der abgetretenen Forderung erblicken kann, erscheint uns nicht recht erklärlich. Abgetreten ist doch immer nur die einzelne Forderung. Der neue Gläubiger kann doch keine andere Forderung geltend machen als diejenige, welche an ihn abgetreten ist. Er erwirbt unseres Erachtens aus einer solchen Abretung keine weiteren Rechte, als gerade diese abgetretene Forderung, sobald und soweit die gegen dieselbe gegebenen Einreden nicht mehr bestehen, geltend zu machen. Da die Geltendmachung einer Kontokorrentforderung vor Ablauf der Rechnungsperiode nicht zulässig ist, stünde vor allem fest, daß er die Forderung nicht vor diesem Zeitpunkt geltend machen kann. Da aber außerdem auch die Forderung zur Verrechnung bestimmt ist, hätte er nachzuweisen, daß trotz erfolgter Verrechnung am Schlusse der Rechnungsperiode die fragliche Forderung ganz oder zum Teil nicht getilgt worden sei und insoweit könnte er dann dieselbe geltend machen.

Es ist also irrig, wenn die herrschende Meinung annimmt, es folge aus der von ihr aufgestellten Vertragskonstruktion mit Notwendigkeit die Unmöglichkeit einer Abtretung von Kontokorrentforderungen. Es ist aber auch unrichtig, wenn Kemmer, der sich dieser unrichtigen Meinung nicht anschließt, glaubt, in einer solchen Abtretung liege die Abtretung des künftigen Saldos in Höhe der abgetretenen Forderung. Es ist nur das Eine richtig, daß eine solche Abtretung dem neuen Gläubiger so gut wie gar kein Recht geben würde, weil 1. überhaupt nicht vorausgesagt werden kann, ob sich für den Cedenten beim Rechnungsabschluß ein Ueberschuß ergiebt und 2., wenn dies auch der Fall wäre, der neue Gläubiger immer noch nachzuweisen hätte, daß in diesem Ueberschuß die abgetretene Forderung ganz oder zum Teil enthalten sei, welcher Nachweis bei der gesetzlichen Vertragskonstruktion ganz unmöglich ist.

Hier zeigt nun die herrschende Vertragskonstruktion wieder eine bedenkliche Lücke. Es ist bei derselben prinzipiell die Möglichkeit gegeben, daß ein Kontokorrentist seine sämtlichen Forderungen in dieser Weise auf eine große Anzahl Personen überträgt. Der andere Kontokorrentist hätte dann die Abrechnung mit allen diesen Gläubigern durchzuführen; neben einer großen Anzahl von Forderungen hätte er es noch mit einer ebenso großen Anzahl von Gläubigern zu thun. Das würde aber ganz offensichtlich dem Zwecke des Kontokorrentvertrages, den Geschäftsverkehr zu vereinfachen, direkt zuwiderlaufen.

Sind die Kontokorrentforderungen abtretbar, dann können sie auch nach § 851 R.C.P.O. gepfändet und zur Einziehung überwiesen werden, allerdings auch nur mit den

---

Bemerkung Staubs erregt übrigens noch in anderer Beziehung Bedenken. Er will aus dem „Wesen" des Kontokorrentvertrages gewisse Wirkungen folgern und annehmen, daß diese nicht vereinbart seien. Das scheint doch nicht möglich zu sein. Das Wesen des Kontokorrentvertrages ergiebt sich eben aus den Vereinbarungen, welche denselben ausmachen, und wenn aus diesen Vereinbarungen eine Rechtswirkung entspringt, welche in den Vereinbarungen nicht ausdrücklich als gewollt aufgeführt ist, so ist diese Rechtswirkung deswegen doch auch mitvereinbart. Es kann sich doch aus einem Vertrage nicht etwas ergeben, was nicht vereinbart ist. Das ist nun richtig, daß aus dem Wesen des Vertrages, wie ihn die herrschende Meinung sich denkt, die Unmöglichkeit der selbständigen Geltendmachung der Kontokorrentforderungen folgt. Die Parteien haben eben vereinbart, daß die Forderungen verrechnet werden sollen und daß nur der Ueberschuß geltend gemacht werden soll. Würde aus dieser Vereinbarung folgen, daß Kontokorrentforderungen nicht abgetreten werden können, dann hätten die Parteien dies zweifellos auch mitvereinbart. Es wäre also auch — selbst zugegeben, daß sich aus der Unmöglichkeit der selbständigen Geltendmachung der Kontokorrentforderungen die Unmöglichkeit deren Abtretung ergebe — doch immer noch die Schlußfolgerung Staubs a. a. O., daß die Kontokorrentforderungen nicht nach § 851 Abs. II R. C. P. O., wonach eine Forderung, deren Uebertragung durch Vereinbarung ausgeschlossen ist, insoweit gepfändet und zur Einziehung überwiesen werden kann, als der geschuldete Gegenstand der Pfändung unterliegt, gepfändet werden könne, irrig, weil die Uncedierbarkeit eine vereinbarte wäre.

gegen sie bestehenden Einreden.[5]) Diese Pfändungen würden dem Gläubiger nur ein sehr fragliches Recht geben. Aus diesem Grunde hat das Gesetz in § 357 bestimmt, daß der Gläubiger jederzeit einen seinem Schuldner etwa zustehenden Anspruch auf den Ueberschuß aus der laufenden Rechnung pfänden könne und daß, wenn dies geschehen sei, neu entstehende Forderungen des anderen Kontokorrentisten gegen diesen Anspruch nicht mehr aufgerechnet werden können. Die Pfändung auf Grund dieser Gesetzesbestimmung wollen wir weiter unten eingehender behandeln.

IV.
Die Feststellung des Saldos.

§ 35.
1. Der Ablauf der Rechnungsperiode.

Nach der Definition werden beim Kontokorrentverkehr die aus der Geschäftsververbindung entsprungenen und in Rechnung gestellten beiderseitigen Ansprüche und Leistungen in regelmäßigen Zeitabschnitten durch Verrechnung und Feststellung des für den einen oder den anderen Teil sich ergebenden Ueberschuß ausgeglichen. Mit Verrechnung und Feststellung des Ueberschusses ist das ausgedrückt, was wir kurz als Saldofeststellung oder Rechnungsabschluß bezeichnet haben. Den Zeitraum zwischen zwei Saldofeststellungen haben wir als Rechnungsperiode bezeichnet.

Das Gesetz bestimmt nun in § 355 Abs. II, daß der Rechnungsabschluß jährlich einmal zu geschehen habe, sofern nicht ein Anderes bestimmt ist. Damit ist über den Zeitpunkt des Rechnungsabschlusses nichts gesagt; es ist nicht etwa bestimmt, daß der Rechnungsabschluß jedesmal am 31. Dezember stattzufinden habe; es ist bloß bestimmt, daß die Rechnungsperiode im Zweifel einjährig sein soll. Die Rechnung ist also abzuschließen im nächsten Jahre zu der Zeit, welche der des Beginns des Kontokorrents entspricht.

Nicht zu verwechseln mit dem Rechnungsabschluß ist der Kontokorrentabschluß, der Abbruch des Kontokorrentverkehrs. Der Ablauf der Rechnungsperiode bedeutet nicht auch ohne Weiteres den Abbruch des Kontokorrentverkehrs. Er hatte nach Anschauung der herrschenden Meinung nach früherem Recht Bedeutung in zweifacher Richtung:

1. entstand mit Ablauf der Rechnungsperiode ein Anspruch auf Feststellung des Saldos,

2. bedeutete der Ablauf der Rechnungsperiode die Beendigung der Kreditierung. Der Saldo galt nicht ohne Weiteres wieder kreditiert wie die bisherigen Kontokorrentforderungen. Dies war bloß dann der Fall, wenn die Parteien darüber einig waren, daß der Saldo als erster Posten auf neue Rechnung vorgetragen werden solle.

Diese Bedeutung des Rechnungsabschlusses läßt sich thatsächlich aus der herrschenden Vertragskonstruktion des früheren Rechts ableiten. Die Entstehung des Anspruches auf Saldofeststellung ergiebt sich aus der Verrechnungsabrede, die sofortige Fälligkeit des Ueberschusses ergiebt sich aus der Stundungsabrede.

Nachdem das Gesetz die herrschende Vertragskonstruktion in seiner Begriffsbestimmung des Kontokorrentverhältnisses sanktioniert hat, muß angenommen werden, daß

---

[5]) Will die herrschende Meinung die Nichtabtretbarkeit der Kontokorrentforderungen als zum Wesen des Kontokorrentvertrages gehörig aufrecht erhalten, dann bleibt ihr, nachdem dieselbe aus der bisherigen Konstruktion des Vertrages sich nicht ergiebt, nichts übrig, als anzunehmen, daß sie ausdrücklich vereinbart sei. Auch in diesem Falle wäre jedoch die Pfändung nach § 851 Abs. II R. C. P. O. möglich. Es wären also, wenn auch die Bedenken wegen der Uebertragbarkeit beseitigt wären, die wegen der Möglichkeit der Pfändung immer noch nicht beseitigt.

es dem Rechnungsabschluß dieselbe rechtliche Bedeutung beimißt wie die bisherige herrschende Meinung.

2. **Die Ausgleichung der Ansprüche und Leistungen.**

§ 36.

a) Die Verrechnung.

Nach der Definition werden die Ansprüche und Leistungen zunächst ausgeglichen durch Verrechnung. Verrechnung bedeutet, wie wir oben festgestellt haben, Anrechnung der Zahlungen und Aufrechnung der Forderungen. Wir wollen zunächst einmal zusehen, welche verschiedene Möglichkeiten der Ausgleichung der Kontokorrentforderungen bei Zugrundelegung der gesetzlichen Vertragskonstruktion überhaupt denkbar sind.

Wie wir gesehen haben, sollen die sämtlichen Ansprüche und Leistungen der Debetseite zur Tilgung der sämtlichen Ansprüche und Leistungen der Kreditseite bestimmt sein und umgekehrt. Die Tilgungsfähigkeit sämtlicher Zahlungen und die Fälligkeit sämtlicher Forderungen tritt auf einmal gleichzeitig mit Ablauf der Rechnungsperiode ein. Der Schluß der Kontokorrentperiode ergiebt also eine regellose Masse von fälligen Forderungen und Zahlungen.

Nachdem das Gesetz annimmt, daß eine einzige Forderung mit selbständigem Schuldgrunde an die Stelle dieser sämtlichen sich einander gegenüberstehenden Forderungen und Zahlungen treten soll, wäre die nächstliegende Konstruktion der Tilgung die folgende.

Die Parteien treffen keine Bestimmung, welche Forderungen durch ihre Zahlungen, deren Tilgungskraft im Momente des Rechnungsabschlusses von selbst eintritt, getilgt werden sollen. Es erfolgt dann ohne Weiteres die gesetzliche Anrechnung nach § 366 Abs. II B.G.B. Dadurch werden Forderungen auf beiden Seiten im Gesamtbetrage der Zahlungen auf den Gegenseiten getilgt. Welche Forderungen nun danach noch ganz oder teilweise übrig bleiben, brauchen die Parteien gar nicht zu wissen; sie sind darüber einig, daß die übrig gebliebenen Forderungen, soweit sie sich decken, gegen einander aufgerechnet werden könnten und daß danach, je nachdem in welcher Reihenfolge die Aufrechnungen vorgenommen werden würden, irgend eine davon oder mehrere (oder vielleicht auch gar keine) übrig, d. h. ungedeckt bleiben würde. Sie sind sich ferner darüber einig, daß auf jeden Fall, mögen sie die Aufrechnung in beliebig verschiedener Weise und Reihenfolge vornehmen, die restierende Forderung (eventuell die Summe der restierenden Forderungen) gleich dem Unterschied sein würde zwischen den Summen der noch nicht getilgten Forderungen auf der Debet- und auf der Kreditseite. Die Parteien rechnen deswegen die Forderungen gar nicht auf, sondern einigen sich, daß dieselben als erloschen gelten sollen und die Saldoforderung an deren Stelle treten soll.

Die Feststellung des Saldos würde danach enthalten

1. ein Schuldversprechen auf den Betrag des Saldos,[1])
2. zwei negative Anerkennungsverträge,[2]) daß die durch die Zahlungen nicht getilgten Forderungen auf der Debetseite und auf der Kreditseite nicht mehr bestehen.

Der Vertrag unter Ziffer 1 wäre nur geschlossen unter der Bedingung, daß auch die beiden anderen Verträge unter Ziffer 2 rechtsgiltig zu stande kommen.

Diese am nächsten liegende Konstruktion läßt sich mit den Worten des Gesetzes

---

[1]) § 780 B. G. B.
[2]) § 397 Abs. II B. G. B.

nicht gut decken, nachdem bei dieser Konstruktion eine eigentliche Verrechnung nicht stattfindet und das Gesetz doch ausdrücklich von Verrechnung spricht. Man müßte denn „Verrechnung" nicht in dem Sinne auffassen, daß thatsächlich die Anrechnung und die Aufrechnung durchgeführt wird, sondern in dem Sinne, daß die Parteien in der Erwägung, daß, wenn sie die Verrechnung thatsächlich in irgend einer Reihenfolge durchführen würden, irgend eine oder mehrere Forderungen im Betrage des Saldos übrig bleiben müßten, die abstrakte Saldoforderung begründen unter der Bedingung, daß die Kontokorrentforderungen auf beiden Seiten erloschen sein sollen. Mit dieser Auffassung würde man aber in das Gesetz etwas hineinlegen, woran der Gesetzgeber offenbar gar nicht gedacht hat; unter Verrechnung ist nichts anderes als eine wirklich durchgeführte Verrechnung zu verstehen. Wir müssen deswegen diese Konstruktion als mit dem Wortlaut des Gesetzes nicht vereinbar ablehnen.

Eine weitere Möglichkeit, wie man sich die Tilgung der Forderungen denken könnte, wäre die folgende. Die Parteien treffen wieder keine Bestimmung, welche Forderungen durch ihre Zahlungen getilgt werden sollen und es tritt zunächst wieder die Tilgung nach § 366 Abs. II B.G.B. ein. Durch die Anrechnung dieser Zahlungen, sagen sich die Parteien, muß unter allen Umständen, ganz gleichgiltig, auf welche Forderungen im Einzelnen die Zahlungen als angerechnet zu betrachten sind, die Summe der Forderungen auf der Debetseite um den Betrag der Zahlungen auf der Kreditseite und die Summe der Forderungen auf der Kreditseite um den Betrag der Zahlungen auf der Debetseite verringert worden sein. Die Parteien erkennen nun mit privativer Wirkung gegenseitig an, daß sie sich diese noch verbleibenden Beträge einander schulden. Durch diese Verträge sind die durch die Zahlungen nicht getilgten Forderungen auf beiden Seiten getilgt und je durch eine einheitliche Forderung ersetzt. Mit diesen Forderungen rechnen die Parteien nun auf. Als Ergebnis der Aufrechnung bleibt der Saldo übrig, welcher dann schon ohne Weiteres eine Novationsforderung ist, nachdem die aufgerechneten Forderungen selbst schon Novationsforderungen waren.

Diese Konstruktion paßt wieder nicht auf den Wortlaut des Gesetzes, weil wir am Schlusse der Kontokorrentperiode zwar eine Aufrechnung haben, nicht aber eine Verrechnung d. i. eine Kombination von Aufrechnung und Anrechnung. Wir haben ja angenommen, daß eine Anrechnung der Zahlungen nicht erfolge und deswegen die gesetzliche Tilgungsweise eintrete. Ferner ist diese Konstruktion auch deswegen mit dem Wortlaut des Gesetzes nicht vereinbar, weil hier bei der Kompensation ohne Weiteres eine Novationsforderung übrig bleibt, während das Gesetz erst durch Feststellung des Ueberschusses die Novationsforderung erhalten will. Außerdem käme noch hinzu, daß der zugesandte Kontokorrent gar keine Anhaltspunkte dafür giebt, daß thatsächlich zunächst die Zahlungen auf beiden Seiten angerechnet, danach die verbleibenden Forderungen auf beiden Seiten durch je eine einheitliche Forderung ersetzt und diese gegen einander aufgerechnet werden. Denn der Kontokorrent läßt nur ersehen die einzelnen Posten, die Gesamtsummen der Debet- und der Kreditseite und die Differenz derselben, den Saldo, nicht aber die nach Abzug der Zahlungen verbleibenden Summen der Forderungen auf der Debet- und auf der Kreditseite.

Als einzige Konstruktion, welche mit dem Wortlaute des Gesetzes in Einklang gebracht werden kann, bleibt nur die folgende übrig. Die Parteien nehmen thatsächlich eine Verrechnung, d. i. eine Anrechnung ihrer Zahlungen auf die Forderungen der Gegenseite und eine Aufrechnung ihrer Forderungen mit den letzteren vor und ersetzen danach die auf diese Weise nicht getilgten Forderungen der einen Seite durch eine Novationsforderung, den Saldo. Nun entsteht aber hier die Frage, wie sich die Praxis zu dieser Konstruktion verhält. Der Vorgang bei der Saldofeststellung läßt absolut keinen Schluß darauf zu, daß eine Anrechnung und eine Aufrechnung im Einzelnen, d. h. eine ausdrückliche Bezeichnung, welche Zahlungen und welche Forderungen im Einzelnen auf die eine oder andere der Gegenforderungen angerechnet bezw. dagegen aufgerechnet werden sollen, stattfindet. Ein solches Verfahren wäre für die Praxis auch viel zu umständlich. Wenn man dieser einigermaßen gerecht werden wollte, müßte man mindestens annehmen, daß die Verrechnung, auch wenn Einzelanrechnung und -aufrechnung stattfindet, doch wenigstens durch eine einzige Erklärung geschieht, welche generell einen Modus oder eine Reihenfolge bezeichnet, in welcher die Anrechnungen und die Aufrechnungen geschehen sollen. Man könnte etwa denken, die Erklärung habe zum Inhalt, daß die Anrechnungen und die Aufrechnungen nach dem Alter der Forderungen geschehen solle. In dieser Weise kann aber die Erklärung nicht abgegeben werden; denn es sind ja bei der vom Gesetze angenommenen Vertragskonstruktion alle Forderungen genau gleich alt. Man könnte dann daran denken, die Verrechnungserklärung habe zum Inhalt, daß die Anrechnungen und die Aufrechnungen in der Reihenfolge, in welcher die Posten in der Rechnung verzeichnet sind, etwa von oben nach unten oder von unten nach oben erfolgen solle. Diese Annahme wäre aber ganz willkürlich. Es läßt sich für eine Konstruktion des Kontokorrentvertrages auf Grundlage der progressiven Kolonnenrechnung unter der Annahme, daß die Zahlungen wirkliche Zahlungen und keine Forderungen sind, unseres Erachtens überhaupt keine Art und Weise der Verrechnung denken, welche durch die thatsächlichen Vorgänge im Geschäftsverkehr irgendwie gestützt werden könnte.

Früher machte man sich die Konstruktion der Verrechnung sehr leicht, dadurch daß man sagte, alle Posten der Rechnung seien durchweg als Forderungen zu betrachten und es finde am Schlusse der Rechnungsperiode eine Gesamtkompensation derselben statt. Diese Auffassung findet — von der Charakterisierung der Zahlungen als Forderungen natürlich abgesehen — doch wenigstens in der Rechnung eine wenn auch nur scheinbare Stütze, indem sämtliche Posten der beiden Seiten addiert und die Summen von einander subtrahiert werden. Man kann sich im Hinblick hierauf den Abrechnungsvorgang so vorstellen, daß sämtliche Forderungen der beiden Seiten (— Zahlungen giebt es keine —) je zu einer Gesamtforderung noviert und diese beiden Novationsforderungen dann gegeneinander aufgerechnet werden. In ähnlicher Weise denkt sich Rießer die Sache.[8]) Das wäre freilich sehr einfach, wenn nur die Zahlungen nicht eben Zahlungen wären, welche ein so summarisches Verfahren nicht gestatten. Von Gesamtkompensation sprechen übrigens sogar auch noch solche Autoren, welche den Zahlungen die ihnen zukommende rechtliche Eigenschaft als solche zuerkennen. Das ist natürlich sehr wenig konsequent, denn mit Zahlungen kann man nicht kompensieren.

Wir wollen auch hören, wie sich Greber den Vorgang der Verrechnung vorstellt. Er sagt S. 104:

> „Rechtlich ist jeder Kontokorrentartikel bestimmt, jeden Posten der Gegenseite zu tilgen. Arithmetisch ist dieser Satz undurchführbar. Dem Prinzipe wird aber die Kontokorrentaufrechnung dadurch möglichst gerecht, daß diejenige Seite, welche die geringere Summe im Vergleich zur anderen aufweist, auf die Gegenseite in der Weise einwirkt, daß die letztere hinsichtlich aller einzelnen Artikel um soviel gemindert wird, als das Verhältnis der Seite, für welche der Passivsaldo resultiert, zur anderen ausmacht. Beträgt z. B. das Kredit 10 000, das Debet 8000, so werden alle einzelnen Posten des Kredit um 8000 : 10 000 gemindert, d. h. um $^4/_5$. Der Saldo enthält also,

---

[8]) Vgl. Levy-Rießer S. 192 Anm. a, insbes. Ziff. 2.

genau betrachtet, von jedem Artikel der Kreditseite $^1/_5$, deren Summe 2000 ausmacht; die Debetseite ist durch die Wettschlagung ganz und gar getilgt. Die Richtigkeit dieses Grundsatzes wird evident, wenn im Kontokorrentrahmen nur wenige Forderungen z. B. auf der Kreditseite nur eine von 10 000 und auf der anderen nur eine von 8000 enthalten ist."

Daß eine generelle Verrechnungserklärung mit dem Effekt einer solchen Gesamtkompensation in der Praxis nicht abgegeben wird, dürfte wohl niemand zweifelhaft sein.[4]) Staub sagt über diese Frage (§ 355 Anm. 4):

„Wenn zugegeben werden muß, daß die beiderseitigen Ansprüche und Leistungen zur gegenseitigen Tilgung benutzt werden, dann ist das Vorliegen einer Novation zwingend. Denn da die Abrechnung und Aufrechnung der einzelnen Leistungen nicht auf einen bestimmten Einzelposten erfolgt, so kann der anerkannte Saldo nicht als Rest einer der Forderungen des Aktivsaldeninhabers betrachtet werden. Es wäre nicht ersichtlich, von welchen Forderungen er der Rest sein soll. Denn nicht auf einzelne, sondern auf alle Forderungen des schließlichen Aktivsaldoinhabers sind die Aktivposten des anderen Teiles abgerechnet worden. Der anerkannte Saldo setzt sich aber auch nicht etwa zusammen aus ratierlichen Resten der einzelnen Forderungen des Aktivsaldeninhabers. Denn die Absicht bei der Saldofeststellung geht nicht dahin, die Forderungen des Kontokorrents zum Teil zu tilgen und solche kleine Forderungspartikelchen übrig zu lassen, damit diese in ihrer Gesamtheit die Forderungen aus dem Aktivsaldo bilden. Das wäre das gerade Gegenteil von vereinfachen, das wäre eine juristische und rechnerische Komplikation ungeheuerlichster Art, und liegt dem Gedankengang der Interessenten durchaus fern. Sollen aber sämtliche Forderungen getilgt werden, keine derselben und auch kein Teil derselben weiter bestehen, gleichwohl aber demjenigen, für welchen ziffermäßig sich ein Ueberschuß herausgestellt hat, in dieser Höhe eine Forderung zustehen, so ist der Rechtsgrund dieser Forderung die Abrechnung selbst und diese ist eine Novation, die Umwandlung der bisherigen Schuldverhältnisse in ein neues."

Staub ist insofern zweifellos zuzustimmen, als er die Anschauung vertritt, daß die Parteien keine verhältnismäßige Tilgung der stärkeren Seite wünschen, derart daß schließlich im Saldo ein gewisser Prozentsatz von sämtlichen Forderungen dieser Seite enthalten wäre. Wenn aber Staub sagt, der Saldo könne nicht als Rest einer der Forderungen des Aktivsaldeninhabers betrachtet werden, weil es nicht ersichtlich wäre, von welchen Forderungen er der Rest sein solle, so müssen wir fragen, wie Staub sich den Vorgang der Verrechnung eigentlich denkt. Eine Verrechnung ist doch nur in der Weise möglich, daß von den aufgerechneten Forderungen ein Rest übrig bleibt.[5]) Vielleicht nimmt Staub eine wirkliche Verrechnung gar nicht als vorliegend an und denkt sich die Ausgleichung in der oben geschilderten Weise als negativen Anerkenntnis- oder Erlaßvertrag über die beiderseitigen durch die Zahlungen nicht getilgten Forderungen und Begründung einer vollständig neuen Forderung auf den Betrag, welchen die Durchführung einer Einzelverrechnung als Saldo ergeben hätte. Diese Konstruktion ist aber, wie bemerkt, mit dem Wortlaute des Gesetzes nicht in Einklang zu bringen, nachdem dieses ausdrücklich von einer Verrechnung, von einem daraus sich ergebenden Ueberschuß und von der Feststellung dieses Ueberschusses spricht. Es wäre in diesem Falle übrigens auch noch zu bemerken, daß Staub den Ausdruck Novation in einem sehr wenig gebräuchlichen Sinne angewendet haben würde. Novation wäre danach die Ersetzung von sich

[4]) Es stehen dieser Konstruktion übrigens auch schon die Zahlungen entgegen. Sollen diese auch verhältnismäßig getilgt werden?

[5]) Von der toten Bilanz abgesehen.

gegenüberstehenden Forderungen durch eine neue Forderung zu gunsten eines der Gläubiger. Nach dem gewöhnlichen Sprachgebrauche könnte man von Novation im gegebenen Falle nur dann reden, wenn die Forderungen aufgerechnet und die hiebei nicht getilgte Forderung durch eine neue Forderung ersetzt wird.

Sehr stiefmütterlich behandelt Cosack die vorliegende Frage, obwohl er doch am meisten Grund hätte, hier besonders klar zu sein, nachdem er in der Saldofeststellung keine Novation, sondern eine accessorische Stipulation erblickt und zwar hauptsächlich aus dem Grunde, weil der Gläubiger durch die accessorische Stipulation seiner Sicherheiten nicht verlustig gehe. Er sagt § 69 I Ziff. 6:

> „Der Kontokorrent bezweckt, daß die beiderseitigen Forderungen nach Ablauf der Rechnungsperiode gegeneinander aufgerechnet werden; dagegen findet während des Laufs der Rechnungsperiode keinerlei Aufrechnung statt. Auch Zahlungen, die eine Partei der anderen leistet, werden von ihren Schulden nicht abgerechnet, sondern ihr bloß gut geschrieben."

Cosack denkt sich also zweifellos den Saldo durch Verrechnung entstanden; er stellt sich ihn vor als die Forderung, welche nach der Verrechnung übrig geblieben ist; zu dieser tritt das bestätigende Schuldanerkenntnis hinzu. Wenn aber Cosack nicht angiebt, wie man in concreto die übrig gebliebene Forderung bestimmen kann, wie man nachweisen kann, daß gerade die gesicherte Forderung nicht durch Zahlung oder Aufrechnung getilgt sei, dann ist mit der Theorie der accessorischen Stipulation für die Praxis nichts gewonnen.

Levy behandelt die Frage der Abrechnung ausführlicher, verwickelt sich dabei aber in unlösbare Widersprüche. Er sagt (vgl. Levy-Rießer S. 168):

> „Regelsberger macht sich eines sonderbaren Mißverständnisses schuldig, welches wir gleich nachweisen möchten. „„Sehr häufig,"" sagt er, (Archiv f. civ. Praxis Bd. 47 S. 166) „„werden sich bei der Abrechnung die gegenseitigen Forderungen nicht decken, sondern auf der einen Seite nach geschehenem Abzug noch Forderungen verbleiben. Da entsteht dann die Frage, welche Forderungen auf dieser Seite durch die Aufrechnung getilgt wurden. Möglich, daß hierüber eine Bestimmung der Parteien ersichtlich ist. In Ermangelung dessen — ist hier als mutmaßliche Absicht anzunehmen, daß die der Fälligkeit nach ältere Forderung vor der jüngeren zur Aufrechnung verwendet werden solle.""
>
> Man sieht — hier wird die Frage gestellt (und beantwortet), welche Posten die vertragsmäßige Kompensation umfasse, wenn die Parteien sich darüber nicht einig werden können. Wir antworten: die Parteien brauchen sich darüber durchaus nicht den Kopf zu zerbrechen. Infolge des Kontokorrentvertrags (der Veranlassung zur vertragsmäßigen Kompensation) kann und darf keinen Augenblick Zweifel darüber entstehen. Infolge der durch den Kontokorrent in die gegenseitigen Handlungen (Posten) gebrachten Einheit umfaßt dieser Vertrag das ganze Debet gegenüber dem ganzen Kredit. Es ist also im Augenblicke, da die Parteien abrechnen, weder von alter noch von junger Schuld die Rede. Es besteht eine Schuld auf Seiten des A, und eine Schuld auf Seiten des B. Diese eine gegenseitige Schuld wird ausgeglichen. Was übrig bleibt, ist eine Forderung zu Lasten dessen, den sie angeht.
>
> Dieser Punkt hat also nicht die geringste Schwierigkeit."

Levy sagt also hier klipp und klar, die Aufrechnung gehe nicht so vor sich, daß die Posten einzeln gegeneinander aufgerechnet werden, wobei natürlich eine bestimmte Forderung übrig bleiben müßte (ev. mehrere), sondern so, daß die ganze Debetseite gegen die ganze Kreditseite aufgerechnet werde; im Momente der Abrechnung bestehe nur eine Schuld auf Seite des A und eine auf Seite des B. Dies ist rechtlich aber nur in der Weise möglich, daß die sämtlichen Forderungen des A und ebenso die sämtlichen Forderungen des B zu je einer einheitlichen Forderung noviert werden. Dabei gehen aber natürlich auch die Sicherheiten und Mithaftungen, welche für einzelne Forderungen bestanden haben, unter. Werden dann diese beiden Novationsforderungen gegeneinander aufgerechnet, so kann selbstverständlich auch wieder nichts anderes als eine Novationsforderung übrig bleiben, ein Teilbetrag der größeren der beiden Forderungen.

Mit dieser Konstruktion der Abrechnung ist es nun aber durchaus unvereinbar, wenn Levy später (vgl. S. 191 a. a. O.) das Folgende sagt:

„Speziell bei der Abrechnung auf Grund Kontokorrents möchten wir . . . . — wenn nicht das Gegenteil unzweifelhaft erhellt — den Ausschluß der Novation als Regel annehmen. Gerade die mit der Schulderneuerung verbundene rechtliche Folge, der Untergang nämlich der accessoria der in den Kontokorrent aufgenommenen Posten, scheint zu diesem Grundsatze führen zu müssen. Der Kaufmann, der für eine Forderung sachliche oder persönliche Bürgschaft hat, ist nicht gewillt, darauf zu verzichten, um sich mit einem Minus zufrieden zu geben.

Solange daher der Saldo selbst nicht bezahlt ist (welchenfalls die Frage natürlich wegfällt), wird er sich hinsichtlich des Postens, für den er eine Bürgschaft hat, für besser gesichert halten. Die Rechtsregel: melius est incumbere in rem quam in personam kennt der Kaufmann durch Intuition.

Grund genug, um ihm gegenüber in der Aufstellung vermutlicher Absichten vorsichtig zu sein, deren Existenz er, falls er gefragt würde, wohl entschieden in Abrede stellen würde."

Wir geben gerne zu, daß die von Levy angeführten Gründe die Annahme rechtfertigen, der Kaufmann habe, wenn im einzelnen Falle Novation den Verlust einer Sicherheit für ihn bedeutet, durch die Anerkennung des Rechnungsabschlusses den Saldo nicht novieren wollen, aber das wird auch zweiffellos sein, daß, wenn die Kontokorrentisten ihre Forderungen so aufrechnen, wie Levy annimmt, der Saldo unter allen Umständen eine Novationsforderung sein muß.

Sehr unklar in unserer Frage ist auch Grünhut, weil er Verrechnung und Novation nicht scharf von einander trennt. Er sagt (Endemann, Handbuch des Handelsrechts Bd. III S. 952):

„Die Anerkennung des Saldo zieht dieselben Rechtsfolgen nach sich, gleichgiltig ob in der gemeinschaftlichen Feststellung des Saldo eine Novation gefunden wird oder nicht, ob der in der Anerkennung gelegenen stipulatio (promissio) debiti lediglich accessorische oder sogar novierende Wirkung beigelegt wird. In jedem Falle ist die durch die Anerkennung des Saldo erzeugte Obligation in formeller Beziehung unabhängig und selbständig zu beurteilen, insbesondere rücksichtlich der Verjährung, des Gerichtsstandes u. s. w. Ob nun die Feststellung und Anerkennung des Saldo novatorische Wirkung habe, ist als eine quästio voluntatis anzusehen. Dem Wesen des Kontokorrentverkehrs entspricht es aber, im Zweifel anzunehmen, daß nach dem Willen der Parteien durch die Feststellung und Anerkennung des Saldo die materiellen Forderungen, welche als Posten in dem Kontokorrent aufgenommen erscheinen, aufgehoben werden sollen, und daß an ihre Stelle ausschließlich die im Saldo ausgedrückte und anerkannte Forderung zu treten habe, denn der Saldo wird durch Kompensation der ganzen Debetmasse gegen die ganze Kreditmasse gefunden, durch die Kompensation wird aber virtuell Zahlung, also Tilgung der Schuld bewirkt und zwar nicht bloß dieser oder jener Post, sondern aller Posten einer Seite in gleicher Weise.

Der Saldo als Rest einer in gleichem Maße getilgten Reihe von Posten kann nicht als das Resultat dieser oder jener materiellen in dem Kontokorrent eingetragenen Forderung, sondern nur als eine an Stelle der alten mit Absorption derselben als Erfüllungsäquivalent getretene neue Forderung (novum nomen) angesehen werden, so als ob die Restschuld bezahlt und die gezahlte Summe wieder zurückgegeben worden wäre. Es würde dem Saldo, der die Einheit als eigentliche Rechtsfolge des Kontokorrentes verwirklicht, an der eigentlichen praktischen Spitze fehlen, wenn es den Parteien freistünde, unabhängig von seiner Feststellung auf die in den einzelnen Posten enthaltenen mannigfachen Obligationsverhältnisse zurückzukommen; diese haben als Faktoren bei der Bildung des Saldo mitgewirkt und gehen in demselben auf, er selbst wird aber im Zweifel nach dem Willen der Parteien, um das Verhältnis zu vereinfachen, durch novierende Anerkennung als eine neue Forderung konstituiert. Allein nicht immer liegt die Absicht der Parteien zu novieren vor, zuweilen sprechen die Umstände dafür, daß die durch die Anerkennung begründete Obligation nicht an Stelle der alten, sondern zu derselben, welche durch die Anerkennung definitiv festgestellt wird, hinzutreten soll, insbesondere wenn für das alte Schuldverhältnis Bürgschaft oder Pfand bestellt ist."

Grünhut sagt also hier, der Saldo werde durch Kompensation der ganzen Debetmasse gegen die ganze Kreditmasse gefunden. In seiner Definition des Kontokorrentverhältnisses (vgl. oben S. 30) sagt er noch deutlicher, der Saldo werde durch Kompensation der ganzen zu einer unteilbaren Einheit verschmolzenen Debetmasse (gegen die ganze zu einer unteilbaren Einheit verschmolzene Kreditmasse) gefunden. Grünhut nimmt also an, die sämtlichen Forderungen auf beiden Seiten würden je zu einer einheitlichen Forderung noviert und diese Novationsforderungen würden dann kompensiert. Wenn aber das so ist, dann gehen die Einzelforderungen schon vor der Kompensation unter und nicht erst durch diese. Durch die Kompensation kann also nicht, wie Grünhut sagt, die Tilgung aller Posten einer Seite in gleicher Weise bewirkt werden, weil eben diese Posten in dem Augenblicke, in welchem die Kompensation vorgenommen wird, gar nicht mehr vorhanden sind. Wie paßt es ferner zu der Behauptung Grünhuts, der Saldo könne nicht als der ungetilgte Rest dieser oder jener materiellen Kontokorrentforderung angesehen werden, weil er der Rest einer in gleichem Maße getilgten Reihe von Posten sei, wenn Grünhut hinterher wieder sagt, manchmal liege die Absicht der Parteien zu novieren nicht vor, die durch die Anerkennung begründete Obligation trete manchmal nicht an Stelle der alten Obligation, sondern zu derselben? Wenn der Saldo als Rest einer in gleichem Maße getilgten Reihe von Posten nicht der ungetilgte Rest dieser oder jener materiellen Kontokorrentforderung sein kann, welches soll denn dann die alte Obligation sein, zu welcher die durch die Anerkennung begründete Obligation hinzutritt?

Wir müssen konstatieren, daß weder eine auf Grundlage des alten noch eine auf Grundlage des neuen Rechtes gegebene Erklärung des Vorgangs bei der Verrechnung in der Literatur zu finden ist, welche annähernd befriedigen könnte. Wir müssen aber auch gestehen, daß uns selbst eine Konstruktion, welche gleichzeitig sich mit dem Wortlaute des § 355 H.G.B. deckt, mit den Vorgängen, welche die Praxis zeigt, nicht in Widerspruch steht und mit den Bestimmungen des bürgerlichen Gesetzbuches in Einklang zu bringen ist, nicht möglich ist. Nachdem wir die vom Gesetze angenommene Vertragskonstruktion überhaupt für falsch halten, können wir auch die Konstruktion der nach derselben stattfindenden Verrechnung denjenigen überlassen, welche der Meinung sind, das Gesetz habe das Kontokorrentverhältnis richtig definiert und welche danach bei Ablauf der Kontokorrentperiode mit lauter gleichaltrigen Forderungen und einer Reihe gleichzeitiger Zahlungen zu thun haben.

§ 37.

b) Die Feststellung des Ueberschusses.

Die Ansprüche und Leistungen sollen ausgeglichen werden außer durch Verrechnung auch durch Feststellung des sich bei der Verrechnung ergebenden Ueberschusses. Der Ueberschuß bildet also die Grundlage für die Feststellung des Saldos. Die Erklärung, wie der Ueberschuß entsteht, wie die Verrechnung vor sich geht, haben wir in suspenso lassen müssen. Was der Ueberschuß, gleichgiltig wie er entstanden ist, sein muß nach dem Wortlaute des Gesetzes und nach den Vorschriften des bürgerlichen Rechts ist klar; er kann nur bestehen in einer der Kontokorrentforderungen, in mehreren derselben oder dem Reste einer solchen.

Durch die Feststellung dieses Ueberschusses soll also die völlige Ausgleichung der Kontokorrentforderungen herbeigeführt werden. Wir haben oben schon festgestellt, daß Ausgleichen in Bezug auf Feststellung des Ueberschusses nur Novation bedeuten kann. Die Feststellung des Saldos gipfelt also danach in einem Schuldversprechen nach § 780 B. G. B., welches unter der Bedingung abgegeben wird, daß der Ueberschuß, welcher sich bei der Verrechnung ergeben hat, „ausgeglichen" sein soll. Wie dieses Schuldversprechen in der Praxis entsteht, ist im Gesetze nicht gesagt. Man wird annehmen können, daß das Gesetz in der Zusendung des Rechnungsauszuges den Antrag auf Abschließung dieses Schuldversprechens erblickt.

Außerdem ist in der Zusendung des Rechnungsauszuges noch der weitere Vertragsantrag enthalten, es solle anerkannt werden, daß — abgesehen von der auf grund des ersten Vertragsantrags neu zu begründenden Saldoforderung — aus dem Kontokorrentverkehre Forderungen der Vertragsteile gegen einander nicht mehr bestehen. Dieser Vertragsantrag ist unter der Bedingung gemacht, daß der erste Antrag angenommen wird.

Die Frage, ob in der Zusendung des Rechnungsauszuges auch Vertragsanträge bezüglich der einzelnen Posten liegen, sodaß bezüglich dieser verpflichtende Anerkenntnisse zu stande kommen könnten, wäre zu verneinen. Vertragsanträge sind nur gemacht bezüglich des Schlußergebnisses. Die einzelnen Posten als solche spielen nur bei der Verrechnung eine Rolle.[1])

Wird der Saldo nicht freiwillig anerkannt, so kann die Feststellung im Wege der Klage erzwungen werden. Der klagbare Anspruch auf Feststellung des Saldos entsteht nach der herrschenden Meinung regelmäßig jedesmal bei Ablauf einer Rechnungsperiode. Das ist jedoch u. E. nicht richtig. Derselbe entsteht nur in den Fällen, wo nicht der Anspruch auf Zahlung des Saldos gegeben ist; denn der letztere Anspruch schließt den ersteren in sich. Das rechtskräftige Erkenntnis, daß der Schuldner einen bestimmten Saldo an den Gläubiger zu zahlen habe, enthält zugleich die Feststellung der Höhe des Saldos. Der Anspruch auf Feststellung des Saldos entsteht also nur insoweit bei Ablauf der Rechnungsperiode, als der Gläubiger in diesem Zeitpunkte nicht ein Recht auf Kündigung des Kontokorrentverkehrs hat, welche die Entstehung des Anspruches auf Zahlung mit sich bringt.

Nachdem der Saldofeststellung vom Gesetze novatorische Wirkung beigemessen wird, geht der Anspruch dahin, daß ein Schuldversprechen in Höhe des Saldos unter der Bedingung, daß der durch die Verrechnung nicht gedeckte Forderungsbetrag erlischt, von dem einen Kontrahenten abgegeben und von dem anderen angenommen werde und ferner,

---

[1]) Vgl. hierüber Greber S. 96.

daß anerkannt werde, daß außer dieser Saldoforderung keine Kontokorrentforderungen mehr aus der letzten Rechnungsperiode bestehen.

Die Klage auf Feststellung des Saldos stellt sich nicht etwa als reine Feststellungsklage nach § 256 R. C. P. O. dar, weil der Anspruch nicht auf Anerkennung des Bestehens eines Rechtsverhältnisses, sondern auf Neubegründung eines solchen geht.

Zur Begründung des Anspruches ist erforderlich die Aufstellung aller einzelnen Posten und der Beweis ihrer Richtigkeit, soweit nach den allgemeinen Grundsätzen dem Kläger die Beweislast obliegt. Der Kläger hat also insbesondere nur seine eigenen Forderungen und Zahlungen darzuthun, nicht auch die des Gegners. Außerdem hat der Kläger zu beweisen, daß er seine Forderungen und Zahlungen gegen die des Gegners verrechnet habe und daß sich dadurch der geltend gemachte Saldo ergeben habe. Dasselbe gilt auch von der Begründung des Anspruches auf Zahlung.

§ 38.

3. Die Wirkungen der Saldofeststellung.

Die Hauptwirkung der Saldofeststellung besteht darin, daß alle bisherigen Einzelforderungen einschließlich des auf neue Rechnung vorgetragenen Saldos aus der früheren Rechnungsperiode als abgethan gelten und nur eine neue, auf selbständigem Rechtsgrunde beruhende Forderung, das Saldoguthaben besteht. Es macht dabei keinen Unterschied, ob eine Forderung, welche nach der Vereinbarung der Parteien in den Kontokorrent aufzunehmen war, in die Rechnung einbezogen war oder nicht. Auch die nicht in die Rechnung einbezogenen Forderungen sind infolge des in der Feststellung liegenden negativen Anerkennungsvertrages erloschen.

Aus dem festgestellten Saldo kann selbständig geklagt werden. Der Rechtsgrund der Klage ist die Feststellung; auf die zu grunde liegenden Forderungen braucht und kann nicht zurückgegriffen werden. Es ist eine Klageänderung, wenn die auf die Saldofeststellung gestützte Klage nachträglich auf die einzelnen Posten gestützt wird.

Die Saldofeststellung kann nur angefochten werden unter den Voraussetzungen der Kondiktion wegen ungerechtfertigter Bereicherung oder den Voraussetzungen des Irrtums, des Betruges und des Zwanges.

Da der Saldo eine Novationsforderung ist, unterliegt er, selbst wenn die Voraussetzungen des § 196 Z. 1 B.G.B. bei den einzelnen Kontokorrentforderungen gegeben sind, nicht der zwei- oder vierjährigen Verjährungsfrist, sondern verjährt erst in 30 Jahren.

Die novatorische Saldofeststellung bewirkt auch den Untergang von Sicherheiten und Mithaftungen, welche für die der Feststellung zu Grunde liegenden Forderungen bestehen. Hievon wollen wir in einem besonderen Paragraphen handeln.

V.

§ 39.

Die Sicherheiten und Mithaftungen für Kontokorrentforderungen.

Eine besonders wichtige Wirkung der Ausgleichung der Ansprüche und Leistungen ist der Untergang der für die einzelnen Forderungen bestehenden Sicherheiten und solidarischen Mithaftungen. Dieselben gehen unter teils schon durch die Verrechnung, nämlich soweit sie für Forderungen bestanden haben, welche durch die Verrechnung ausgeglichen werden, teils durch die novatorische Feststellung des Ueberschusses, nämlich soweit sie für Forderungen bestanden haben, welche bei der Verrechnung als Ueberschuß übrig geblieben sind.

Diese Wirkung der Ausgleichung der Ansprüche und Leistungen ist jedoch paralysiert durch § 356 H.G.B. (abgedruckt oben S. 2).

Cosack nimmt, wie wir wissen, an, daß das Gesetz der Saldofeststellung keine novatorische Wirkung beimesse. Seine Auslegung des § 356 kann sich demnach keinesfalls mit der unsrigen decken. Wir wollen deswegen zunächst einmal sehen, wie er den § 356 auslegt.

Nachdem Cosack in § 69 Ziff. 8a, α und β seines Lehrbuchs des Handelsrechts (4. Aufl.) ausgeführt hat, daß nach altem Recht weder eine Novation der einzelnen Kontokorrentforderungen durch die Aufnahme derselben in die Rechnung, noch eine Novation des Kontokorrentsaldos durch Anerkennung desselben bewirkt worden sei, fährt er a. a. O. unter b fort:

> „Das neue Handelsgesetzbuch ändert an diesen Regeln nichts. Denn es begnügt sich, unsere zu α und β aufgestellte Regel bezüglich der durch Pfänder, Bürgschaften u. s. w. gesicherten Forderungen ausdrücklich zu bestätigen; es bestimmt nämlich, daß Pfandrechte, Bürgschaften u. s. w., welche für einzelne in den Kontokorrent aufgenommene Forderungen bestehen, durch das Anerkenntnis des Kontokorrentsaldos nicht aufgehoben werden."

Cosack findet also in unserer Gesetzesbestimmung eine Bestätigung seiner Auffassung, daß das Gesetz die Novationstheorie verworfen habe. Er nimmt an, daß durch § 356 bloß die Rechtslage bestätigt worden sei, welche sich, wenn die Feststellung des Saldos ein kumulatives Anerkenntnis enthält, von selbst ergiebt. Wir wollen an einem Beispiele sehen, welches diese Rechtslage wäre. Wir nehmen an, auf der Debetseite seien eine Forderung zu 500, eine weitere zu 300 und eine dritte zu 1000 M. durch Bürgschaften gesichert gewesen. Die Aufrechnung und die Anrechnung der beiderseitigen Forderungen und Zahlungen sei so vor sich gegangen, daß nachweislich mit Ausnahme der ganzen Forderung zu 500 M. und eines Restbetrages zu 100 M. von der Forderung zu 300 M. alle Forderungen, also auch die durch Bürgschaft gesicherte zu 1000 M., getilgt worden sind. Es ist ohne Weiteres klar, daß die Bürgschaft für die Forderung zu 1000 M., welch' letztere bereits durch die Verrechnung getilgt ist, von der Saldofeststellung garnicht berührt wird. Für die Existenz dieser Bürgschaft ist es gleichgiltig, ob in der Saldofeststellung ein privatives oder ein kumulatives Anerkenntnis enthalten ist. Ein Unterschied kann sich nur ergeben bezüglich derjenigen Sicherheiten und Mithaftungen, welche für Forderungen bestehen, die im Ueberschuß enthalten sind. Werden diese Forderungen zu einer einheitlichen Saldoforderung noviert, so gehen sie unter und mit ihnen natürlich auch die Sicherheiten und Mithaftungen. Enthält die Saldofeststellung aber bloß ein bestätigendes Anerkenntnis, so gehen die einzelnen Forderungen, auf welche es sich bezieht, nicht unter und wird auch an dem Bestande und dem Umfange der Sicherheiten und Mithaftungen nicht das geringste geändert. Die Feststellung hat ja in diesem Falle keine weitere Bedeutung, als daß der Gläubiger auf die einzelnen im Saldo enthaltenen Forderungen je einen neuen abstrakten Klagegrund erhält.

Wir wollen nun einmal mit Cosack annehmen, daß das Gesetz thatsächlich auf dem Standpunkt stehe, die Saldofeststellung enthalte bloß ein bestätigendes Anerkenntnis, und zusehen, ob dann der § 356, so wie ihn Cosack auslegt, zu dieser Auffassung des Gesetzes passen würde. Wir haben ja schon aus § 355 nachgewiesen, daß das Gesetz die Novationstheorie angenommen hat. Wir müssen uns aber jetzt auf den Standpunkt Cosacks stellen, weil wir seine Auslegung des § 356 natürlich nur von dem Standpunkte aus besprechen können, welchen er in der für die Frage des Fortbestandes von Sicherheiten und Mithaftungen präjudiziellen Frage, ob in der Saldofeststellung ein privatives oder ein kumulatives Anerkenntnis liegt, einnimmt.

Wenn man auf dem Standpunkte steht, das Gesetz habe die Theorie des kumulativen Anerkenntnisses angenommen, dann kann man entweder der Meinung sein, das Gesetz habe es für selbstverständlich gehalten, daß der Saldofeststellung nur bestätigende Wirkung beikomme und habe deswegen im Handelsgesetzbuche überhaupt gar nichts darüber gesagt, oder man kann der Meinung sein, es habe dies nicht für selbstverständlich gehalten und es deswegen im Handelsgesetzbuche ausgedrückt und zwar entweder außerhalb des § 356 oder gerade durch den § 356. Es ist ohne weiteres klar, daß in den beiden ersten Fällen der § 356 vollständig überflüssig wäre, denn er würde etwas sagen, was das Gesetz für selbstverständlich halten mußte. Hat nämlich das Gesetz die Richtigkeit der Theorie des kumulativen Anerkenntnisses für selbstverständlich gehalten und deswegen im Gesetz gar nichts darüber gesagt, dann brauchte es noch viel weniger über den Fortbestand der Sicherheiten und Mithaftungen für im Saldo enthaltene Forderungen etwas zu sagen, denn diese Folge des kumulativen Anerkenntnisses mußte es noch viel eher für selbstverständlich halten, weil sie im Gegensatz zur Theorie des kumulativen Saldoanerkenntnisses allgemein anerkannt ist. Hatte aber das Gesetz die Richtigkeit der Theorie des kumulativen Anerkenntnisses nicht für selbstverständlich gehalten und deswegen im Handelsgesetzbuche außerhalb des § 356 gesagt, daß das Anerkenntnis diese Wirkung habe, dann war der § 356 natürlich genau so überflüssig wie im vorigen Falle. Es bleibt noch die Annahme übrig, daß das Gesetz im § 356 selbst habe ausdrücken wollen, daß der Saldofeststellung nur bestätigende Wirkung beikomme. Bei dieser Annahme wäre aber die Fassung und die Stellung des § 356 gar nicht erklärlich. Das Gesetz hätte dann doch, statt viele Worte zu machen, einfach sagen können: „Der Feststellung des Ueberschusses kommt nur bestätigende Wirkung bei." Auch wäre es doch gewiß sehr ungewöhnlich, wenn das Gesetz dadurch, daß es sagt, es sei die Wirkung vorhanden, ausdrücken wollte, daß auch die Ursache vorhanden sei. So verfährt man in Lehrbüchern, aber nicht in Gesetzbüchern. Wollte aber der Gesetzgeber mit § 356 nichts weiter sagen, als was kurz durch die Worte: „Der Feststellung des Ueberschusses kommt nur bestätigende Wirkung bei" ausgedrückt werden kann, dann hätte er das jedenfalls auch nicht in einem besonderen Paragraphen gesagt, sondern im Anschlusse an die Definition in § 355, wo das Thema der Feststellung des Ueberschusses schon angeschnitten war.

Eine von diesen drei Meinungen muß auch Cosack sich angeeignet haben. Daß das Gesetz durch den § 356 habe zum Ausdruck bringen wollen, daß der Saldofeststellung bloß bestätigende Wirkung beikomme, nimmt er nicht an; denn er findet in § 356 nur eine Bestätigung dafür, daß das Gesetz dieser Ansicht sei. Auch nimmt er nicht an, daß das Gesetz irgend anderswo als im § 356 H.G.B. gesagt habe, daß der Saldofeststellung nur bestätigende Wirkung beikomme; denn in diesem Falle hätte er die Stelle bezeichnet, wo das Gesetz das sagt. Es bleibt also nur übrig, daß er der Meinung ist, das Gesetz habe es für selbstverständlich gehalten, daß die Feststellung des Ueberschusses nur ein bestätigendes Anerkenntnis enthalte und deswegen gar nichts über diesen Punkt gesagt. Wir haben gesehen, daß bei dieser Annahme der § 356, wenigstens wenn man ihn so wie Cosack auslegt, vollständig überflüssig wäre. Nicht überflüssig ist der § 356 nur dann, wenn er nicht etwas sagt, was die Auffassung des Gesetzes über die Wirkung der Saldofeststellung auf den Fortbestand der Sicherheiten und Mithaftungen bloß bestätigt, sondern wenn er etwas sagt, was zu derselben im Gegensatze steht, nicht von selbst aus ihr folgt. Legt man aber den § 356 so aus, daß er nicht genau das ergiebt, was nach der Theorie des bestätigenden Anerkenntnisses als selbstverständlich erscheint, dann ist er natürlich auch keine Stütze für die Annahme, daß das Gesetz auf dem Boden dieser Theorie stehe. Es wäre gerade dann erst recht noch der Nachweis zu erbringen, daß das Gesetz, trotzdem es hinsichtlich der Sicherheiten und Mithaftungen etwas anderes bestimmt habe, als was sich als notwendige Folge der bestätigenden Wirkung des Saldoanerkenntnisses ergebe, in der Saldofeststellung ein bestätigendes Anerkenntnis sehe.

Wir bleiben also dabei, daß schon in § 355 die Novationstheorie gesetzliche Sanktion gefunden hat, und wollen nun versuchen, von diesem Standpunkte aus den § 356 zu erklären.

Die Kontokorrentforderungen gehen unter teils durch die Verrechnung, teils durch die Novation. Wir wollen der Kürze wegen im ersteren Falle von verrechneten, im zweiten Falle von novierten Forderungen reden. Man kann nun annehmen, durch § 356 sollten nur die Sicherheiten und Mithaftungen für die verrechneten Forderungen aufrecht erhalten werden, oder es sollten nur die Sicherheiten und Mithaftungen für die novierten Forderungen aufrecht erhalten werden, oder es sollten die sämtlichen Sicherheiten und Mithaftungen aufrecht erhalten werden, die für die verrechneten und die für die novierten Forderungen. Die erstere Auslegung scheidet für uns sofort aus, weil für eine solche Bestimmung das gesetzgeberische Motiv nicht gefunden werden könnte, wie sich im Verlaufe der Darstellung noch genauer ergeben wird. Diskutierbar sind nur die beiden letzteren Auslegungen.

Man könnte also zunächst denken, das Gesetz habe die Mithaftungen und Sicherheiten, welche für im nicht novierten Saldo enthaltene Forderungen bestanden haben, aufrecht erhalten wollen. Für eine solche Auslegung ließe sich anführen, der Gesetzgeber habe sich gesagt, daß diese Forderungen materiell in der Novationsforderung noch enthalten seien. Ferner könnte man für diese Auslegung anführen, daß das Gesetz sagt, der Gläubiger werde durch die Anerkennung des Rechnungsabschlusses nicht gehindert, aus der Sicherheit Befriedigung zu suchen. Man könnte geneigt sein, aus dieser Ausdrucksweise den Schluß zu ziehen, die Anerkennung des Rechnungsabschlusses sei ein Hinderungsgrund, Sicherheiten zur Geltung zu bringen, nur insoweit, als diese Sicherheiten für die nicht verrechneten Forderungen bestanden, also habe das Gesetz auch nur diese aufrecht erhalten wollen. Diese Auslegung wäre aber nicht richtig.

Wenn wir annehmen wollten, durch § 356 sollten nur diejenigen Sicherheiten und Mithaftungen aufrecht erhalten werden, welche für Forderungen bestellt waren, die nach durchgeführter Verrechnung nicht getilgt sind, dann müßten wir die Worte des § 356 „soweit das Guthaben aus der laufenden Rechnung und die Forderung sich decken" dahin auffassen, daß die Deckung nicht nur dem Betrage, der Höhe nach, sondern auch dem Inhalte nach vorhanden sein müsse, daß die gesicherte Forderung materiell in dem Saldoguthaben enthalten sein müsse. Der Gläubiger hätte also in unserem Beispiele zu beweisen, daß sein Guthaben sich mit der Forderung zu 500 M. sowohl dem Betrage als dem Inhalte nach ganz decke und könnte dann den Bürgen in Höhe dieses Betrages für sein Guthaben in Anspruch nehmen; ferner hätte er nachzuweisen, daß sein Guthaben sich auch mit der Forderung zu 300 M. dem Inhalte nach decke, jedoch nur zu einem Betrage von 100 M., und könnte dann bis zu diesem Betrage auch den Bürgen für letztere Forderung in Anspruch nehmen.

Wollte das Gesetz hingegen bestimmen, daß nicht nur die für die novierten Forderungen bestehenden Sicherheiten aufrecht erhalten werden sollen, sondern daß sämtliche Sicherheiten, welche für irgend eine Forderung der stärkeren Seite bestellt waren, erhalten bleiben und für das Saldoguthaben kumulativ haften sollen, dann hat man bei den Schlußworten des 1. Absatzes in § 356 „sich decken" nicht zu ergänzen „dem Inhalte und dem Betrage nach", sondern nur „dem Betrage nach". Bei dieser Auslegung haftet in unserem obigen Beispiele nicht bloß der Bürge für die Forderung zu 500 M., sondern auch der Bürge für die Forderung zu 300 M. und zwar dieser mit dem ganzen Betrage und außerdem auch noch der Bürge für die Forderung zu 1000 M., dieser natürlich nur bis zu einem Betrage von 600 M., weil der Saldo nur diese Höhe erreicht. Ob eine von diesen Forderungen der Novationsforderung zu grunde liegt oder nicht, ob sie materiell in derselben enthalten ist oder nicht, ist dabei ganz gleichgiltig.

Daß die letztere Auslegung die richtige ist, ergiebt sich aus Folgendem. Wenn bei den Worten „sich decken" zu ergänzen wäre „dem Betrage und dem Inhalte nach", so hätte das Gesetz dies ausdrücklich gesagt. Nur die Ergänzung „dem Betrage nach" ist selbstverständlich, nicht aber irgend eine andere. Wir wollen aber auf diesen Beweis gar kein Gewicht legen. Zur Begründung der Ueberzeugung, daß unsere Auslegung richtig ist, genügt es, wenn man sich klar wird, daß das Gesetz nach seiner ganzen Auffassung vom Inhalte des Kontokorrentvertrages geradezu genötigt war, eine Bestimmung des Inhalts, wie wir sie nach unserer Auslegung im § 356 finden, zu treffen, weil es bei dieser Auffassung annehmen mußte, daß mit einer anderen Bestimmung für die Praxis nichts erreicht wäre. Wir haben oben gesehen, daß die Konstruktion der Kontokorrentabrechnung, wenn man, wie es das Gesetz thut, annimmt, daß bei Schluß der Kontokorrentperiode lauter ganz genau gleichalterige Forderungen und eine größere Anzahl gleichzeitiger Zahlungen vorhanden seien, die größten Schwierigkeiten bietet. Man hat keine Anhaltspunkte, in welcher Weise die Aufrechnung vor sich gehen soll und demnach auch nicht, welche Forderungen den sich bei der Verrechnung ergebenden Ueberschuß bilden. Wie bereits oben in einem anderen Zusammenhange erwähnt, ist Staub der Ansicht, daß es überhaupt nicht feststellbar sei, welche Forderungen dem Saldoguthaben zu grunde liegen.[1]) Auch wir würden, wenn der Kontokorrentvertrag thatsächlich den vom Gesetz angenommenen Inhalt haben würde, dem zustimmen müssen. Ob der Gesetzgeber der gleichen Ansicht war, kann nicht mit Sicherheit festgestellt werden; es ist sehr wahrscheinlich. Keinesfalls konnte er aber diese Feststellung für eine leichte halten. Nun sollte aber doch die Frage des Fortbestandes der Sicherheiten und Mithaftungen entschieden werden. Selbst wenn das Gesetz die Theorie des kumulativen Anerkenntnisses angenommen hätte, wäre diese Frage noch nicht in befriedigender Weise gelöst gewesen. Es wäre danach zwar theoretisch festgestanden, daß die Sicherheiten und Mithaftungen für die Forderungen, welche das Saldoguthaben ausmachen, nicht zu grunde gegangen sind; aber festzustellen, welches diese Forderungen im einzelnen Falle sind, wäre für die Praxis immer noch ganz unmöglich oder wenigstens äußerst schwer gewesen. Das Gesetz war deswegen bestrebt, hier einen Ausweg zu finden. Diesen glaubte es darin gefunden zu haben, daß es die Feststellung, welche Forderungen dem Saldo zu grunde liegen, überhaupt überflüssig gemacht hat, indem es bestimmt hat, daß sämtliche Sicherheiten, gleichviel, ob sie für Forderungen bestellt waren, welche im Saldo enthalten sind, oder für andere, kumulativ für den Saldo haften sollen. Dieselbe Erwägung, welche unsere Gesetzesbestimmung veranlaßt hat, ist schon früher einmal maßgebend gewesen bei der Statuierung einer anderen Vorschrift des Handelsgesetzbuches. Aus demselben Gesichtspunkte wie der § 356 ist nämlich auch die Bestimmung in § 397 H.G.B. (früherer Art. 374) zu erklären, welche dem Kommissionär unter gewissen Voraussetzungen an dem Kommissionsgute ein Pfandrecht wegen aller Forderungen aus laufender Rechnung in Kommissionsgeschäften giebt. Das Gesetz wollte — vgl. Motive zum Entwurf eines Handelsgesetzbuches für die preußischen Staaten, Berlin 1859 S. 158 und Grünhut, Kommissionshandel, S. 288—295 — die nach seiner Ansicht in

[1]) Vgl oben S. 88. Gleicher Meinung sind übrigens auch noch andere Schriftsteller: vgl. z. B. Hahn, Kommentar art. 291 II S. 81, Kemmer S. 113.

der Praxis regelmäßig unmögliche Feststellung, ob zwischen dem Saldo und dem Kommissionsgute Konnexität besteht, d. h. ob dem Saldo Forderungen zu grunde liegen, deren Entstehung mit dem Kommissionsgut in Zusammenhang steht, entbehrlich machen.[2]) Nachdem hier nur das Verhältnis zwischen Gläubiger und Schuldner in Frage steht, hat diese Bestimmung keine nachteiligen Wirkungen. Durch § 356 H.G.B. wird aber auch die Haftung dritter Personen erweitert und deswegen erscheint diese Bestimmung bedenklich.

Was die juristische Konstruktion unserer Bestimmung anlangt, so vertritt die Denkschrift die Anschauung, daß die alte Forderung fortbestehe, soweit es sich um Geltendmachung der Sicherheit handelt.[3]) Diese Konstruktion befriedigt deswegen nicht, weil die alte Forderung nicht zugleich getilgt und ungetilgt sein kann.

Staub findet die Konstruktion darin (§ 356 Anm. 1), daß er annimmt, die Bürgschaft werde zur selbständigen Obligation, das Pfandrecht zur Sachbelastung nach Art der Grundschuld, die Hypothek zur Grundschuld, die Mithaftung zur Alleinhaftung. Diese Konstruktion befriedigt wieder deswegen nicht, weil die Sicherheiten und Mithaftungen von der alten untergegangenen Forderung losgelöst sein, gleichwohl aber alle Einreden gegen die alte Forderung, mit Ausnahme der, daß sie untergegangen sei, erhalten bleiben sollen.[5])

Wir glauben, daß es für unsere Zwecke genügt, Inhalt und Tragweite der Bestimmung festzustellen und wollen die Aufstellung einer befriedigenden Konstruktion wieder denjenigen überlassen, welche die Auffassung des Gesetzes vom Kontokorrent für richtig halten. Es mag übrigens bemerkt werden, daß eine gesetzliche Bestimmung schon dann genügend gerechtfertigt ist, wenn das Bedürfnis sie erfordert;[4]) ob eine in den bisherigen Bau des Rechtssystems sich gut einfügende juristische Konstruktion gefunden werden kann, ist gleichgiltig. Die Konstruktion für solche singuläre Vorschriften liegt dann eben in der Feststellung ihres Inhaltes und ihrer Tragweite.

Der § 356 verfolgt, wie die Denkschrift sagt,[3]) den Zweck, bestimmte von der Doktrin und Judikatur herausgebildete Rechtssätze zu beseitigen, welche mit den Bedürfnissen des Verkehrs nicht im Einklang stehen. Diese Rechtssätze kennzeichnet die Denkschrift wie folgt:

> „Die Rechtsprechung nimmt an, daß mit der beiderseitigen Anerkennung des Saldos . . . . die Sicherheiten (für die Kontokorrentforderungen) ohne Weiteres erlöschen. Hat sich ein Kaufmann von seinem Kontokorrentkunden für den zu seinem Gunsten bei dem letzten Rechnungsabschlusse festgestellten Saldo eine Hypothek oder eine sonstige Sicherheit bestellen lassen, um die Geschäftsverbindung fortsetzen zu können, so soll nach dieser Rechtsauffassung die Anerkennung des vielleicht noch weiter angewachsenen Saldos der nächsten

---

[2]) Wir haben oben (§ 29 a. E.) behauptet, aus § 356 lasse sich der Schluß ziehen, daß das Gesetz der Novationstheorie huldige. Man könnte meinen, weil der § 356 — so wenigstens, wie wir ihn auslegen — sowohl für die Theorie des privativen wie die des kumulativen Anerkenntnisses ein Novum enthalte, lasse sich derselbe weder zu gunsten der einen noch der anderen Theorie verwerten. Das ist jedoch nicht der Fall. Der Zusammenhang, welcher zwischen dem § 356 und der Novationstheorie besteht, wird klar, wenn man den Motiven nachforscht, welche zur Aufstellung des § 356 geführt haben. Wir haben gefunden, daß nur die Annahme, es sei entweder gar nicht oder nur schwer feststellbar, welche Forderungen dem Saldo zu grunde liegen, zur Aufstellung des § 356 geführt haben können. Diese Erwägung mußte aber ebenso notwendig auch zur Annahme der Novationstheorie führen. Der Gesetzgeber sagte sich, daß der Kontokorrentist an dem Fortbestande eines Konglomerats von Forderungen, deren Identität im Einzelnen nicht oder nur schwer feststellbar sei, kein Interesse haben könne und dasselbe bei der Saldofeststellung durch eine neue auf einheitlichem Rechtsgrunde beruhende Forderung ersetzen wolle.

[3]) Denkschrift 5. Abs.

[4]) Daß das auch bei § 356 der Fall sei, soll damit nicht gesagt werden.

Rechnung die Rechtsfolge haben, daß die Hypothek oder die sonstige Sicherheit erlischt. Ebenso wird in dem Falle des Ausscheidens eines Gesellschafters aus einer offenen Handelsgesellschaft, welche zur Zeit dieses Ausscheidens Kontokorrentschuldnerin eines Kaufmanns war, dem auf diesen Zeitpunkt folgenden erneuten Saldoanerkenntnisse der Gesellschaft die Wirkung beigelegt, daß der ausgeschiedene Gesellschafter von jeder Haftung frei wird.[5])"

Daß diese Rechtssätze mit den Bedürfnissen und Anschauungen des Verkehrs nicht im Einklang stehen, muß zugegeben werden. Wir wollen aber jetzt einmal prüfen, ob das von dem an ihre Stelle gesetzten § 356 H.G.B. gesagt werden kann.

Die durch § 356 geschaffene Rechtslage ist nach der Denkschrift die folgende. Die Sicherheiten und Mithaftungen für Kontokorrentforderungen bestehen nach der Anerkennung des Rechnungsabschlusses zu gunsten des Saldos fort, soweit dieser und die Kontokorrentforderung, für welche die Sicherheit bestellt war, bzw. bezüglich welcher die Mithaftung bestand, sich dem Betrage nach decken. Sind also mehrere Forderungen vorhanden, welche gesichert sind, so ergiebt sich eine Kumulativhaftung. Die Sicherheiten haften, obwohl sie ursprünglich für verschiedene Forderungen bestellt waren, nunmehr gleichmäßig neben einander für die eine Saldoforderung und zwar jede, soweit die zugehörige Kontokorrentforderung nicht hinter dem Betrage der Saldoforderung zurückbleibt. Folgen mehrere Abrechnungen auf einander, so muß der niedrigste Saldo entscheiden.

Es entspricht zunächst einmal zweifellos nicht den Bedürfnissen und Anschauungen des Verkehrs, daß auch die Sicherheiten und Mithaftungen für solche Forderungen, welche durch Zahlungen oder Aufrechnungen getilgt sind, zu gunsten des Saldos aufrecht erhalten werden sollen. Es ist nur die Aufrechterhaltung der Sicherheiten und Mithaftungen erwünscht, welche für Forderungen bestehen, die im Saldo enthalten sind, die also, wenn die Saldoanerkennung eine Novation enthält, bloß formell, nicht aber materiell getilgt sind. Durch die Aufrechterhaltung auch derjenigen Sicherheiten und Mithaftungen, welche für materiell getilgte Forderungen bestanden, wird die Haftung der Bürgen und Gesamtschuldner übermäßig erweitert. Wer für eine bestimmte einzelne Kontokorrentforderung Bürgschaft geleistet hat, will frei sein, wenn die Forderung bezahlt ist. Er hat keine Haftung für den Saldo übernommen. Die Bürgschaft für einen zukünftigen Saldo in bestimmter Höhe ist etwas ganz anderes wie die Bürgschaft für eine einzelne Kontokorrentforderung. Der § 356 erweitert die Haftung für eine Kontokorrentforderung derart, daß sie einer Haftung für den Saldo in Höhe dieser Kontokorrentforderung nahezu gleichkommt.[6]) Diese offenbar für die Praxis keineswegs erwünschte Gestaltung der Rechtslage kann vielleicht damit entschuldigt werden, daß der Gesetzgeber sich in einer gewissen Zwangslage befand. Von dem Standpunkte aus, daß es nicht feststellbar sei, welche Kontokorrentforderungen schließlich im Saldo enthalten sind, standen nur zwei Wege offen, entweder Aufrechterhaltung der sämtlichen Sicherheiten und Mithaftungen oder gar keiner. Das Gesetz wollte auf jeden Fall die Sicherheiten und Mithaftungen für die nur formell getilgten Forderungen aufrecht erhalten. Dabei mußte es aber mit in Kauf nehmen, daß auch die Sicherheiten und Mithaftungen für materiell getilgte Forderungen aufrecht erhalten bleiben. Unserer Auffassung nach ist durch die neue Vorschrift für die Praxis nichts gewonnen. Die Härten des früheren Rechtszustandes sind zwar beseitigt, dafür aber eben so schwer wiegende neue wieder geschaffen. Bisher gingen die Sicherheiten und Mithaftungen für die im Saldo enthaltenen Forderungen

[5]) Vgl. hierüber R.G. X 53 ff., XVIII 246 ff.

[6]) Sie unterscheidet sich von jener nur dadurch, daß sie sich immer nach dem niedrigsten Saldo richtet.

durch die Saldofeststellung unter und es war der Gläubiger benachteiligt; jetzt werden diese aufrechterhalten, dazu aber auch noch die für die materiell getilgten Forderungen bestellt gewesenen und es sind die Bürgen und Gesamtschuldner benachteiligt. Die Neuregelung entspricht so wenig den Bedürfnissen des Verkehrs wie der frühere Rechtszustand.

Wir kommen aber jetzt noch zu einer anderen Frage. Wie soll es gehalten werden, wenn nach Ablauf der Rechnungsperiode die Sicherheiten und Mithaftungen nicht in Anspruch genommen werden, der Saldo vielmehr auf neue Rechnung vorgetragen und der Verkehr fortgesetzt wird? Die Denkschrift sagt: „Folgen mehrere Abrechnungen auf einander, so muß der niedrigste Saldo entscheiden." Staub ist gleicher Ansicht. Er sagt (§ 356 Anm. 3): „Auch der Vortrag des Saldos auf neue Rechnung hebt die Sicherheit und die Mithaftung nicht auf (wie Cosack S. 352 unzutreffend annimmt). Wenn daher mehrfach abgerechnet und das Kontokorrentsaldo mehrfach anerkannt ist, so entscheidet der niedrigste Saldo, außer wenn die Forderung noch geringer ist." Der Bürge und der Gesamtschuldner werden also danach erst dann vollständig von der Haftung frei, wenn bei den periodischen Rechnungsabschlüssen der Saldo einmal Null ist oder wenn sich ein solcher zu gunsten desjenigen Kontokorrentisten ergiebt, für welchen die Haftung übernommen ist. Wir wollen die Rechtslage durch ein Beispiel erläutern. In einem Kontokorrentverkehr zwischen A und B hat sich bei der Abrechnung am 31. März ein Saldo ergeben zu gunsten des A im Betrage von 3000 M., bei der Abrechnung am 30. Juni wieder ein solcher zu gunsten des A im Betrage von 1000 M., bei der Abrechnung am 30. September dagegen ein solcher zu gunsten des B im Betrage von 2000 M. und bei der Abrechnung am 31. Dezember schließlich wieder ein solcher zu gunsten des A im Betrage von 3000 M. Der Saldo ist immer wieder auf neue Rechnung vorgetragen worden und für den Saldo vom 31. März hat nach § 356 H.G.B. der Bürge C gehaftet bis zum Betrage von 2000 M., weil in dem bezüglichen Kontokorrent eine Forderung des A von 2000 M. enthalten war, für welche C die Bürgschaft übernommen hatte. Am 31. Dezember wird der Kontokorrentverkehr abgebrochen, der Saldo von 3000 M. soll bezahlt werden und es fragt sich nun, ob für denselben der Bürge C noch haftet. Wenn nach den zitierten Ausführungen Staubs und der Denkschrift bei mehreren aufeinander folgenden Abrechnungen der niedrigste Saldo entscheiden soll, so mindert sich die Haftung des C zunächst nach Maßgabe der Saldofeststellung vom 30. Juni auf 1000 M. und am 30. September ist dieselbe vollständig erloschen. C haftet also für den Saldo vom 31. Dezember nicht mehr. Mit letzterem Ergebnis sind wir ganz einverstanden. Wir wollen aber jetzt einmal annehmen, die Rechnungsperiode sei eine einjährige gewesen, es habe also nur eine einmalige Abrechnung stattgefunden am 31. Dezember. Waren keine Zinsen zu zahlen, so ergiebt der Rechnungsabschluß offenbar ganz genau denselben Saldo wie im ersten Falle und auch, wenn Zinsen berechnet wurden, kann die Differenz keine erhebliche sein. Nun haftet aber nach § 356 H.G.B. der Bürge C für *diesen* Saldo zweifellos bis zum Betrage von 2000 M. Denn, daß bei Abschluß der Rechnung am 30. September B *Gläubiger* gewesen wäre, wird hier nicht berücksichtigt. Also im ersten Falle, wo viermal während des Jahres festgestellt wurde, was die Parteien einander schuldig sind, ist C frei von der Haftung, im zweiten Falle, wo das bloß einmal festgestellt wurde, ist C nicht frei von der Haftung. *Wir möchten fragen, wodurch das ungleiche Ergebnis in diesen beiden Fällen gerechtfertigt werden kann. Warum soll C nicht auch im zweiten Falle von der Haftung frei sein? Wenn man das Prinzip aufstellt, daß für den Bestand der Sicherheiten und Mithaftungen bei mehreren aufeinander folgenden Abrechnungen immer der* niedrigste Saldo entscheiden soll, dann muß man unseres Erachtens, wenn man nicht inkonsequent sein will, das auch für jeden Moment während der Rechnungsperiode gelten lassen. Muß aber das zugegeben werden, so kommt man ohne weiteres auf die von uns verteidigte bzw. aufgestellte, auf der Staffelrechnung beruhende und der Wirklichkeit entsprechende Konstruktion, nach welcher während der Rechnungsperiode eine allmähliche Tilgung der Forderungen erfolgt.

Wir können nach alledem im § 356 H.G.B. nichts Anderes erblicken als einen vollständig mißglückten Versuch, aus der Sackgasse, in welche man durch die falsche Vertragskonstruktion geraten ist, wieder einen Ausweg zu bahnen.

VI.

§ 40.

Pfändung des Ueberschusses aus der laufenden Rechnung.

Wie wir oben gesehen haben, ist die Pfändung einer einzelnen Kontokorrentforderung nach der gesetzlichen Vertragskonstruktion an und für sich möglich. Die gepfändete Forderung könnte aber nur geltend gemacht werden, soweit sie am Schlusse der Rechnungsperiode im Saldo enthalten ist. Ob sich überhaupt für den Schuldner ein solcher ergeben wird, ist ungewiß und wenn dieser Fall auch eintritt, so ist der Nachweis, daß gerade die gepfändete Forderung im Saldo noch enthalten sei, kaum zu erbringen. Dieser unerwünschten Konsequenz der Vertragskonstruktion suchte das Gesetz durch den § 357 (oben abgedruckt S. 2) zu begegnen.

Es fragt sich nun, wie diese Pfändung nach § 357 rechtlich zu konstruieren wäre. Der Gläubiger pfändet also hier nicht eine einzelne Forderung, sondern „den Anspruch des Schuldners auf den ihm zukommenden Ueberschuß aus der laufenden Rechnung." Wenn ein Anspruch gepfändet werden soll, dann ist erste Bedingung, daß er vorhanden ist. Ein Ueberschuß im rechtlichen Sinne ist bei der vom Gesetze angenommenen Vertragskonstruktion erst dann vorhanden, wenn eine Verrechnung stattgefunden hat, also in der Regel immer nur unmittelbar nach den periodischen Rechnungsabschlüssen. Sonst besteht gewöhnlich beiderseits eine Reihe von Forderungen. Im letzteren Falle ist also der § 356 nicht ohne Weiteres anwendbar, weil keine Ueberschußforderung, welche gepfändet werden könnte, vorhanden ist. Das Gesetz will aber zweifellos nicht bloß eine unmittelbar nach der Saldofeststellung erfolgende Pfändung gegen spätere Aufrechnung sicher stellen, sondern eine wirksame Pfändung überhaupt in jedem beliebigen Augenblicke ermöglichen.

Wir wollen einmal sehen, was nach der gesetzlichen Konstruktion an die Stelle von „Pfändung und Ueberweisung des Anspruches auf dasjenige, was dem Schuldner als Ueberschuß aus der laufenden Rechnung zukommt" im § 356 zu setzen wäre, damit der Gläubiger das erreicht, was er nach dieser Gesetzesbestimmung erreichen soll. Unseres Erachtens müßte an die Stelle treten: „Pfändung und Ueberweisung der sämtlichen Kontokorrentforderungen des Schuldners". Der Gläubiger muß im Stande sein, die sämtlichen Forderungen seines Schuldners zu gleicher Zeit geltend zu machen. Kann er dies, so erschöpft sich das Recht des Drittschuldners, Gegenforderungen zur Aufrechnung zu bringen, weil er nur die bereits existent gewordenen aufrechnen kann, und es bleibt so der Ueberschuß, welcher dem Gläubiger die Möglichkeit der Befriedigung gewährt, übrig. In diesem Sinne wird wohl der § 356 auszulegen sein. Es muß zugegeben werden, daß bei dieser Auslegung vieles zwischen den Zeilen gelesen werden muß.

Daran dürfte aber nicht die Auslegung, sondern die Fassung unserer Gesetzesbestimmung schuld sein. Denn darüber kann kein Zweifel bestehen, daß bei der vom Gesetze angenommenen Vertragskonstruktion eine Ueberschußforderung nicht ohne Weiteres vorhanden ist, sondern erst durch gleichzeitige Geltendmachung der sämtlichen dem Kontokorrentisten thatsächlich zustehenden Ansprüche zur Entstehung gelangt. Allerdings stellt sich der Anspruch des zweiten Kontokorrentisten auf Verrechnung seiner Kreditposten als eine peremtorische Einrede dar, welche die gepfändeten Ansprüche praktisch bis auf den Teilbetrag des Ueberschusses mindert. Das macht es wohl erklärlich, warum das Gesetz kurz von einem Anspruch auf den Ueberschuß spricht. Diese kurze Ausdrucksweise kann natürlich an der rechtlichen Lage nichts ändern. Solange nicht aufgerechnet ist, kann von einer pfändbaren Ueberschußforderung nicht gesprochen werden.

Wir haben nunmehr noch zu untersuchen, was das Gesetz sagen wollte mit dem Zusatze: „Geschäfte, die auf Grund eines schon vor der Pfändung bestehenden Rechtes oder einer schon vor diesem Zeitpunkt bestehenden Verpflichtung des Drittschuldners vorgenommen werden, gelten nicht als neue Geschäfte im Sinne dieser Vorschrift.“ Die Forderungen aus nach der Pfändung abgeschlossenen neuen Geschäften können dem Gläubiger gegenüber nach dem ersten Satze nicht in Rechnung gestellt werden. Die im Zusatze bezeichneten gelten nicht als neu. Es können danach die Forderungen aus diesen Geschäften dem Gläubiger gegenüber in Rechnung gestellt werden d. h. der Kontokorrentist kann mit denselben, wenn der Pfändungsgläubiger die Forderungen des Schuldners geltend macht, aufrechnen. Es wollte mit dem Zusatze (vgl. die Denkschrift Abs. VI) hauptsächlich ausgedrückt werden, daß Posten, für welche der Schuldner nur unter Vorbehalt erkannt ist, insbesondere die Gutschriften für eingesandte, aber noch nicht eingelöste Rimessen, auch dem pfändenden Gläubiger noch keinen endgiltigen Anspruch gewähren und daß, wenn ungeachtet der Pfändung das Kontokorrentverhältnis fortgesetzt wird, eine nachträgliche Erhöhung des Guthabens des Schuldners dem Gläubiger nicht zu gute kommt, daß vielmehr eine neuerliche Pfändung erforderlich ist.

Der § 357 paßt nicht zur Vertragskonstruktion. Er steht im Widerspruch mit der Verrechnungsabrede. Nach dieser erscheinen die sämtlichen Forderungen einer Periode zur Verrechnung gegen einander bestimmt, gleichgiltig, ob dieselben bereits existent sind oder nicht; die jetzt bestehenden Forderungen sind auch zur Aufrechnung bestimmt mit später entstehenden. Diesem Prinzip widerstreitet der § 357. Nach demselben besteht, wenigstens dem Pfändungsgläubiger gegenüber, nur ein Recht auf Kompensation der bereits existent gewordenen Forderungen; der sich in irgend einem Zeitpunkte ergebende Ueberschuß erscheint nicht mit der Einrede behaftet, daß er zur Verrechnung mit späteren Forderungen bestimmt sei. Nach der kaufmännischen Auffassung vom Kontokorrentverkehr steht der Pfändung des jeweiligen Ueberschusses nichts im Wege. Dieser Auffassung soll der § 357 Rechnung tragen. Das ist aber nur möglich gewesen durch eine Korrektur der Vertragskonstruktion. Für uns wieder ein Beweis, daß diese Konstruktion eben falsch ist.

VII.

§ 41.

Kündigung des Kontokorrentverkehrs.

Nach § 355 Abs. III H.G.B. kann das Kontokorrentverhältnis im Zweifel auch während der Dauer einer Rechnungsperiode jederzeit mit der Wirkung gekündigt werden, daß derjenige, welchem nach der Rechnung ein Ueberschuß gebührt, dessen Zahlung beanspruchen kann.

Diese Bestimmung bedeutet eine einschneidende Aenderung gegenüber dem früheren Rechtszustand. Nach früherem Rechte konnte der Kontokorrentverkehr mangels anderweitiger Vereinbarung zwar auch jederzeit gekündigt werden; was aber bereits kreditiert war, konnte nicht vor Ablauf der Rechnungsperiode eingefordert werden; es sei denn, daß besondere Gründe, wie eintretende Kreditunsicherheit oder Aehnliches dazu berechtigten. Nunmehr bestimmt das Gesetz, daß der Kontokorrentverkehr im Zweifel, ohne daß ein besonderer Grund vorhanden zu sein braucht, jederzeit mit der Wirkung gekündigt werden könne, daß der Ueberschuß sofort fällig wird. Diese Bestimmung verträgt sich nicht mit der vom Gesetze angenommenen Vertragskonstruktion der bisherigen herrschenden Meinung. Denn nach dieser Konstruktion erscheinen alle einzelnen Forderungen als gestundet bis zum Rechnungsabschlusse. Eine Stundung bis zu einem fest bestimmten Termine und nebenbei das Recht beliebiger Kündigung, das paßt offenbar nicht zusammen. Es wäre nur eine scheinbare Beseitigung dieses Widerspruches, wenn man sagen wollte, Kündigung des Kontokorrentverhältnisses sei etwas anderes als die Kündigung einer Kontokorrentforderung. Die Kündigung des Kontokorrentverhältnisses habe zur Folge, daß nicht bloß die Forderungen des Kündigenden, sondern auch die des anderen Teiles fällig werden.[1]) Daß insofern die Kündigung des Kontokorrentverkehrs an und für sich weiter geht, als die Kündigung einer einzelnen Forderung, ist zuzugeben. Der angedeutete Widerspruch besteht aber trotzdem. Denn bezüglich des Ueberschusses, bezüglich der Forderung, welche bei der Verrechnung übrig bleibt und welche ursprünglich bis zum Rechnungsabschlusse gestundet sein sollte, enthält die Kündigung des Kontokorrentverkehrs auf jeden Fall eine gewöhnliche Forderungskündigung. Ganz ohne allen Zweifel ist das aber so, wenn im Zeitpunkte der Kündigung überhaupt nur der Kündigende Forderungen hat.

Wir sind wieder in der angenehmen Lage, die Beseitigung dieses Widerspruches der herrschenden Meinung überlassen zu können. Für uns ist der Absatz III des § 355 ein neuer Beweis dafür, daß die herrschende Konstruktion des Kontokorrentvertrages falsch ist. Stundung bis zu einem bestimmten Termine gehört eben begrifflich nicht zum Kontokorrentvertrage. Der Kontokorrentverkehr verlangt überhaupt keine besondere Stundung.

VIII.

§ 42.

Die Frage der praktischen Anwendbarkeit der §§ 355—357 H.G.B.

Wir haben noch mit einigen Worten klar zu legen, welche praktische Bedeutung den neuen Bestimmungen des Handelsgesetzbuches über den Kontokorrent beizumessen ist. Nachdem wir festgestellt haben, daß die gesetzliche Konstruktion des Kontokorrentvertrages, wie sie in der Definition des § 355 H.G.B. zum Ausdruck gebracht ist, vollständig verfehlt ist, können wir zu keiner anderen Schlußfolgerung kommen als zu der, daß es trotz der §§ 355—357 H.G.B. gesetzliche Bestimmungen, welche den Kontokorrentverkehr regeln, nicht mehr giebt. Was das Gesetz in § 355 als Kontokorrentvertrag hinstellt, ist eine theoretische Vertragskonstruktion, der es an jeglicher praktischer Anwendung fehlt. Den Vertrag, den das Gesetz in den §§ 355—357 ausgebildet und geregelt hat, giebt es in Wirklichkeit nicht. Die §§ 355—357 H.G.B.,

[1]) Die letzteren müssen offenbar fällig werden, wenn der Kündigende in den Stand gesetzt sein soll, den Ueberschuß geltend zu machen; denn im anderen Falle wäre ja die Aufrechnung, welche erst den Ueberschuß ergiebt, nicht möglich.

deren Anwendung voraussetzt,[1]) daß die Parteien den in der Definition des § 355 bezeichneten Vertrag geschlossen haben, können deswegen eine praktische Anwendung nicht finden. Hat der Richter festgestellt, daß ein Kontokorrentverhältnis besteht,[2]) so darf er nicht etwa den Schluß ziehen, daß er nunmehr annehmen müsse, der diesem Kontokorrentverkehr zu grunde liegende Vertrag habe den Inhalt, welchen das Gesetz dem Kontokorrentvertrag beimißt, sondern wenn festgestellt ist, daß ein Kontokorrentverkehr besteht, dann steht zugleich auch fest, daß der dem Geschäftsverkehr zu grunde liegende Vertrag diejenigen Verabredungen enthält, welche wir im ersten Abschnitte dieser Abhandlung als Kontokorrentvertrag bezeichnet haben, nicht aber diejenigen, welche das Gesetz als Kontokorrentvertrag bezeichnet.

Durch die gesetzliche Regelung des Kontokorrentverhältnisses ist also unseres Erachtens durchaus nicht das erreicht, was man sich von derselben versprochen hatte. Angesichts der trotz der überreichen Literatur selbst in grundlegenden Fragen fortbestehenden Uneinigkeit in der rechtlichen Beurteilung des Kontokorrentverhältnisses hatte man nämlich in Anregung gebracht, es solle dasselbe durch das Gesetz eingehender geregelt werden, insbesondere solle festgelegt werden, wann ein wirkliches Kontokorrentverhältnis vorliege.[3]) Schon Rießer hat sich hievon nicht viel versprochen.[4]) Wir glauben den Nachweis geliefert zu haben, daß er Recht hatte. Das Gesetz ist in der Definition eines Rechtsverhältnisses natürlich gerade so wenig unfehlbar wie der Einzelne und eine vom Gesetz angenommene falsche Theorie wird vom Verkehr so wenig respektiert, wie wenn sie in irgend einem Lehrbuch stünde. Es ist eine trügerische Hoffnung, wenn man glaubt, der Schwierigkeiten einer Rechtsmaterie dadurch Herr werden zu können, daß man dieselbe kodifiziert. Eine Kodifikation ist erst dann möglich, wenn das Wesen des betreffenden Rechtsverhältnisses genügend geklärt ist.

---

[1]) Vgl. oben S. 76.

[2]) Es ist z. B. erwiesen, daß die Parteien vereinbart haben, miteinander in Kontokorrentverkehr treten zu wollen.

[3]) Vgl. Kemmer S. 28.

[4]) S. die Citate bei Kemmer a. a. O.

Vierter Abschnitt.

Das Kontokorrentverhältnis, wie es in Wirklichkeit ist, in seinen einzelnen Stadien.

§ 43.
Vorbemerkung.

Unsere Untersuchungen im zweiten und dritten Abschnitt über die bisherige herrschende Auffassung von der rechtlichen Natur des Kontokorrentverhältnisses haben die Unhaltbarkeit dieser Auffassung ergeben und uns zugleich auch die Gewißheit gebracht, daß die von uns im ersten Abschnitte aufgestellten Sätze über das Wesen dieses Rechtsverhältnisses mit der Vorstellung in Einklang stehen, welche die Handelswelt mit dem Begriffe Kontokorrentverkehr verbindet. Wir wollen nun im Nachfolgenden versuchen, das Kontokorrentverhältnis, wie es in Wirklichkeit ist, in seinen einzelnen Stadien eingehender darzustellen. Die Bestimmungen des Handelsgesetzbuches in den §§ 355—357 können natürlich für uns jetzt nicht mehr in Betracht kommen; sie regeln einen Vertrag, der gar nicht existiert, sind also auf das wirkliche Kontokorrentverhältnis nicht anwendbar. Es sind deswegen für uns im Nachfolgenden nur die allgemeinen Grundsätze des Privatrechts, speziell des gesetzlichen und gewohnheitlichen Handelsrechts maßgebend. Andere Rechtsquellen haben wir ja auch im ersten Abschnitt nicht zu Rat gezogen.

Wir wollen nicht unterlassen, hier noch einmal ausdrücklich darauf aufmerksam zu machen, daß man sich, um die rechtlichen Vorgänge beim Kontokorrentverkehr beurteilen zu können, immer die Staffelrechnung vor Augen halten muß; um eine Einzelfrage richtig entscheiden zu können, ist es immer erforderlich, sich die Rechtslage zu vergegenwärtigen, welche die Staffelrechnung für den in Betracht kommenden Zeitpunkt ausweist. Ob die Parteien in ihren Büchern die Staffelmethode oder die Kolonnenmethode anwenden, ist dabei vollständig gleichgiltig. Wir wissen ja, daß die Kolonnenrechnung nichts anderes ist als eine in bestimmten Fällen anwendbare Abkürzung der Staffelrechnung.

I.
§ 44.
Eingehendere Erläuterung der im § 12 aufgestellten Sätze über Inhalt und Wesen des Kontokorrentvertrages.

Der Hauptirrtum der herrschenden Meinung besteht darin, daß sie annimmt, der Kontokorrentvertrag verpflichte, wenn eine gewisse Voraussetzung gegeben sei (Entstehung von Forderungen), zu einem bestimmten positiven Thun (Kreditgewährung, Verrechnung). Das ist bei weitem nicht der Fall. Die Tragweite der Kontokorrentabrede ist von der herrschenden Meinung bedeutend überschätzt worden. Der Kontokorrentvertrag verpflichtet nicht zu irgend welcher positiven Thätigkeit. Er verpflichtet insbesondere nicht zu einer Kreditierung oder zu einer besonderen Art und Weise der Verrechnung der gegenseitigen Forderungen und Zahlungen. Nur das ist richtig, daß Personen, die in Kontokorrentverkehr stehen, ihre gegenseitigen Forderungen und Zahlungen auf eine eigenartige, systematische Weise verrechnen. Sie haben aber dazu keine vertragsmäßige Verpflichtung übernommen; sie handeln vielmehr in vollständig freiwilligem, gegenseitigem Zusammenwirken, weil die kontokorrentmäßige Verrechnung ihre geschäftlichen Beziehungen zu vereinfachen geeignet ist. Es ist also ein besonderes Kriterium des Kontokorrentverkehrs, daß er aufrechterhalten wird durch den fortwährenden, übereinstimmenden Willen der beiden Kontokorrentisten.[1])

Die herrschende Meinung war mit ihren Schlußfolgerungen viel zu voreilig. Wenn die Kontokorrentisten ihre Geschäfte so abwickeln, daß man ihren Geschäftsverkehr als Kontokorrentverkehr bezeichnen muß, so ist noch lange nicht der Schluß gerechtfertigt, daß dieselben eine Verpflichtung zu dieser Handlungsweise durch Vertrag übernommen hätten. Wenn die Kontokorrentisten ihre Forderungen nicht in jedem einzelnen Falle sofort geltend machen, so müssen nicht notwendig deswegen die Forderungen gestundet sein; die Nichtgeltendmachung der Forderungen kann auch eine rein thatsächliche sein. Wenn die Kontokorrentisten ihre gegenseitigen Forderungen und Zahlungen in bestimmter Weise verrechnen, so ist damit noch nicht gesagt, daß sie sich vertragsmäßig hiezu verpflichtet hätten. Diese voreiligen Schlußfolgerungen der herrschenden Meinung mögen wohl zum größten Teil wieder auf den unrichtigen Ausgangspunkt ihrer Vertragskonstruktion zurückzuführen sein. Die Kolonnenrechnung erweckt allerdings den Anschein, als involviere der Kontokorrentverkehr eine besondere, ihm eigentümliche Stundung und begründe derselbe eine Verpflichtung zur Verrechnung. Wenn man die Staffelrechnung als Ausgangspunkt der Vertragskonstruktion nimmt, ist man der Gefahr, diese Fehlschlüsse zu machen, viel weniger ausgesetzt. Man erkennt dann leichter, daß der Kontokorrentvertrag die Fälligkeitstermine der einzelnen Forderungen unberührt läßt und daß er auch nicht zu einer besonders gearteten Tilgung der Forderungen verpflichtet, wenn eine solche beim Kontokorrentverkehr auch thatsächlich stattfindet.

Was also den Kontokorrentverkehr ausmacht und aufrecht erhält, ist in erster Linie das Thatsächliche, die freiwillige, zusammenstimmende Thätigkeit der Kontokorrentisten. Dem gegenüber ist die Bedeutung des Kontokorrentvertrages selbst eine sehr untergeordnete. Die Parteien brauchten einen Kontokorrentvertrag gar nicht zu schließen, wenn sie in jedem einzelnen Falle ausdrücklich erklären würden, daß ihre Zahlung oder ihre Gegenforderung so auf die Forderungen des anderen Teiles verrechnet sein solle, wie die Verrechnung im Kontokorrentverkehr thatsächlich erfolgt. Das geschieht aber nicht. Wenn die Kontokorrentisten eine Zahlung machen oder eine Forderung aufrechnen, so bezeichnen sie die Forderung des anderen Teiles nicht, die getilgt sein soll, sie sagen nicht ausdrücklich, daß die älteste Forderung getilgt sein soll, sie ersuchen den anderen Teil nur, den betreffenden Betrag gut zu schreiben. Sind Forderungen auf der Gegenseite vorhanden, so erfolgt die Tilgung derselben in der festgestellten Weise. Es muß also in diesem Ersuchen die Willensäußerung, daß die Verrechnung erfolgen solle, enthalten sein. Da nicht gesagt ist, in welcher Weise die Verrechnung erfolgen solle, so liegt nur eine unbestimmte Verrechnungserklärung vor. Da die kontokorrentmäßige

[1]) Ein Anklang an diese Auffassung findet sich bei Borsari, Il codice di commercio del regno d'Italia I 304. Dort heißt es: „Unzweifelhaft beruht das rechtliche Wesen des Kontokorrents in der beständigen und dauernden Absicht der Parteien, ihren Willen (sc. im Kontokorrentverhältnis zu stehen) beizubehalten, welcher Wille sich im Laufe der Verhältnisse offenbart“.

Tilgung aber nicht mit derjenigen übereinstimmt, welche sich ergeben würde, wenn die gesetzlichen Imputationsregeln in Kraft wären, so muß angenommen werden, daß durch den Kontokorrentvertrag vereinbart ist, in welcher Weise die Zahlungen und die aufgerechneten Forderungen als verrechnet zu gelten haben, so lange die Verrechnungserklärungen unbestimmt abgegeben werden. Es ergiebt sich also, daß die gesetzlichen Imputationsregeln durch den Kontokorrentvertrag aufgehoben und ersetzt sind durch die kontokorrentmäßigen. Nun tritt aber auch oft die Tilgung ein (insbesondere bei den Zinsenforderungen), ohne daß eine ausdrückliche Verrechnungserklärung vorliegt. Es muß also für diese Fälle angenommen werden, daß vereinbart ist, die Verrechnungserklärung solle als abgegeben gelten, wenn der Wille der Kontrahenten, im Kontokorrentverkehr zu stehen, noch fortbesteht. Insofern tritt also öfters gewissermaßen eine Aufrechnung „ipso jure“ ein; die bloße Aufrechnungsmöglichkeit ist der thatsächlichen Aufrechnung gleichgestellt.

II.

§ 45.

Die Eingehung des Kontokorrentvertrages.

Der Abschluß des Kontokorrentvertrages erfolgt formlos; es ist Grundsatz des B.G.B. und des H.G.B., daß Rechtsgeschäfte zu ihrer Giltigkeit keiner Form bedürfen; eine Ausnahme von dieser Regel besteht für unseren Vertrag nicht. Wie jeder formlose Vertrag kann auch der Kontokorrentvertrag nicht bloß ausdrücklich, sondern auch stillschweigend eingegangen werden. Im ersteren Falle besteht die Vereinbarung, von unwesentlichen Nebenbestimmungen abgesehen, in der Regel nur in der Verabredung, „in Kontokorrentverkehr treten zu wollen“. Jeder Teil kennt die Tragweite dieser Vereinbarung und darum ist es nicht nötig, den Vertragsinhalt im Einzelnen zu fixieren. Sehr häufig ist der stillschweigende Abschluß des Vertrages: sobald der Geschäftsverkehr ein regerer wird, fängt der eine Teil an, die Geschäfte nicht mehr als einzelne zu behandeln, sondern so, wie es im Kontokorrentverkehr üblich ist und der andere Teil läßt sich auf dieses Verfahren ein. Als Handlungen, welche auf das Bestehen eines Kontokorrentverhältnisses schließen lassen, kommen in Betracht: die unbestimmte Anrechnung von Zahlungen und Aufrechnung von Forderungen, die periodische Zusendung von Rechnungsauszügen, die Vortragung des Saldos auf neue Rechnung mit Berechnung von Zinsen aus demselben und Aehnliches.

Das Kontokorentverhältnis ist nicht auf den Verkehr der Kaufleute unter sich beschränkt. Es können auch zwei Nichtkaufleute oder ein Kaufmann und ein Nichtkaufmann in Kontokorrentverkehr treten. Jedoch kann ein und dasselbe Kontokorrentverhältnis immer nur zwischen zwei Personen bestehen, nicht zwischen mehr. Greber meint (S. 2 u. 8), das Kontokorrentverhältnis könne nicht nur zwei, sondern auch drei und mehr Personen betreffen; ein solcher „Kollektivkontokorrentverkehr“ vollziehe sich bereits in den Clearinghouses in London und New-York, bei uns sei jedoch die Entwicklung des Kontokorrentverkehrs noch nicht soweit gediehen. Das ist irrig. Das Clearing setzt weder das Bestehen eines Kontokorrentverkehrs zwischen den einzelnen Teilnehmern voraus, noch ruht es auf den gleichen juristischen Grundlagen wie der Kontokorrent. Es unterscheidet sich von diesem wesentlich dadurch, daß eine dritte Person, die Abrechnungsstelle (Vereinigung der sämtlichen Teilnehmer) vorhanden ist, welche bei der Verrechnung als Mittelsperson zwischen die einzelnen Teilnehmer eingeschoben wird.[1])

[1]) Vgl. Cosack S. 331 ff.

III.
Das Kontokorrentverhältnis während des Laufes der Rechnungsperiode.

§ 46.
1. Die fortlaufende Tilgung der gegenseitigen Ansprüche.

Während des Laufes der Rechnungsperiode erfolgt, wie wir oben festgestellt haben, infolge der sich ergebenden einzelnen Zahlungen und Aufrechnungen von Forderungen eine fortlaufende Tilgung der in den Kontokorrent eingestellten Forderungen. Man könnte vielleicht versucht sein, sich den Tilgungsvorgang anders vorzustellen als wir; nämlich so, daß die An- und Aufrechnung nicht sofort, nicht in jedem einzelnen Falle besonders, sondern durch eine Gesamtverrechnungserklärung erfolge am Schlusse der Rechnungsperiode. Wir wissen schon (vgl. oben S. 23), daß diese Konstruktion verfehlt wäre, weil die Kontokorrentisten sich zweifellos für befriedigt halten, soweit die Posten der Rechnung sich decken, gleichgiltig ob diese Forderungen darstellen oder Zahlungen. Wir wollen aber trotzdem zur Beseitigung etwa doch noch bestehender Zweifel diese Konstruktion etwas näher ins Auge fassen. Sie scheitert auf alle Fälle daran, daß wir es beim Kontokorrentverkehr nicht bloß mit Forderungen, sondern auch mit Zahlungen zu thun haben. Hätten wir es mit lauter Forderungen zu thun, so wäre eine solche Konstruktion an und für sich vorstellbar. Man würde annehmen müssen, daß die einzelnen Forderungen je nach ihrem Alter mehr oder weniger lang in Kompensationssituation ungetilgt bis zum Ende der Rechnungsperiode im Debet und im Kredit fortbestehen und daß schließlich die Aufrechnung derselben geschieht durch eine Gesamtaufrechnungserklärung, von welcher man vielleicht annehmen könnte, daß sie in der Zusendung des Rechnungsauszuges enthalten sei. Es würde dann nach § 389 B.G.B. die Aufrechnungserklärung auf den Moment zurückbezogen werden, in welchem die Aufrechnung im einzelnen Falle möglich war, sodaß also nachträglich der gleiche Erfolg erzielt werden würde, wie bei einer successiven Aufrechnung.

Aber wie schon bemerkt, ist diese Konstruktion nicht ohne Weiteres möglich, nachdem wir es nicht bloß mit Forderungen, sondern auch mit Zahlungen zu thun haben. Die Zahlungen bewirken auf jeden Fall sofortige Befriedigung; das liegt im Begriffe. Wollte man aber annehmen, daß die Zahlungen die Tilgung von Forderungen bewirken, die zur Entstehung gelangenden Gegenforderungen aber nicht sofort aufgerechnet werden, so würde sich eine Sachlage ergeben, welche dem Zwecke des Kontokorrentverkehrs nicht entsprechen würde. Der Zahlende müßte nämlich in jedem einzelnen Falle immer ausdrücklich bestimmen, welche Forderung getilgt werden soll, wenn anders durch die nachfolgende Aufrechnungserklärung sich das richtige Resultat ergeben soll. Ein Beispiel wird die Sachlage deutlicher machen.

Wir nehmen an, ein Kontokorrentverkehr beginne damit, daß auf der Debetseite nach einander Forderungsposten zu 200, 300 und 400 M. zur Entstehung gelangen und daß auf der Kreditseite nach dem Debetposten zu 200 M. eine Forderung zu 100 M. und nach dem Debetposten zu 400 M. eine Zahlung von 500 M. sich ergiebt.

Nach unserer Konstruktion geschieht die Tilgung wie folgt. Die Kreditforderung zu 100 M. wird auf die Debetforderung zu 200 M. aufgerechnet, von dieser bleiben noch 100 M. übrig und dazu kommen dann noch die Forderungen zu 300 und 400 M. Durch die Zahlung von 500 M. werden diese, weil die älteren Forderungen zuerst getilgt werden, bis auf einen Restbetrag zu 300 M. von der letzten Forderung getilgt. Das ergiebt sich alles ohne weiteres Zuthun der Parteien, gewissermaßen selbstthätig;

es genügt zum Eintritte dieses Erfolges, wenn der Wille der Parteien feststeht, daß die Posten in den Kontokorrent einbezogen werden sollen.

Bei der anderen Konstruktion würden zu dem Zeitpunkte, in welchem die Zahlung erfolgt, die drei Forderungen der Debetseite noch ungekürzt vorhanden sein, weil die Aufrechnung der Forderung zu 100 M. noch nicht geschehen ist. Wenn sich dasselbe Resultat ergeben soll, wie nach unserer Konstruktion und das ist dasjenige, welches die Parteien wünschen, dann muß der Zahlende ausdrücklich bestimmen, daß durch die 500 M. die Forderung zu 200 M. nicht ganz, sondern nur zur Hälfte, die Forderung zu 300 M. dagegen ganz und die zu 400 M. bis auf einen Betrag von 300 M. getilgt werden soll.[1]) Ein derartiges Verfahren würde ohne Zweifel dem Zwecke des Kontokorrentverkehrs, die geschäftlichen Beziehungen zu vereinfachen, direkt zuwiderlaufen und ist aus der Praxis thatsächlich auch gar nicht nachweisbar.

Daß eine teilweise sofortige Befriedigung der Kontokorrentforderungen, soweit Zahlungen gemacht werden, und ein teilweiser Aufschub der Befriedigung, soweit Gegenforderungen vorhanden sind, stattfinde, erscheint danach unter allen Umständen ausgeschlossen. Es sind also nur noch zwei Konstruktionsmöglichkeiten übrig: fortlaufende Tilgung, gleichgiltig ob dieselbe durch Zahlung oder durch Aufrechnung mit einer Forderung bewirkt wird oder vollständiger Aufschub der Tilgung, sowohl wenn Aufrechnung mit einer Forderung möglich ist, als auch wenn eine Zahlung gemacht wird. Die Annahme, daß die Tilgung der Forderungen auch insoweit aufgeschoben sei, als Zahlungen vorliegen, widerspricht dem Begriffe der Zahlung. Es bleibt also nur noch die Möglichkeit übrig, anzunehmen, daß eine fortlaufende Tilgung stattfindet, sowohl durch die Zahlungen, als auch durch Aufrechnung der Forderungen.

Man kommt also durch diese Ueberlegung genau zu demselben Ergebnis, welches uns viel kürzer, aber eben so sicher die Konstatierung gebracht hat, daß die Kontokorrentisten sich für befriedigt halten, soweit die Posten der Rechnung sich decken.

§ 47.

2. Einwirkung des Kontokorrentvertrages auf die einzelnen Kontokorrentforderungen.

Darüber, daß die rechtliche Natur der einzelnen Forderungen durch Einstellung in den Kontokorrent nicht geändert wird, brauchen wir kein Wort mehr zu verlieren; auch die herrschende Meinung erkennt diese Thatsache an. Nach der herrschenden Vertragskonstruktion werden aber die Forderungen durch die Kontokorrentabrede insofern beeinflußt, als dieselben nicht geltend gemacht werden können vor Ablauf der Rechnungsperiode; die verschiedenen Fälligkeitstermine, welche die Forderungen haben würden, wenn sie nicht Kontokorrentforderungen wären, werden aufgehoben und durch einen einheitlichen Fälligkeitstermin, den Schluß der Rechnungsperiode ersetzt. Nach unserer Auffassung bringt der Kontokorrentvertrag in dieser Beziehung nicht die geringste Aenderung an den Forderungen hervor. Sie behalten genau den Fälligkeitstermin, den sie haben würden, wenn sie nicht in den Kontokorrent eingestellt würden; es giebt keine spezifische Kontokorrentstundung. Es ist also auch nicht richtig, daß die Forderungen nicht eingeklagt werden könnten während der Rechnungsperiode. Es ist ebenso nicht richtig, daß die Kontokorrentisten sich vor Ablauf der Rechnungsperiode nicht in Verzug setzen könnten und es ist endlich nicht richtig, daß die Kontokorrentforderungen vor Ablauf der Rechnungsperiode nicht verjähren könnten. Es bleibt in diesen Beziehungen alles genau

---

[1]) Würde er die 500 M. in irgend einer anderen Weise anrechnen, so würden sich selbstverständlich schließlich ganz andere Zinsenforderungen ergeben als nach unserer Konstruktion.

so, wie wenn der Kontokorrentvertrag nicht geschlossen wäre. Nur was die Verjährung anlangt, ist zu beachten, daß dieselbe durch die periodischen Saldofeststellungen unterbrochen wird (§ 208 B.G.B.). Da die Rechnungsperioden regelmäßig viertel- oder halbjährig sind, ist es also nicht denkbar, daß eine Kontokorrentforderung bei Fortsetzung des Kontokorrentverkehrs verjährt, selbst wenn sie längere Zeit nicht geltend gemacht wird.

Eine weitere Wirkung des Kontokorrentvertrages der herrschenden Meinung ist die, daß jede Forderung, welche in den Kontokorrent eingestellt wird, mit der Einrede behaftet erscheint, daß sie zur Verrechnung mit den übrigen Forderungen bestimmt sei. Nach unserer Vertragskonstruktion erwächst diese Einrede gegen die Kontokorrentforderungen nicht. Der Kontokorrentverkehr kann jeder Zeit abgebrochen werden; also ist auch nicht vereinbart, daß eine jetzt vorhandene Forderung mit einer später entstehenden aufzurechnen sei. Soweit aber gegenseitige Forderungen schon zur Entstehung gelangt und als Kontokorrentforderungen behandelt worden sind, kann diese Einrede natürlich schon um deswillen nicht gegeben sein, weil die Aufrechnung ja bereits erfolgt ist, diese Forderungen also gar nicht mehr vorhanden sind.

Die herrschende Meinung folgert aus ihrer Vertragskonstruktion die Unmöglichkeit der Abtretung von Kontokorrentforderungen. Nach unserer Konstruktion steht der Abtretung nichts im Wege. Abgetreten werden kann natürlich immer nur der momentane Saldo, bezw. die in ihm enthaltenen Forderungen; die anderen Forderungen, welche im Laufe der Rechnungsperiode in den Kontokorrent eingestellt worden sind, sind ja nicht mehr vorhanden. Wird eine Forderung abgetreten, so muß dieselbe natürlich durch Stornierung aus der Rechnung entfernt werden.

§ 48.

3. Welche Forderungen sind in den Kontokorrent einzustellen?

Für die herrschende Vertragskonstruktion spielt auch eine große Rolle die Frage nach dem Umfang des Kontokorrentvertrages, die Frage, welche Forderungen in den Kontokorrent einzubeziehen sind. Nach unserer Konstruktion ist diese Frage vollständig gegenstandslos; der Kontokorrentvertrag befaßt sich gar nicht mit derselben; es steht ganz und gar im Belieben der Parteien, welche Forderungen sie in den Kontokorrent aufnehmen wollen. Die Annahme, daß ein Zwang zur Aufnahme bestimmter Forderungen in den Kontokorrent bestehe, würde nicht mit der Thatsache vereinbar sein, daß der Kontokorrentverkehr jeden Augenblick abgebrochen werden kann. Wenn eine Partei sich weigert, eine bestimmte Forderung als Kontokorrentforderung zu behandeln, so wird die andere Partei die ihr gut scheinenden Maßnahmen ergreifen; sie wird vielleicht den ganzen Geschäftsverkehr abbrechen.

Der Kontokorrentverkehr beruht auf dem gegenseitigen Vertrauen der Parteien. Jede Partei ist sich selbst verantwortlich für die Folgen, welche ein bestimmtes Thun oder Unterlassen haben wird. Der Vertrag selbst verpflichtet weder zu einer Thätigkeit, noch zu einem Unterlassen. Die Geschäftskoulanz und die Befürchtung, es könnte der Verkehr von dem anderen Teile vollständig abgebrochen werden, sind vielfach die Ursache eines bestimmten Verhaltens der Parteien, welches man bei oberflächlicher Untersuchung auf eine durch den Kontokorrentvertrag übernommene Verbindlichkeit zurückzuführen geneigt ist. Das muß insbesondere auch in der vorwürfigen Frage beachtet werden. Die Nichteinbeziehung einer Forderung in den Kontokorrent steht jedem Teile prinzipiell frei. Welche Folgen aber sich an die Separatbehandlung einer Forderung knüpfen, ob insbesondere der Kontokorrentverkehr in einem solchen Falle fortgesetzt wird oder ob er abgebrochen wird, ist für die rechtliche Beurteilung des Kontokorrentverhältnisses an sich vollständig gleichgiltig. Nicht in den Kontokorrent einbezogene Forderungen werden eben nicht in demselben verrechnet und können deswegen an und für sich auch nichts mit ihm zu thun haben. Welchen Einfluß bei Fortsetzung des Kontokorrentverkehrs unter Umständen die Saldofeststellung auf den Fortbestand dieser Forderungen ausüben kann, werden wir weiter unten sehen.

§ 49.

4. **Behandlung der Wechsel und kaufmännischen Verpflichtungsscheine im Kontokorrentverkehr.**

Besondere Schwierigkeiten macht den Anhängern der herrschenden Vertragskonstruktion, wie wir gesehen haben, das Vorkommen von Wechseln und kaufmännischen Verpflichtungsscheinen im Kontokorrent. Wir wollen deswegen diese Frage für unsere Vertragskonstruktion, und zwar insbesondere was die Wechsel anlangt, etwas eingehender untersuchen.

Einen Irrtum der herrschenden Meinung, der auch hier eine Rolle spielt, haben wir soeben besprochen. Die herrschende Meinung hat sich eingehend mit der Frage beschäftigt, ob durch Eingehung des Kontokorrentvertrages eine Verpflichtung übernommen werde zur Einbeziehung der Wechsel in den Kontokorrent oder ob dieselben gesondert behandelt werden dürfen, so wie wenn ein Kontokorrentverhältnis nicht bestehe. Ueber diese Frage brauchen wir uns den Kopf nicht zu zerbrechen: es ist vollständig freier Wille der Kontokorrentisten, ob sie irgend eine Forderung in den Kontokorrent einstellen wollen oder nicht und das gilt selbstverständlich auch für die Wechsel.

Die herrschende Meinung hätte sich mit der Frage, ob eine Verpflichtung zur Einstellung der Wechsel in den Kontokorrent durch den Abschluß des Kontokorrentvertrages übernommen werde, jedenfalls weniger eingehend beschäftigt, wenn nicht durch die Aufnahme der Wechsel in den Kontokorrent nach ihrer Vertragskonstruktion die rechtliche Natur derselben beeinflußt werden würde. In welcher Weise dies der Fall ist, haben wir oben schon gesehen. Wir wollen an einigen Beispielen untersuchen, ob etwa auch nach unserer Vertragskonstruktion bei Aufnahme von Wechseln in den Kontokorrent sich Besonderheiten ergeben.

1. Der Korrespondent zieht auf den Bankier am 1. Februar eine Dreimonatstratte an die Order seines Gläubigers N. N., welcher den Wechsel weiter begiebt. Der Bankier acceptiert den Wechsel und löst ihn am Verfalltage ein. Die Wechselsumme wird auf den 1. Mai (Tag der Zahlung) im Kontokorrent verrechnet. Hat der Korrespondent an diesem Tage einen Aktivsaldo, so ist die Wechselsumme davon abzuziehen: der Bankier macht für den Korrespondenten aus dessen Depot (dem Activsaldo desselben) eine Zahlung an denjenigen, der den Wechsel präsentiert. Hat der Korrespondent an dem betreffenden Tage einen Passivsaldo, so wird die Wechselsumme hiezu addiert: der Bankier giebt dem Korrespondenten weiteren Kredit auf den Betrag der Wechselsumme. Löst der Bankier den Wechsel nicht ein, z. B. weil das Depot erschöpft und dem Kunden kein Kredit versprochen ist oder weil durch die Einlösung des Wechsels das Kreditlimito des Kunden überschritten werden würde (Nichthonorierung „mangels Deckung"), so geht der Wechsel im Regreßwege an den Korrespondenten zurück. Der letztere kann nun seinerseits den Wechsel einklagen gegen den Bankier und hier wird sich zeigen, ob dieser nach seinen Vereinbarungen mit dem Korrespondenten zur Honorierung verpflichtet war oder nicht. Die Nichteinlösung des Wechsels hat also keine weitere Folge, als daß die Wechselsumme nicht verrechnet wird im Kontokorrent. War der Wechsel schon in die Rechnung eingetragen, hatte der Bankier z. B. schon bei der Acceptierung in das Debet des Korrespondenten gesetzt: „An Tratte, Order N. N. 1000 M., Verfalltag 1. Mai," so steht nichts im Wege, diese Notierung durch Stornierung in bekannter Weise wieder aus der Rechnung zu entfernen. An der Rechtslage wird dadurch gar nichts geändert.

2. Der Korrespondent ist Indossatar eines Wechsels, welcher vom Bankier acceptiert ist. Er übersendet diesen Wechsel dem Bankier zur Gutschrift. Ist der Korrespondent zur Zeit des Verfalltages Gläubiger des Bankiers, so mehrt sich sein Guthaben um den Betrag der Wechselsumme; ist er Schuldner des Bankiers, so mindert sich seine Schuld um diesen Betrag. Im ersten Falle wird die Wechselforderung noviert in eine gewöhnliche Forderung; im zweiten Falle ist der Wechsel bezahlt durch die Gutschrift, die Wechselforderung ist aufgerechnet gegen eine gleich große Forderung des Bankiers an den Korrespondenten. Die gleiche Sachlage haben wir, wenn der Korrespondent einen auf dem Regreßwege an ihn als Indossanten zurück gelangten Wechsel seinem Bankier als früheren Indossanten zum Zwecke der Gutschrift der Regreßsumme remittiert. Weder in dem einen noch in dem anderen Falle ergeben sich Besonderheiten.

3. Der Korrespondent übersendet dem Bankier einen Wechsel, der von einem Dritten acceptiert ist. Der Bankier kann nun den Wechsel entweder diskontieren oder nur zum Inkasso übernehmen. Es kommt auf die Vereinbarung an. Diskontiert er den Wechsel, so wird dem Korrespondenten der gegenwärtige Wert desselben (Wechselsumme — Diskont) gutgeschrieben. Ein Aktivsaldo des Korrespondenten erhöht sich um den Kaufpreis des Wechsels, ein Passivsaldo mindert sich um diesen Betrag. Wird der Wechsel demnächst nicht eingelöst, so belastet der Bankier den Korrespondenten mit der Regreßsumme. Das ist aber nicht etwa eine Stornierung, durch welche der früher gut geschriebene Kaufpreis des Wechsels wieder aus der Rechnung entfernt wird, keine bloße rechnerische Operation, sondern das ist die Verrechnung einer wirklichen Forderung. Hat der Korrespondent zu der Zeit, zu welcher er mit der Regreßsumme zu belasten ist, sein Depot erschöpft oder hat er keinen Kredit oder keinen höheren Kredit mehr zu beanspruchen, so steht nichts im Wege, daß der Bankier die Regreßsumme einklagt. Es hat das keine weitere Folge für die Kontokorrentbeziehung, als daß dieser Betrag nicht verrechnet wird.

Der Bankier kann nun aber auch den Wechsel bloß zum Inkasso übernommen haben. In diesem Falle ändert sich der momentan bestehende Saldo nicht. Ein Saldo zu gunsten des Korrespondenten wird nicht größer und ein Saldo zu dessen Ungunsten wird nicht kleiner. Erst wenn der Wechsel eingelöst wird, verrechnet der Bankier die Wechselsumme zu gunsten des Korrespondenten. Es vermindert sich also dann entweder dessen Schuld oder es erhöht sich dessen Guthaben. Wird der Wechsel nicht eingelöst, so erfolgt keine Verrechnung der Wechselsumme. Sollte der Betrag des nicht eingegangenen Wechsels schon im Kredit des Korrespondenten gebucht sein, so steht nichts im Wege, die Rechnung durch Stornierung wieder richtig zu stellen.

Diese Beispiele dürften genügen, um erkennen zu können, daß die Aufnahme von Wechseln in den Kontokorrent keine Besonderheiten ergiebt. Alle Einzelfragen sind genau so zu beantworten, wie wenn kein Kontokorrentverhältnis bestehen würde. Was von der Behandlung der Wechsel gesagt wurde, gilt sinngemäß auch von den kaufmännischen indossablen Verpflichtungsscheinen.

IV.

Ablauf der Rechnungsperiode.

§ 50.

1. Dauer der Rechnungsperiode.

Die Dauer der Kontokorrentperiode richtet sich nach der Vereinbarung. Ist eine solche nicht getroffen, so ist anzunehmen, daß die Parteien die in dem betreffenden Geschäftsverkehr übliche Dauer der Rechnungsperiode vereinbart haben. Beim Kontokorrentverkehr im offenen Depot pflegt der Bankier das Konto halbjährig, beim Kontokorrentverkehr im offenen Kredit vierteljährig abzuschließen. Beim Kontokorrent im Waarenverkehr bildet regelmäßig das Kalendervierteljahr die Rechnungsperiode. Wie wir wissen, werden bei Ablauf der Rechnungsperiode die noch vorhandenen Zinsen kapitalisiert, bzw. vom Kapital in Abzug gebracht. Es ist also nicht gleichgiltig, ob die Kontokorrentperioden eine lange oder eine kurze Dauer haben.

Warum eigentlich die Zinsen beim Kontokorrentverkehr periodisch kapitalisiert werden, vermag die herrschende Meinung nicht aufzuklären. Unsere Vertragskonstruktion erhält dadurch wieder eine neue Stütze, daß sie auch darüber befriedigende Aufklärung zu bringen vermag. Wir haben gesehen, daß beim Kontokorrentverkehr während der Rechnungsperiode die Kapitalbeträge vor den daraus erlaufenen Zinsbeträgen getilgt werden. Den Grund für dieses eigentümliche Verfahren haben wir in der dadurch erreichten Erleichterung der Rechnung gefunden. Die Kontokorrentisten würden zweifellos zunächst auf die erlaufenen Zinsen ihre Zahlungen und Gegenforderungen verrechnen, wenn dadurch die Rechnung nicht erschwert werden würde. Diesen also bloß der einfacheren Rechnung zu liebe absichtlich gemachten Fehler suchen nun die Kontokorrentisten dadurch wieder auszugleichen, daß sie periodisch die Zinsen kapitalisieren. In den meisten Fällen erreichen die Parteien auf diese Weise wenigstens annähernd dasselbe Resultat, welches sie erhalten würden, wenn sie während der Rechnungsperiode zuerst immer die Zinsen tilgen würden. Das gilt hauptsächlich für den Bankverkehr. Wenn hier, wie es die Regel ist, der Bankier während der ganzen Rechnungsperiode Gläubiger oder während der ganzen Rechnungsperiode Schuldner bleibt, so würde sich offenbar ein größerer, in der nächsten Periode zu verzinsender Kapitalsaldo ergeben, wenn die Zinsen immer zuerst getilgt würden, wie wenn das umgekehrte Verfahren eingehalten wird. Werden aber zum Schlusse der Rechnungsperiode die Zinsen kapitalisiert, so ergiebt sich annähernd dasselbe Resultat, wie wenn während des Laufes der Rechnungsperiode die Zinsen immer vorweg getilgt worden wären.

Nach unserer Konstruktion ergiebt sich der Saldo mit Ablauf der Rechnungsperiode von selbst; es bedarf nicht erst, wie nach der herrschenden Vertragskonstruktion, einer Verrechnung, um denselben zur Entstehung zu bringen. Welche Forderungen im Saldo enthalten sind, ist objektiv genau bestimmbar; es sind die jüngsten Kapital- und Zinsenforderungen der stärkeren Seite.[1]) In unserem Beispiele besteht der Saldo aus einem Rest zu 7211 M. des Postens 8650,20 M. vom 15. März und aus 8,05 M. Zinsen aus diesem Posten. Auch jederzeit während des Laufes der Rechnungsperiode können die momentan noch vorhandenen Forderungen bestimmt werden. Diese Feststellung bietet durchaus keine Schwierigkeiten. Zur Ermittelung der im Saldo enthaltenen Kapitalbeträge ist in den meisten Fällen die Staffelrechnung gar nicht erforderlich. Etwas umständlicher ist zuweilen die Ermittelung der im Saldo enthaltenen Zinsenforderungen; doch ist dies auch nichts weiter als eine Rechenaufgabe. In sehr vielen Fällen besteht an der Feststellung der im Saldo enthaltenen Einzelforderungen kein Interesse; dieselben werden dann einfach zu einer einheitlichen Saldoforderung noviert. Das gilt insbesondere für den Bankkontokorrent, wo regelmäßig für die sämtlichen aus dem Geschäftsverkehr entspringenden Forderungen, also für den jeweiligen Saldo, gleichgiltig, welche Einzelforderungen in ihm enthalten sind, Sicherheit bestellt ist. Die Novation des Saldos bewirkt hier nicht den Untergang der Sicherheit; denn auch die novierte Saldoforderung ist immer noch eine „aus dem Geschäftsverkehr" entsprungene Forderung.

[1]) Es kann also auch im Falle des § 8 Abs. II des Depotgesetzes, wo eine Ausnahme von § 397 H.G.B. statuiert ist, nachgewiesen werden, ob die Konnexität besteht oder nicht. Vgl. oben S. 97.

§ 51.
2. Die Saldofeststellung.

Nach Ablauf jeder Rechnungsperiode übersendet der eine Kontokorrentist dem anderen einen Rechnungsauszug oder Kontokorrent. Wie ein solcher aussieht und was er enthält, haben wir im 1. Teil gesehen. Es fragt sich nun, welcher Zweck mit der Uebersendung des Rechnungsauszuges verfolgt wird. Eine Rechnungslegung kann regelmäßig nicht beabsichtigt sein; der Kontokorrentvertrag verpflichtet nicht hiezu. Doch sind natürlich Fälle denkbar, wo sich auf Grund besonderer Vorschriften auch beim Kontokorrentverkehr eine Rechnungslegungspflicht ergeben kann.[1]) Die Zusendung des Rechnungsauszuges hat die Bedeutung einer Vertragsofferte. Der Empfänger des Rechnungsauszuges wird aufgefordert, anzuerkennen, daß zur Zeit des Ablaufs der Rechnungsperiode der vom Uebersender der Rechnung berechnete Saldo als Forderung des einen Teils bestanden hat. Die Annahme der Offerte erfolgt entweder ausdrücklich oder stillschweigend.[2]) Stillschweigende Anerkennung des Saldos liegt insbesondere vor, wenn der Kontokorrentverkehr unter Vortragung des Saldos auf neue Rechnung fortgesetzt wird, ohne daß Erinnerungen gegen die Rechnung erhoben werden.

Ob durch die Anerkennung des Saldos eine Novation der im Saldo enthaltenen Forderungen bewirkt wird oder ob die Saldofeststellung bloß ein bestätigendes Anerkenntnis enthält, ist Frage des Einzelfalles. Es kann im allgemeinen weder gesagt werden, daß das eine, noch daß das andere immer der Fall sei. Jedoch hat man einige Anhaltspunkte, welche in jedem Falle für die Beurteilung dieser Frage maßgebend sind. Man wird vor Allem unterscheiden müssen, ob der Saldo auf neue Rechnung vorgetragen worden ist oder nicht. Im ersteren Falle wird man, wenn nicht besondere Umstände dagegen sprechen, regelmäßig annehmen können, daß eine Novation beabsichtigt sei, im letzteren Falle wird man regelmäßig der Saldoanerkennung nur eine bestätigende Wirkung beimessen können. Wir schließen uns in dieser Hinsicht in der Hauptsache der Anschauung Cosacks an, welcher S. 351 sagt:

> „Es ist zu erwägen, daß ein Anerkenntnis nur dann novatorische Kraft hat, wenn es eine Rechtsänderung hervorbringen, z. B. eine bisher mit ihrem Schuldgrunde verknüpfte Forderung von dem Schuldgrunde lösen will. Bei dem Anerkenntnis des Kontokorrentsaldos trifft diese Voraussetzung nicht zu: es will nicht ändern, sondern bestätigen. Es wäre ja auch mehr als verkehrt, wenn z. B. ein Kommissionär, um das Pfandrecht für seine in den Kontokorrent aufgenommenen Provisionsansprüche zu retten, ein Anerkenntnis des zu seinen Gunsten lautenden, durchaus richtig berechneten Saldo verweigern müßte.
>
> Wohl aber tritt eine Novation ein, wenn der anerkannte Saldo auf neue Rechnung vorgetragen wird. Alsdann verliert jede der in ihm steckenden Einzelforderungen ihre Eigenart, und der Saldo wird zu einem völlig neuen, selbständigen Anspruch. Demgemäß geht eine Sicherung durch Pfandrecht oder Bürgschaft, die für eine Einzelforderung bestand, auf den Saldovortrag nicht über, sondern erlischt.
>
> Die Schuldumwandelung folgt hier aus einem festen Handelsbrauch. Ein Kontokorrentverkehr kann sich jahrelang fortziehen, und der Kontokorrent jedes neuen Abschnitts ruht auf dem vorigen, knüpft an dessen Saldo an; jeder Saldo wirkt also auf den gesamten ihm folgenden Kontokorrentverkehr fort; dazu aber ist seine einheitliche Gestaltung im strengsten Sinne nötig, eine Zerlegung in einzelne Bestandteile verschiedenen Rechts damit unverträglich. Und da die Vortragung des Saldos beiderseits auf freiem Willen beruht

---

[1]) Z. B. nach §§ 384, 499, 534 H. G. B., § 4 des Wuchergesetzes vom 19. Juni 1893.

[2]) Schriftliche Form ist nicht erforderlich, weil eine Abrechnung vorliegt: § 782 B. G. B. Für Vollkaufleute ergiebt sich die Formlosigkeit schon aus §§ 350, 351, 341, 344 H. G. B.

und nicht, wie das bloße Anerkenntnis, eine einfache Bestätigung des vorhandenen Rechtszustandes bezweckt, fallen auch die . . . . gegen die Annahme einer Schuldumwandlung erhobenen Bedenken nunmehr fort."

Wir können Cosack insofern nicht beistimmen, als er annimmt, die Fortsetzung des Kontokorrentverkehrs setze unter allen Umständen die Umwandlung der im Saldo enthaltenen Forderungen zu einer einheitlichen Novationsforderung voraus. Es ist das so wenig notwendig, wie während des Laufes der Rechnungsperiode, wo der Zwischensaldo auch öfter aus mehreren Forderungen besteht. Nur soviel ist richtig, daß im Zweifel die Novationsabsicht angenommen werden muß. An und für sich steht nichts im Wege, daß die Parteien den Kontokorrentverkehr fortsetzen, ohne den Saldo zu novieren. Ja es ist sogar ganz gut möglich, daß sie denselben teilweise novieren und teilweise bestätigend anerkennen. Wenn z. B. für eine im Saldo noch enthaltene Forderung ein Bürge haftet, oder ein Gesamtschuldner, so steht nichts im Wege, diese Forderung gesondert fortbestehen zu lassen, im übrigen aber den Saldo zu novieren. Wird der Kontokorrentverkehr dann unter Vortragung dieser Forderungen auf neue Rechnung fortgesetzt, so ergeben sich weiter keine Besonderheiten. Es wird wieder die ältere Forderung vor der jüngeren getilgt und die Sicherheit geht erst in dem Augenblick unter, in dem die gesicherte Forderung materiell getilgt wird. Es ist immer Sache des Gläubigers, zu untersuchen, ob er durch eine Novation des Saldos einen Verlust erleidet oder nicht. Er kann zur Novation nicht gezwungen werden; hat er aber den Saldo einmal noviert, dann stehen auch die Folgen unabänderlich fest, welche sich aus der Novation notwendig ergeben müssen. Wird der Saldo nicht freiwillig anerkannt, so kann auf Anerkennung desselben geklagt werden. Diese Klage stellt sich als eine reine Feststellungsklage nach § 256 C.P.O. dar. Meist hat der Gläubiger das Recht, die sofortige Bezahlung des Saldos verlangen zu können. In diesen Fällen besteht ein indirekter Zwang für den anderen Teil, den Saldo anzuerkennen, denn thut er dies nicht, so erhebt der Gläubiger die Klage auf Zahlung.

In der Regel umfaßt der Kontokorrent die sämtlichen Forderungen der Parteien, welche sich aus ihrem Geschäftsverkehr ergeben. Die Anerkennung des Saldos enthält deswegen, wenn nicht ausdrücklich das Gegenteil festgestellt wird, einen negativen Anerkennungsvertrag des Inhalts, daß zwischen den Parteien außer dem anerkannten Saldo eine weitere Forderung, welche in der letzten Rechnungsperiode fällig geworden sei, nicht existiere (§ 397 Abs. II B.G.B.). Bezüglich der im Kontokorrent verrechneten Forderungen enthält die Saldofeststellung unseres Erachtens nur das Zugeständnis (Beweismittel), daß sie entstanden und wieder getilgt worden sind, für den einen Teil, den Rechnungsempfänger, also kurz eine Quittung (§ 368 B.G.B.).

Die Saldofeststellung bildet in jedem Falle einen selbständigen Verpflichtungsgrund. Der Gläubiger braucht auf die einzelnen im Saldo enthaltenen Forderungen nicht zurückzugreifen bzw. er kann dies nicht einmal mehr.[3]) Die Saldofeststellung ist sowohl nach ihrer positiven wie nach ihrer negativen Seite nur anfechtbar unter den Voraussetzungen der Kondiktion wegen ungerechtfertigter Bereicherung, des Irrtums,[4]) des Betruges und des Zwanges. Befindet sich also z. B. unter den im Saldo enthaltenen Posten eine Nichtschuld, welche der Schuldner als solche nicht kannte, so kann das Anerkenntnis insoweit angefochten werden (§§ 812 Abs. II, 814 B.G.B.). Bezüglich des Restes des Saldos bleibt das Anerkenntnis giltig. Einer Anfechtung des Anerkenntnisses bedarf

[3]) Je nachdem Novation vorliegt oder nicht.
[4]) Ob dem Kontokorrent die Klausel „Irrtum vorbehalten" beigefügt ist oder nicht, ist gleichgiltig. Vgl. hierüber Greber S. 111, Kemmer S. 87.

es gar nicht, insoweit Spiel-, Wett- oder Differenzschulden im Saldo enthalten sind (§§ 762, 764 B.G.B., § 66 Börsengesetzes). Denn insoweit ist das Anerkenntnis nichtig.

Regelmäßig wird nach Ablauf der Rechnungsperiode der Kontokorrentverkehr fortgesetzt und der Saldo auf neue Rechnung vorgetragen.[5]) Der Saldo wird also jetzt genau so behandelt wie eine gewöhnliche Kontokorrentforderung. Insbesondere wird der volle Betrag desselben verzinst. Es werden also, wenn Zinsen im Saldo enthalten sind, Zinsen aus Zinsen berechnet. Es fragt sich, ob hierin ein Verstoß gegen das Verbot des Nehmens von Zinseszinsen liegt. Nach unserer Auffassung ist das nicht der Fall. Eine im voraus getroffene Vereinbarung, daß fällige Zinsen wieder Zinsen tragen sollen (§ 248 B.G.B.), liegt nicht vor. Wird der Kontokorrentverkehr nach Ablauf der Rechnungsperiode nicht fortgesetzt, so kann der Gläubiger schon deswegen aus den im Saldo enthaltenen Zinsen keine Zinsen berechnen, weil der andere Teil eine solche Zinsverpflichtung gar nicht übernommen hat. Es kommt also § 248 B.G.B. schon an und für sich nicht in Frage. Zinseszinsen können nur berechnet werden, wenn der Kontokorrentverkehr fortgesetzt wird. In diesem Falle liegt aber eine neue Verpflichtung vor, welche vom § 248 B.G.B. nicht getroffen wird. Hievon abgesehen ist auch noch zu beachten, daß die im Saldo enthaltenen Zinsen regelmäßig einer annähernd gleich großen Kapitalforderung entsprechen, welche übrig geblieben wäre, wenn während des Laufes der Rechnungsperiode immer zuerst die Zinsen getilgt worden wären. Was also formell sich als Zinsenforderung darstellt, ist materiell eine Kapitalforderung. Wir haben ja darin auch einen Hauptgrund gefunden für die periodisch stattfindende Kapitalisierung der Zinsen. Man könnte also auch insofern von einer Verletzung des Zinsenszinsenverbotes nicht sprechen.[6])

V.

Eintritt bestimmter Ereignisse und deren Einwirkung auf den Kontokorrentverkehr.

§ 52.

1. Pfändung eines Zwischensaldos.

Nach unserer Vertragskonstruktion ist die Möglichkeit der Pfändung von Kontokorrentforderungen in keiner Weise eingeschränkt; die im jeweiligen Saldo enthaltenen Forderungen können genau so gepfändet werden, wie wenn kein Kontokorrentverkehr bestehen würde. Das alte Recht ließ nach der herrschenden Auffassung, wie wir gesehen haben, überhaupt keine Pfändung von Kontokorrentforderungen zu. Man hat diesen Grundsatz aus der Verrechnungsabrede entwickelt. Das neue Recht hat bestimmt, daß, wenn der momentane Saldo gepfändet werde, spätere Forderungen nicht mehr dagegen verrechnet werden können. Damit ist allerdings derselbe Erfolg erreicht, der sich bei unserer Auffassung vom Kontokorrentverkehr ganz von selbst ergiebt. Nur ist, wie oben schon bemerkt, das eine dabei zu beanstanden, daß diese Gesetzesvorschrift nicht zur Vertragskonstruktion paßt. Wenn die Vertragskonstruktion richtig ist, dann braucht es keines derartigen Amendements. Auch das versteht sich nach unserer Vertragskonstruktion ganz von selbst, was das Handelsgesetzbuch mit dem 2. Satze des § 357 zum Ausdruck

---

[5]) Die Saldofeststellung bildet nur einen Ruhepunkt im Geschäftsverkehr. Die Parteien wollen sich Klarheit und Gewißheit über den Stand ihrer Geschäftsbeziehungen verschaffen. Ist dieser Zweck durch die Saldofeststellung erreicht, so ist kein Grund vorhanden, warum nicht der Kontokorrentverkehr gerade so weiter laufen soll wie während der Rechnungsperiode.

[6]) Ueber die Provisionsberechnung im Kontokorrent vgl. Greber S. 157—159, Kemmer § 15 und die da angeführte weitere Literatur, ferner Widemann S. 17 ff. In der Regel wird als Provision ein nach dem Umfang des Geschäftsverkehrs während einer Rechnungsperiode festgesetzter Pauschalbetrag als letzter Posten in die Rechnung eingesetzt.

bringen wollte. Eine Gutschrift im Kontokorrent erzeugt an und für sich keine Rechtswirkung. Sie ist — und das ist ihre regelmäßige Bedeutung — nichts weiter, als die Registrierung einer bereits eingetretenen Rechtswirkung; sie kann sein die Registrierung einer existent gewordenen Forderung, einer geschehenen Zahlung oder Aufrechnung. Das ist sie aber nicht ausnahmslos. Die Gutschrift kann auch eine bloß vorläufige Notiz sein. In solchen Fällen ist eine für den Kontokorrentverkehr bedeutsame Rechtswirkung noch nicht eingetreten, wird vielmehr erst erwartet. Der Bestand der pfändbaren Forderungen ist also in diesen Fällen weder erhöht noch vermindert; die Gutschrift kann auf rein rechnerischem Wege wieder aus dem Kontokorrent entfernt werden.[1]) Die letzteren Fälle hat das Handelsgesetzbuch im 2. Satz des § 357 im Auge.

Die Pfändung bewirkt die Beendigung des Kontokorrentverkehrs nicht. Ob die Parteien den Kontokorrentverkehr fortsetzen wollen oder ob sie ihn abbrechen wollen, steht genau wie bisher in deren freiem Belieben. Bei Fortsetzung des Verkehrs müssen natürlich die gepfändeten Forderungen durch Stornierung aus der Rechnung entfernt werden.

§ 53.

2. Tod, Verlust der Geschäftsfähigkeit und Konkurs des Kontokorrentisten.

Der Eintritt des Todes eines Kontokorrentisten hat keine Besonderheiten zur Folge. Der momentan bestehende Saldo wird entweder Nachlaßschuld oder Nachlaßforderung. Es kann die Regulierung des Ueberschusses verlangt werden oder es kann der Kontokorrentverkehr, wie wenn nichts geschehen wäre, zwischen dem Erben des verstorbenen Kontokorrentisten und dem überlebenden Kontokorrentisten fortgesetzt werden. Ebensowenig treten Besonderheiten ein, wenn ein Kontokorrentist die Geschäftsfähigkeit verliert. Es gilt sinngemäß das Ebengesagte.

Gerät ein Kontokorrentist in Konkurs, so ergeben sich ebenfalls keine Eigentümlichkeiten. Ist es der momentane Schuldner, der in Konkurs geraten ist, so meldet der andere Teil seine im Saldo enthaltenen Forderungen als Konkursforderungen an. Für einzelne Forderungen etwa bestehende Vorzugsrechte behalten natürlich ihre Wirksamkeit. Im Uebrigen erhält der Kontokorrentgläubiger anteilsweise Befriedigung wie jeder andere Gläubiger. Ist es der momentane Gläubiger, der in Konkurs geraten ist, so ist der Ueberschuß zur Konkursmasse einzuzahlen.

Hier müssen wir nun eine Frage besprechen, welche der herrschenden Meinung viel Kopfzerbrechen gemacht hat.[1]) Greber präzisiert den Streitpunkt S. 140 wie folgt:

„Im Konkursfalle eines der Kontokorrentisten tritt nicht selten der Fall ein, daß der eine Kontrahent dem andern Wechsel, Anweisungen und andere Wertpapiere übersandt hat, welche dem Uebersender gutgeschrieben wurden und in Folge dessen im Saldo verrechnet zu werden bestimmt sind, während sich nach der Konkurseröffnung zeigt, daß diese Werte vom Schuldner nicht bezahlt, bzw. eingelöst werden. Hier nämlich wird, trotzdem mit dem Momente der Konkurseröffnung der Kontokorrent abgeschlossen ist, eine derartige Thatsache auch später noch dadurch berücksichtigt, daß der Betrag des nicht eingehenden Papiers abgeschrieben oder rückgebucht (storniert) wird. Diese „Rückbuchung“ ist auch außerhalb des Konkurses durchweg üblich und sogar die einzige Möglichkeit, den fraglichen ausgefallenen Betrag wieder wett zu machen, sofern nicht eine Abrede getroffen

---

[1]) Insbesondere ist hier ein Unterschied zu machen zwischen Wechseln, welche diskontiert, und solchen, welche zahlungshalber („zum Inkasso“ sagt hier oft der Kaufmann) übernommen worden sind.

§ 53: [1]) Vgl. Levy-Rießer S. 140, Grünhut in Endemann's Handbuch Bd. III S. 958, Greber S. 140, Kemmer S. 110 und die bei diesen angegebene weitere Litteratur.

ist, daß Regreßforderungen u. s. w. nicht in den Kontokorrent hineingehören, d. h. außerhalb desselben geltend zu machen sind.

Beim Konkurse eines Kontokorrentisten ist die Anwendung dieser Regel insofern befremdlich, als sie gegen den Grundsatz zu verstoßen scheint, daß Konkursforderungen, mögen sie nun einzeln oder innerhalb einer Kontokorrentabrechnung geltend gemacht werden, vor der Konkurseröffnung zur Existenz gekommen sein müssen, und daß später entstandene Forderungen nicht im Konkurse berücksichtigt werden dürfen."

Welche praktische Verschiedenheiten die Entscheidung der Frage in dem einen oder dem anderen Sinne ergeben würde, schildert Greber S. 143 wie folgt:

„An dieser Rückbuchung nach der Konkurseröffnung hat der Kontokorrentist ein großes Interesse. Denn einerseits darf derjenige, welcher dem in Konkurs gefallenen Kontokorrentisten den Saldo schuldet, die ihm vom Kridatar übersandten, aber nicht eingegangenen Werte neutralisieren, während er sonst verpflichtet wäre, den Saldo (ohne Rückbuchung) ganz zu bezahlen und bei seiner Rückforderung (wegen Nichteinlösung des Papiers) auf Prozente beschränkt wäre; und andererseits darf der Kontokorrentist, welchem ein Aktivsaldo gegen den in Konkurs Gefallenen zusteht, die Werte, die er dem Kridatar übermachte, durch Rückschreibung ausgleichen, während sonst dem Kridatar die Möglichkeit geboten wäre, den Saldo (ohne Rückbuchung) nur anteilmäßig zu bezahlen, seine Rückforderung aber in voller Höhe geltend zu machen."

Die verschiedenen Versuche, welche von den Anhängern der herrschenden Meinung gemacht worden sind, um für die in den erwähnten Fällen allgemein zur Anwendung gebrachte „Rückbuchung" die rechtliche Grundlage zu finden, einzeln eingehender zu besprechen, würde zu weit führen. Wir verweisen auf Greber S. 138—143 und die dort angeführte weitere Literatur. Die Ausführungen der Schriftsteller, welche sich mit dieser Frage beschäftigt haben, lassen durchweg das richtige Verständnis vermissen für das Wesen der Stornierung. Man erblickt in derselben einen Rechtsakt oder wenigstens die Registrierung eines Rechtsakts, während sie in Wirklichkeit nichts weiter als eine rechnerische Operation ist. Es zeigt sich hier eben wieder, daß man sich erst über die Grundsätze der Buch- und Rechnungsführung im Kontokorrent vollständig klar sein muß, bevor man an eine Erklärung der Rechtsvorgänge denken kann.

Wir wollen unsere Auffassung über die vorliegende Frage an der Hand des von Grünhut in Endemanns Handbuch für Handelsrecht Bd. III S. 958 Anm. 6 zur Illustrierung derselben gegebenen Beispieles darlegen. Die citierte Anmerkung lautet:

„In dem Kontokorrentverkehr zwischen A u. B weist das Debet des A 1500, sein Kredit 1000 aus; B überschickt nun dem A eine acceptierte Tratte auf 1500, zahlbar in 2 Monaten und gerät kurz darauf in Konkurs; A hat sich für die Tratte debitiert und erscheint also als Saldoschuldner von 2000. Ist es nun dem A gestattet, die Umschreibung vorzunehmen, so verringert sich seine Schuld auf 500; im entgegengesetzten Falle schuldet er den Saldo von 2000 und muß sich mit seiner Wechselforderung von 1500 als Konkursgläubiger die Reduktion auf die eventuelle Quote gefallen lassen."

Nach unserer Auffassung vom Kontokorrentverkehr ist der angeführte Fall wie folgt zu behandeln. Im Zeitpunkte der Uebersendung der Tratte, nehmen wir an, es sei der 15. Januar, schuldet A dem B noch 500 M. Es ist dies z. B. ein Depot des B: A ist Bankier und B Korrespondent. Nun übersendet B dem A einen in 2 Monaten fälligen, von X acceptierten Wechsel etwa mittels Blankoindossaments. A schreibt nun in das Kredit des B: 1500 M., Wechsel auf X, Verfalltag 15. III. Das ist eine bloße vorläufige Notierung, welche auf den Bestand der momentanen Forderungen gar keinen Einfluß hat. A hat nach der Vereinbarung mit B nur die Verpflichtung übernommen, den Wechsel seinerzeit einzukassieren; er begiebt ihn deswegen auch nicht weiter, sondern bewahrt ihn bis zum Verfalltage auf, wo er ihn dem X zur Zahlung präsentiert. Inzwischen hat B nach wie vor ein Depot von nur 500 M. Hat sich z. B. A nicht verpflichtet, dem B Kredit zu geben und würde dem A am 16. Januar eine von B ausgestellte Anweisung über 2000 M. präsentiert, so könnte A die Einlösung, soweit die Anweisung den Betrag von 500 M. übersteigt, verweigern „mangels Deckung". Bricht nun der Konkurs aus, so storniert A die Rechnung. Er setzt in das Debet des B 1500 und so ergiebt sich bei der Saldierung das wirkliche Depot des B, die ursprünglichen 500 M., welche an die Konkursmasse einzuzahlen sind. Was mit dem in Händen des B befindlichen Wechsel zu geschehen hat, interessiert uns hier nicht weiter.

Anders gestaltet sich die Rechtslage, wenn A den Wechsel diskontiert hat. In diesem Falle erhöht sich das Depot des B um den gegenwärtigen Wert des Wechsels, welcher dem B gutgeschrieben wird und auch sofort zu verzinsen ist. Die Forderung der Konkursmasse besteht also in diesem Falle aus den 500 M. wie vorher und weiter aus dem gutgeschriebenen Wert des Wechsels (1500 M. — Diskont). A hat aber den Wechsel inzwischen weiter begeben. Schließlich zeigt sich, daß derselbe von X nicht eingelöst wird; er kommt an den A im Regreßwege zurück. Es fragt sich nun, ob der Bankier jetzt seine Regreßforderung gegen die Forderung der Konkursmasse aufrechnen kann. Wir glauben, daß die Frage wie folgt zu beantworten ist. Die Regreßforderung ist entstanden durch die Begebung des Wechsels, also vor der Konkurseröffnung. Sie ist aufschiebend bedingt. Ob die Bedingung eintritt oder nicht, zeigt sich erst am Verfalltag. Es kommen deswegen die §§ 53 und 54 K.O. zur Anwendung. Der Gläubiger kann, solange die Bedingung noch nicht eingetreten ist, Sicherstellung verlangen zum Zwecke der Aufrechnung und, sobald die Bedingung eingetreten ist, aufrechnen.[1])

Auch bezüglich des Verfolgungsrechts (§ 44 K.O.) ergeben sich nach unserer Vertragskonstruktion keine Besonderheiten. Die Sachlage ist genau dieselbe, wie wenn kein Kontokorrentverkehr vorliegen würde. Hat der Verkäufer oder Einkaufskommissionär momentan einen Aktivsaldo, so ist dadurch natürlich die Anwendung des § 44 K.O. nicht in Frage gestellt. Hat er einen Passivsaldo, so hängt die Möglichkeit der Anwendung des § 44 K.O. davon ab, ob die in Frage stehende Forderung nach den oben angegebenen Grundsätzen schon als verrechnet zu gelten hat oder nicht. Solange die Verrechnung noch nicht geschehen ist, ist der Verkäufer oder Einkaufskommissionär noch nicht bezahlt und steht insoweit der Geltendmachung des Verfolgungsrechtes nichts im Wege.[2]) Ob der Verkäufer oder Einkaufskommissionär in einem solchen Falle von dem Verfolgungsrecht Gebrauch machen will oder nicht, wird er sich in jedem einzelnen Falle überlegen müssen. Unter Umständen kann es vorteilhaft sein, davon Gebrauch zu machen, unter Umständen wieder auch nicht. Wir wollen uns das an einem Beispiele klar machen. Wir nehmen an, der Verkäufer habe seinem in Konkurs geratenen Geschäftsfreund eine Sache um 10000 M. verkauft mit 1000 M. Reingewinn. Ergiebt sich nun bei der Konkurseröffnung, daß bei Einbeziehung dieses Geschäftes in den Kontokorrent eine tote Bilanz oder für den Verkäufer noch ein Passivsaldo verbleibt — das wäre dann der Fall, wenn der Gemeinschuldner von dem Verkäufer gerade noch 10000 M. bezw. mehr als 10000 M. zu fordern hätte —, so wird der Verkäufer von dem Verfolgungsrecht nicht Gebrauch machen; denn auf diese Weise realisiert er den Gewinn von 1000 M., weil er seine Forderung noch aufrechnen kann. Angenommen dagegen

---

[1]) Vgl. Petersen-Kleinfeller, K.O. 4. Aufl. § 54 III, Sarwey-Bossert, K.O. 4. Aufl. § 54, 3.

[2]) Gleicher Meinung Petersen-Kleinfeller l. c. § 44, 9. Gegenteiliger Meinung Sarwey-Bossert l. c. § 44, 5.

durch Einbeziehung der Forderung zu 10000 M. würde sich für ihn ein Aktivsaldo von 1000 M. ergeben (gerade noch der Reingewinn aus dem fraglichen Geschäfte) und es würden z. B. 30% der Konkursforderungen zur Befriedigung gelangen, so wird sich der Verkäufer fragen müssen, ob er auch mit einem Gewinn von 300 M. noch zufrieden sein will oder ob er vom Verfolgungsrecht Gebrauch machen und die Sache anderweitig mit höherem Gewinn verkaufen will.

Die Konkurseröffnung hat an und für sich die Beendigung des Kontokorrentverkehrs nicht zur Folge. Ob der nicht in Konkurs geratene Kontokorrentist den Kontokorrentverkehr mit dem Gemeinschuldner oder etwa auch mit dem Konkursverwalter fortsetzen will, ist ganz in dessen Belieben gestellt.[4])

VI.

§ 54.

Abbruch des Kontokorrentverkehrs.

Das Handelsgesetzbuch spricht von einer Kündigung der laufenden Rechnung (§ 355 Abs. III). Das ist jedenfalls nur ein anderer Ausdruck für Kündigung des Kontokorrentvertrages. Nach unserer Auffassung giebt es eine Kündigung des Kontokorrentvertrages nicht, sondern nur Abbruch des Kontokorrentverkehrs. Der Kontokorrent-verkehr besteht in einer bestimmten, andauernden, gleichmäßigen Behandlung der aus dem Geschäftsverkehr entspringenden Forderungen, zu welcher die Parteien eine Verpflichtung nicht übernommen haben; der Kontokorrent vertrag dient nur dazu, den Kontokorrentverkehr zu erleichtern. Es braucht also auch der Kontokorrentvertrag nicht gekündigt zu werden, wenn der Kontokorrentverkehr abgebrochen werden soll. Die Parteien halten einfach das Verfahren, welches den Kontokorrentverkehr ausmacht, nicht mehr aufrecht. Sie geben vielmehr durch Handlungen, welche dem Kontokorrentverkehr nicht entsprechen, zu erkennen, daß ihr Wille, im Kontokorrentverkehr zu stehen, nicht mehr besteht und damit erreicht der letztere sein Ende.

Zu unterscheiden vom Abbruch des Kontokorrentverkehrs ist der Abbruch des Geschäftsverkehrs überhaupt. Der Geschäftsverkehr kann fortgesetzt werden, wenn auch der Kontokorrentverkehr abgebrochen wird. Regelmäßig zieht aber der Abbruch des Kontokorrentverkehrs den Abbruch des Geschäftsverkehrs nach sich.

Ob der Gläubiger bei Abbruch der Kontokorrentbeziehung sofort die Zahlung des momentan bestehenden Saldos verlangen kann, richtet sich danach, ob die Forderungen, welche denselben ausmachen, fällig sind bzw. durch Kündigung alsbald fällig gemacht werden können oder nicht.

Ist eine der ersteren Eventualitäten gegeben, so wird in der Regel mit Abbruch des Kontokorrentverkehrs auch die Zahlung des Saldos verlangt. Es kann nun sein, daß der Saldo vom Schuldner freiwillig anerkannt und bezahlt wird, es kann aber auch sein, daß er nicht anerkannt wird. Im letzteren Falle erhebt der Gläubiger die Klage auf Zahlung. Durch den Kontokorrentverkehr wird ein besonderer Gerichtsstand für diese Klage nicht begründet. Es gelten also die allgemeinen Vorschriften. Auch bezüglich der Beweislast ergeben sich keine Besonderheiten. Der Kläger hat zu beweisen, daß ihm die Saldoforderungen zustehen, dem Beklagten liegt es ob, das Gegenteil darzuthun. Ist vom Kläger der Beweis erbracht, daß die Klageforderungen zur Entstehung gelangt sind, so kann der Beklagte einwenden, daß dieselben durch Zahlung oder Aufrechnung

[4]) Für die herrschende Vertragskonstruktion Streitfrage: vgl. Oetker, konkursrechtl. Grundbegriffe I S. 255 ff, Jäger K.O. S. 429, R.G. XXII 149 ff.

mit Gegenforderungen wieder getilgt worden seien. Das hat er natürlich auch zu beweisen. Um diesen Beweis führen zu können, wird es in der Regel erforderlich sein, den ganzen Geschäftsverkehr der letzten Rechnungsperiode darzulegen. Weiter als bis zur letzten Rechnungsperiode braucht deswegen nicht zurückgegangen zu werden, weil diese das Anerkenntnis enthielt, daß nur der Saldo der vorletzten Rechnungsperiode, welcher als erster Posten in der neuen Rechnung vorgetragen ist, als einzige ungetilgte Forderung aus früherer Zeit übrig geblieben sei.

VII.

§ 55.

Die offene Rechnung.

Die herrschende Meinung hat neben dem Kontokorrent noch einen weiteren Rechtsbegriff, wenn man sich so ausdrücken darf, ausgebildet: die offene Rechnung. Welche Vorstellung mit diesem Begriff im allgemeinen verbunden wird, stellt Greber S. 131 wie folgt dar:

„Unter „bloßer laufender Rechnung" oder „uneigentlichem Kontokorrent" oder „offenem Konto" verstehen wir eine Rechnungsbeziehung, die sich äußerlich als Kontokorrent darstellt, welcher aber die charakteristischen Merkmale der letzteren fehlen, oder, wie Grünhut sagt, „ein einfaches Rechnungsverhältnis, welches in die wirtschaftlich bequeme, doch juristisch gleichgültige Form des Kontokorrents gehüllt ist."

Ein fester juristischer Begriff ist nicht damit zu verbinden; zahlreich sind die Erscheinungsformen und Spielarten der bloßen laufenden Rechnung. Sie kann rein thatsächlicher Natur sein, kann sich aber auch auf bestimmte Willensvereinbarungen gründen. Sie kann unendlich nah an den wahren Kontokorrent angrenzen, sodaß eine Unterscheidung recht schwierig wird; sie kann sich aber auch soweit von jihm entfernen, daß eine Aehnlichkeit nur in der Aufstellung einer schematischen Uebersicht von Debet und Kredit zu finden ist. Wie aber auch das offene Konto gestaltet sein mag, ein Merkmal fehlt ihm immer: die gegenseitige Kreditgewährung. In allen Fällen erscheint nur der eine als der Kreditierende, der andere als der Zahlende, dessen Leistungen auch als Zahlungen betrachtet und behandelt werden. Hier steht die Leistung in Korrelation zur Gegenleistung; Debet und Kredit laufen nicht neben einander her, sondern korrespondieren mit einander. Von dem bewußten und dem gewollten Zwecke, den Geldgebrauch zu ersparen, ist keine Rede. Der eine geht mit Leistungen voran, der andere bezahlt sie ihm in Geld. Hier werden nicht Forderungen angehäuft, die mit Schluß der Beziehung verrechnet werden sollen; was der Vorleistende übermacht hat, wird successive getilgt. Daher tritt auch keine Gesamtaufrechnung ein, sondern es vollzieht sich, wenn etwa Gegenforderungen entstehen sollten, eine Reihe von Kompensationen. Dies alles ist aber mit dem eigentlichen Kontokorrente unvereinbar."

Aehnlich äußern sich auch Cosack (S. 355) und Staub (S. 1123) über den Begriff der offenen Rechnung.

Unserer Auffassung nach ist der Begriff der offenen Rechnung nichts weiter als ein Verlegenheitsprodukt; die herrschende Meinung subsumiert darunter ihre Fälle des „unechten" Kontokorrentverkehrs. Die offene Rechnung, „die unendlich nah an den wahren Kontokorrent angrenzen kann", ist entweder Kontokorrent oder sie ist es nicht. Entweder werden die entstehenden Forderungen nach einem gewissen System getilgt oder nicht. Im letzteren Falle häufen sich eine Anzahl Forderungen an, welche alle für sich selbständig sind. Es ergiebt sich ein Zustand rein thatsächlicher Natur, der weder einen besonderen Namen verdient, noch eine besondere Stellung im Rechtssysteme einnehmen kann.

VIII.

Anhang.

§ 56.

Die wirtschaftliche Bedeutung des Kontokorrentverkehrs.

Ueber die wirtschaftliche Bedeutung des Kontokorrentverkehrs sagt Greber S. 7 das Folgende:

„Der Gedanke, welcher sich im Kontokorrentverkehre verwirklicht, ist ein höchst einfacher. Zwei Kaufleute, die in reger, gegenseitiger Geschäftsverbindung stehen, schließen im Laufe der Zeit eine bestimmte Anzahl von Geschäften ab. Sie sehen nun, daß jeder das Geld, das er vom anderen empfangen hat, nächstdem wieder in die Hand des letzteren zurückgelangen lassen muß; das Hin- und Herwandern des Geldes zur Begleichung der wechselseitig entstehenden Forderungen ist also ganz und gar zwecklos. Sie werden daher naturgemäß auf den Gedanken geführt, während bestimmter Zeit ihre Geldforderungen überhaupt nicht zu regeln, sondern dieselben sich anhäufen zu lassen, um mit Ablauf dieser Zeit die Möglichkeit einer Gesamtkompensation d. h. einer Zahlung mit geschlossenem Beutel zu haben. So wird mit einer im Verhältnis zum gegenseitigen Umsatz geringen Summe — wenn es überhaupt so weit kommt — eine vollkommene Ausgleichung des umfangreichen Geschäftsverkehrs realisiert. Zugleich wird der Effekt erreicht, daß keiner der beiden Geschäftsleute die Vermögenswerte, die er dem andern schuldet, unproduktiv aufzubewahren braucht, sondern jeder frei darüber verfügen kann und nur soviel bereit halten muß, um bei dem künftigen Rechnungsabschlusse den fälligen Saldo bezahlen zu können.

Die ökonomische Wirkung des Kontokorrentverhältnisses ist also ein unmittelbarer Austausch von Leistungen gegen Leistungen. Wiewohl die gegenseitig abgeschlossenen Geschäfte zeitlich auseinander liegen, also nicht Zug um Zug erfolgen, bewirkt der Kontokorrent einen direkten Umsatz ungleichzeitiger Leistungen, indem er die Erfüllung der letzteren auf einen bestimmten Moment hinausschiebt und damit die Möglichkeit einer Abgleichung erzeugt. Nur das auf der einen oder andern Seite sich herausstellende Uebergewicht bedarf einer effektiven Erledigung. Einer Schwierigkeit bezüglich der Abschätzung ihrer Leistungen begegnen die Kontokorrentisten nicht, weil sie mit den nötigen präzisen Wertvorstellungen von dem sonst noch überall kursierenden Gelde wohlvertraut geblieben sind.

Die weittragende Bedeutung, welche dem Kontokorrentverhältnisse in heutiger Zeit beizumessen ist, läßt sich aus der allgemeinen Verbreitung und Anwendung desselben, nicht allein in der Handelswelt, sondern über diese hinaus, zur Genüge erkennen. Zur Beleuchtung der Unentbehrlichkeit des Kontokorrentverhältnisses wird vielfach auf seine Aehnlichkeit mit einem andern Institute des Verkehrslebens hingewiesen: auf den Wechselbrief. Und dieser Parallelismus zeigt sich nicht nur in ökonomischer Beziehung; auch die historische Entwickelung der beiden Institute weist eine überraschende Verwandtschaft auf.

So verschieden die Rechtseigenart von Wechsel und Kontokorrentverkehr ist, so gleichartig ist der Zweck, der sich mit beiden verbindet: Vermeidung der Barzahlung."

Unserer Auffassung nach ist diese Charakterisierung der wirtschaftlichen Bedeutung des Kontokorrentverkehrs nach jeder Richtung hin verfehlt. Greber geht von der Voraussetzung aus, zum Kontokorrentverkehr gehöre, daß auf beiden Seiten Forderungen entstehen. Zweck des Kontokorrentverkehrs soll sein, durch periodische Kompensierung dieser beiderseitigen Forderungen das unnötige Hin- und Herwandern des Geldes zu vermeiden. Wenn zum Kontokorrentverkehr wirklich gehören würde, daß auf beiden

Seiten aus der Geschäftsverbindung Forderungen entspringen, dann wäre „echter" Kontokorrentverkehr eine Seltenheit. In weitaus den meisten Fällen, wo der Kaufmann von Kontokorrentverkehr spricht, liegt ein Geschäftsverkehr vor, bei welchem beständig der eine Teil zu fordern und der andere Teil zu zahlen hat. Zweiseitiger Kontokorrentverkehr, bei welchem beide Teile Waren von einander beziehen, sodaß für beide Teile Forderungen aus der Geschäftsverbindung erwachsen, ist verhältnismäßig selten. Es kann also nicht Zweck des Kontokorrentverkehrs sein, die Kompensation gegenseitiger Forderungen zu ermöglichen und so die Barzahlung zu vermeiden. Aus dem gleichen Grunde ist die Annahme Grebers verfehlt, daß der Kontokorrentverkehr, von der wirtschaftlichen Seite betrachtet, eine besondere Art des Tauschverkehrs sei, dadurch gekennzeichnet, daß der Austausch der Werte nicht Zug um Zug erfolge. Auch vermögen wir keine Aehnlichkeit zu entdecken zwischen dem Wechsel und dem Kontokorrent. Greber findet eine Aehnlichkeit dieser beiden Institute in der Gleichartigkeit des Zweckes derselben. Der Zweck beider Institute soll sein Vermeidung der Barzahlung. Dieses Kriterium paßt weder auf den Kontokorrent noch auf den Wechsel. Der Wechsel ist zwar ein sogenanntes indirektes Zahlungsmittel; deswegen kann man aber doch nicht im allgemeinen sagen, der Zweck desselben sei Vermeidung der Barzahlung.

Unserer Auffassung nach besteht die wirtschaftliche Bedeutung des Kontokorrentverkehrs einzig und allein in der Vereinfachung des Geschäftsverkehrs, die dadurch erreicht wird, daß die zwischen den Parteien entstandenen Verbindlichkeiten nicht einzeln befriedigt werden. Beim Kontokorrentverkehr wird nicht die Barzahlung vermieden, sondern die Einzelzahlung, die Sonderzahlung für jede einzelne Forderung. Wenn der Kontokorrentist zahlt, dann braucht er wegen der in der Kontokorrentabrede liegenden Vereinbarung, daß immer die älteste der momentan bestehenden Forderungen als getilgt zu gelten habe, niemals anzugeben, auf welche Forderung er zahlt. Während der Rechnungsperiode kümmert er sich überhaupt nicht darum, welche Forderungen des anderen Teiles durch seine Zahlungen getilgt werden, er zahlt einfach immer nur das, „was er dem anderen Teil noch schuldig ist". Auch nach Ablauf der Rechnungsperiode ist in sehr vielen Fällen die Feststellung, welche Forderungen durch die Einzelzahlungen getilgt worden sind, unnötig. Es wird der durch Rechnung ermittelte Saldo, ohne daß sich die Parteien darum kümmern, welche Einzelforderungen in ihm stecken, einfach noviert, womit die sämtlichen Geschäfte der Rechnungsperiode abgethan sind. Beim Kontokorrentverkehr kommen auch die Einzelquittungen in Wegfall. Wenn eine Zahlung gemacht wird, dann bestätigt der Gläubiger bloß den Empfang der Zahlung; der bezahlte Betrag wird einfach dem Schuldner gutgeschrieben; der Gläubiger bestätigt nicht, daß er für diese oder jene bestimmte einzelne Forderung befriedigt sei. An die Stelle der Einzelquittungen treten die periodischen Abrechnungen, welche Generalquittungen für die sämtlichen Geschäfte der Rechnungsperiode enthalten. In diesem Verfahren liegt eine sehr bedeutende Vereinfachung des Geschäftsverkehrs, die eine erhebliche Arbeitsersparung im Gefolge hat, und das ist zweifellos auch der leitende Gedanke beim Kontokorrentverkehr.

Daneben ist natürlich nicht zu verkennen, daß auch das Kreditieren beim Kontokorrentverkehr häufig eine gewisse Rolle spielt. Wir haben hier nicht die Fälle im Auge, wo wie z. B. beim Kontokorrentverkehr im offenen Kredit ausdrücklich Kredit versprochen ist und die Kreditgewährung der Ausfluß eines besonderen, mit dem Kontokorrent nicht identischen Vertrages ist, sondern die Fälle, wo beim Kontokorrentverkehr kreditiert wird, ohne daß ein Rechtsanspruch darauf besteht. Das ist besonders häufig der Fall beim Kontokorrent im Warenverkehr. Hier ist der Gläubiger regelmäßig berechtigt, jederzeit die Zahlung des Saldos zu verlangen. Er thut das aber nicht, weil er z. B. durch eine

Sicherheit gedeckt ist oder weil er auch ohne solche sich für genügend gesichert hält und weil er durch die Kreditierung keinen Verlust erleidet, indem vereinbart ist, daß Zinsen zu zahlen seien, solange eine Schuld nicht bezahlt ist. Der Schuldner zahlt hier „nach Gelegenheit". Würde in solchen Fällen nicht kreditiert, so müßte jede Forderung einzeln befriedigt werden, was dem Begriffe Kontokorrentverkehr widersprechen würde. Die Kreditierung ist also in diesen Fällen Voraussetzung für das Bestehen eines Kontokorrentverkehrs. Wenn insofern das Kreditieren in vielen Fällen mit dem Kontokorrentverkehr eng verbunden ist, so ist das vom volkswirtschaftlichen Standpunkte aus sehr beachtlich. Man darf aber dabei niemals übersehen, daß auch hier das Kreditieren nicht den Kontokorrentverkehr ausmacht, vielmehr nur den Anstoß zu demselben giebt und daß es nicht zum Kontokorrentvertrag gehören kann, weil es einseitige Nichtgeltendmachung der Forderungen ist, mit welcher der Schuldner vielleicht sogar rechnet, auf welche er jedoch keinen Rechtsanspruch hat.

Sachregister.

(Die Zahlen verweisen auf die Seiten der Abhandlung.)

Abbruch des Kontokorrentverkehrs 84, 120
Ablauf der Rechnungsperiode 84
Abschluß des Kontokorrentvertrages 4, 107
Abtretung 82, 110
Analyse der Staffelrechnung 22
Anerkenntnis bestätigendes 74, 89, 90, 94, 114; negatives 92, 115
Anfechtung der Saldofeststellung 93, 115
Anrechnung 25
Ansprüche 78
Arithmetische Faktoren 48
Arten des Kontokorrentverkehrs 4
Aufrechnung 23, 25, 81, 82
Ausgleichung 70, 72 ff., 85

Bankgeschäft, Kontokorrentverkehr im 5, 6
Barzahlung 65
Beendigung des Kontokorrentverhältnisses 117, 120
Begriffsbestimmung 70
Belastung 8
Bereicherung ungerechtfertigte 93, 115
Betrug 93, 115
Buchführung 1, 8
Bürgschaft s. Sicherheit

Clearing 107
Credit 1

Darlehensvertrag 46
Dauer der Rechnungsperiode 84, 112
Debet 1
Depositenverkehr 6, 45, 52, 53 ff.
Depositum irregulare 47
Depotgesetz 113 Anm. 1
Differenzgeschäft 116
Diskont 10, 16 Anm. 2, 21 Anm. 6
Diskontozahl 16, 21
Diskussion der Rechnungsmethoden 17

Eingehung des Kontokorrentvertrages 107
Einklagung der Kontokorrentforderungen 81, 82, 109
Einseitige Geschäftsverbindung 5
Einzelzahlung 123

Fälligkeit 109, 120
Feststellung des Saldos 25, 92, 114
Forderungen 78
Formeln 21
Fortsetzung des Kontokorrentverkehrs 116

Gegenstand des Kontokorrentvertrages 77
Geldschuld 70
Gerichtsstand 120
Gesamtverrechnung 27, 63, 65, 67
Geschäftsfähigkeit 117
Geschäftsverbindung 5
Gesetzliche Regelung 2, 104
Gleichbleibender Geschäftsverkehr 6, 19, 22
Gutschrift 8, 117

Haben 1
Handelsmandat 52
Hypothek s. Sicherheit

Imputationsregeln 25
Indizien 4
Ingredienz mystische 3
Inhalt des Kontokorrentvertrages 25, 27, 105
Inrechnungstellung 71, 81
Irrtum 93, 115
Juristische Person 44 Anm. 1

Kaufleute 95, 107
Klageänderung 93, 115
Kollektivkontokorrentverkehr 107
Kolonnenmethode progressive 8, 13, 20, 21, 22 Anm. 2, 27, 42 Anm. 3 u. 4; retrograde 8, 16, 21, 22 Anm. 1, 42 Anm. 8
Kombination von Krediteröffnungs- und Hinterlegungsvertrag 52
Kommissionsgeschäft 97
Kondiktion wegen ungerechtfertigter Bereicherung 93, 115
Konkurs 117
Kontokorrent 1, -auszug 1, -buch 1, -kredit 1, -periode 1, -verhältnis 1, -verkehr 1, -vertrag 1
Kontrahenten 75, 107
Kredit 46, 48, 65, 67, 123
Krediteröffnung im Kontokorrent 53 ff.
Krediteröffnungsvertrag 49, 52, 53 ff., 81, § 33 Anm. 2; einseitiger 50; gegenseitiger 61

Kreditmaximum 60
Kreditvergütung 39, 40
Kreditverkehr 6, 52
Kreditversprechen 44; bedingtes 62, 68 Anm. 1
Kündigung 65, 102, 120

Laufende Rechnung 1
Leistungen 73, 77

Mithaftung 93

Nichtkaufleute 75, 107
Novation 68, 73, 74, 90, 94—96, 98 Anm. 2, 113—115

Offene Rechnung 121

Pactum de compensando 65; de mutuo dando 81; de novando 68
Pfändung 82, 83, 101, 116
Provision 116 Anm. 6

Quittung 115, 123

Rechnung 8
Rechnungsauszug 8, 114
Rechnungslegungspflicht 114
Rechnungsmechanismus 37, 38
Rechnungsperiode 84
Rechtsgrund der Kontokorrentforderungen 48

Saldo 113
Schuldversprechen 73, 92
Sicherheiten 93
Soll 1
Staffelrechnung 8, 11, 21, 22, 34, 36, 42 Anm. 4, 105
Stornierung 10 Anm. 7, 118
Stundung 27, 67, 69, 70, 79, 103, 109
Subjekte des Kontokorrentvertrages 75, 107

Tauschverkehr 122
Tilgung der Kontokorrentforderungen 5, 65
Tilgung fortlaufende 23, 108; verhältnismäßige 87
Tod des Kontokorrentisten 117
Tote Bilanz 6 Anm. 4

Ueberschuß 72, 92, 101
Umfang des Kontokorrentvertrages 80, 110
Uneigentliches Kontokorrentverhältnis 56 ff., 121

Verfolgungsrecht 119
Verjährung 81, 93, 109
Verkehrsförmlichkeiten 8
Verpflichtungsscheine s. Wechsel
Verrechnung 1, 70, 72, 82, 85, 102, 110
Verzug 81, 109
Vorschüsse 78
Vorteile des Kontokorrentverkehrs 122
Vortragsposten 10, 12
Vortragung des Saldos 116
Vorzugsrechte 117

Warengeschäft, Kontokorrentverkehr im 5
Wechsel 81, 102, 111, 117, 122
Wechselnder Geschäftsverkehr 6
Wesen des Kontokorrentvertrages 25, 27, 104
Wirkungen des Kontokorrentvertrages 81, 109; der Saldofeststellung 93
Wirtschaftliche Bedeutung 122

Zahlung 23, 71, 77
Zahlungsklage 120
Zinsen 16 Anm. 2, 20 Anm. 4, 37, 79, 113
Zinsenberechnung 8
Zinseszins 116
Zinsfuß gleicher 19; ungleicher 16, 22 Anm. 2, 36, 37, 41, 57, 58
Zinszahl 8, 16 Anm. 2, 20 Anm. 4
Zusammentreffen von Krediteröffnungs- und Kontokorrentvertrag 53
Zwang 93, 115
Zweiseitige Geschäftsverbindung 5, 123

Druck von A. Seydel & Cie., G. m. b. H., Berlin S.W.

Verzeichnis der hauptsächlich in Bezug genommenen Werke.

(Ausführliche Literaturverzeichnisse siehe bei Greber und bei Kemmer.)

Brinkmann, Lehrbuch des Handelsrechts, Heidelberg 1853—1860.
Brosius, Moderne Kontokorrentlehre, Leipzig.
Busch's Archiv für Theorie und Praxis des allgemeinen deutschen Handelsrechts.
Cosack, Lehrbuch des Handelsrechts, 3. u. 4. Auflage.
Creizenach, Der kaufmännische Kontokorrent, der Kreditvertrag und das kaufmännische Depositum irregulare, Archiv für praktische Rechtswissenschaft Bd. IV (1857).
Creizenach, Die rechtliche Seite der üblichen Rechnungsmethoden im Kontokorrentverhältnis, Goldschmidts Zeitschrift für das gesamte Handelsrecht Bd. VII (1864).
Creizenach, Der kaufmännische Kontokorrent in seiner rechtlichen Bedeutung, Mainz 1873.
Delamarre et Lepoitvin, traité théorique et pratique du droit commercial, Paris 1861.
Denkschrift zum Entwurfe eines Handelsgesetzbuches und eines Einführungsgesetzes, Drucksachen des Reichstags, 9. Legislaturperiode, IV. Session 1895/97, zu Nr. 632, Bemerkungen über den Kontokorrent, §§ 347 bis 349. (Zitiert nach den Absätzen.)
Endemann, Das deutsche Handelsrecht, Heidelberg 1868.
Endemann, Der Kredit als Gegenstand der Rechtsgeschäfte, Goldschmidts Zeitschrift für das gesamte Handelsrecht, Bd. IV.
Greber, Das Kontokorrentverhältnis, Freiburg i. B. und Leipzig 1893.
Grünhut, Der Kontokorrentvertrag, Endemanns Handbuch des Handelsrechts, Leipzig 1885, Bd. III.
v. Hahn, Kommentar zum Allgemeinen deutschen Handelsgesetzbuch.
Jäger, Kommentar zur Konkursordnung, Berlin 1902.
Kemmer, Der Kontokorrentverkehr, München 1897.
Laband, Kritik des Kontokorrentvertrages von J. A. Levy, Goldschmidts Zeitschrift Bd. XIX S. 653.
Laband, Kritik der Abhandlung Creizenachs: „Der kaufmännische Kontokorrent in seiner rechtlichen Bedeutung, Mainz 1873“, Goldschmidts Zeitschrift Bd. XIX S. 657.
Mittermaier, Grundsätze des gemeinen deutschen Privatrechts, Regensburg 1847.
Petersen-Kleinfeller, Kommentar zur Konkursordnung, 4. Auflage.
Pfizer, Antiseuffert oder der Geist des Rechts und der Buchstabe des Gesetzes, Leipzig 1892.
Regelsberger, Die rechtliche Natur des Abrechnungsgeschäfts, Archiv für civilistische Praxis Bd. 47.
Reichsgericht, Entscheidungen.
Reichsoberhandelsgericht, Entscheidungen.
Rießer, Der Kontokorrentvertrag von J A. Levy. Autorisierte deutsche Ausgabe, Freiburg i. B. und Tübingen 1884. (Zitiert: Levy-Rießer.)
Rießer, Gutachten, Verhandlungen des 18. deutschen Juristentages, Berlin 1886, Bd. I.
Rießer, Zur Revision des H.G.B., Beilageheft zu Goldschmidts Zeitschrift Bd. XXXIII.
Sarwey-Bossert, Kommentar zur Konkursordnung, 4. Auflage.
Staub, Kommentar zum H.G.B., 5., 6. u. 7. Auflage.
Thöl, Das Handelsrecht, 4. u. 5. Auflage.
Voigtel, Unter welchen Umständen ist die Existenz eines Kontokorrentverhältnisses anzunehmen? Busch's Archiv Bd. III.
Widemann, Theorie und Praxis des Bankkontokorrents, Basel 1900.
Wolff, Die Wirkung der Anerkennung eines Kontokorrents, Busch's Archiv Bd. XI.
Wolff, Die Bürgschaft für eine Kontokorrentforderung, Busch's Archiv Bd. XII.

Im 3. Abschnitt beziehen sich die Citate „Cosack“ und „Staub“ (ohne weiteren Zusatz) auf die 4. Auflage von Cosack's Lehrbuch bzw. die 6. und 7. Auflage von Staub's Kommentar.